U0894742

斗文库

SHOUDU SHIMIN SHEHUIZHUYI JIAZHIGUAN SHIZHENG YANJIU

首都市民社会主义价值观实证研究

杨奎　主编

中国社会科学出版社

图书在版编目(CIP)数据

首都市民社会主义价值观实证研究／杨奎主编．—北京：中国社会科学出版社，2015.2

ISBN 978－7－5161－4395－7

Ⅰ.①首…　Ⅱ.①杨…　Ⅲ.①社会主义建设—价值论—研究—北京市　Ⅳ.①D616

中国版本图书馆 CIP 数据核字(2014)第 126184 号

出 版 人　赵剑英
选题策划　刘　艳
责任编辑　刘　艳
责任校对　陈　晨
责任印制　戴　宽

出　　版　中国社会科学出版社
社　　址　北京鼓楼西大街甲 158 号（邮编 100720）
网　　址　http://www.csspw.cn
　　　　　中文域名:中国社科网　　010－64070619
发 行 部　010－84083685
门 市 部　010－84029450
经　　销　新华书店及其他书店

印　　刷　北京君升印刷有限公司
装　　订　廊坊市广阳区广增装订厂
版　　次　2015 年 2 月第 1 版
印　　次　2015 年 2 月第 1 次印刷

开　　本　710×1000　1/16
印　　张　14.75
插　　页　2
字　　数　281 千字
定　　价　48.00 元

北京市社会科学院社科文库
编委会

目　录

前　言 …………………………………………………………………… (1)

第一章　社会主义核心价值观的理论探索 ……………………… (1)
　第一节　国内外价值观研究情况述评 ……………………… (1)
　　一　国外关于价值观的研究 ……………………………… (1)
　　二　国内关于价值观的研究 ……………………………… (3)
　　三　存在的问题及未来展望 ……………………………… (6)
　第二节　社会主义核心价值观提出的理论意义 …………… (9)
　　一　巩固全党和全国人民奋斗的共同思想基础 ………… (9)
　　二　增强民族凝聚力、增强综合国力的客观要求 ………… (9)
　　三　引导全社会思想道德共同进步,实现文化和谐 ……… (10)
　　四　构建中国特色社会主义的意识形态 ………………… (10)
　第三节　社会主义核心价值观的内涵及其主要特征 ……… (11)
　　一　社会主义核心价值观的内涵 ………………………… (11)
　　二　社会主义核心价值观的主要特征 …………………… (12)
　第四节　培育社会主义核心价值观的基本原则 …………… (13)
　　一　主体性原则 …………………………………………… (14)
　　二　主导性原则 …………………………………………… (14)
　　三　普遍性原则 …………………………………………… (15)
　　四　实践性原则 …………………………………………… (15)

第二章　北京社会主义核心价值观建设的时代背景 ………… (16)
　第一节　社会主义核心价值观与建设“人文北京” ………… (16)
　　一　“人文北京”的核心价值内涵及价值宿求 …………… (16)

二 “人文北京”的价值取向是社会主义核心价值观的具体体现 …………………………………………………………（18）
三 建设“人文北京”是社会价值与个人价值实现的有机统一 …………………………………………………………（19）
第二节 社会主义核心价值观与践行“北京精神” …………（22）
一 “北京精神”蕴含着丰富的核心价值理念 …………（22）
二 践行“北京精神”是社会主义核心价值观建设在北京的生动实践 ………………………………………………（25）
三 以社会主义核心价值观引领“北京精神”践行活动 …………（28）
第三节 社会主义核心价值观与提升“文化软实力” …………（31）
一 社会主义核心价值观:北京文化之“风骨” …………（31）
二 北京文化:社会主义核心价值观之“魅力” …………（33）
三 提升文化软实力:彰显核心价值观的“北京品质” …………（36）

第三章 首都市民社会主义价值观实证研究的价值 …………（40）
第一节 开展市民价值取向实证调查分析的意义 …………（40）
一 有利于全面、准确了解首都市民价值观的基本状况 ………（41）
二 有利于为北京市委和市政府的科学决策提供建议参考 ……（41）
三 有利于提高建设社会主义核心价值体系的针对性和实效性 ……………………………………………………………（42）
第二节 首都市民社会主义价值观调查的主要维度 …………（43）
一 政治价值观 ……………………………………………（44）
二 职业价值观 ……………………………………………（50）
三 公德价值观 ……………………………………………（53）
四 生活价值观 ……………………………………………（57）
五 法制价值观 ……………………………………………（60）
六 婚育与性价值观 ………………………………………（63）
第三节 首都市民社会主义价值观调查分析方法 …………（69）
一 研究视角 ………………………………………………（69）
二 数据采集方法 …………………………………………（70）
三 统计分析方法 …………………………………………（71）

第四章　2012 年度首都市民价值观状况调查 ……………… (74)
第一节　首都市民的政治价值观状况 ……………… (75)
一　首都市民政治价值观总体状况 ……………… (75)
二　首都市民政治价值观的群体差异性分析 ……………… (90)
三　首都市民政治价值观的特点及启示 ……………… (105)
第二节　首都市民的职业价值观状况 ……………… (107)
一　首都市民职业价值观的基本状况及社会属性分析 ……… (108)
二　首都市民职业价值观的基本特点和存在的主要问题 …… (123)
三　加强首都市民职业价值观的对策建议 ……………… (125)
第三节　首都市民公德价值观状况 ……………… (127)
一　首都市民公德价值观的基本特征 ……………… (127)
二　首都市民公德价值观现状群体差异性分析 ……………… (137)
三　首都市民公德价值观的矫正与塑造 ……………… (140)
第四节　首都市民生活价值观状况 ……………… (143)
一　市民幸福观的基本状况及社会属性分析 ……………… (143)
二　市民理财观的基本状况及社会属性分析 ……………… (147)
三　市民休闲观的基本状况及社会属性分析 ……………… (149)
四　市民生活价值观培育的思路和重点 ……………… (152)
第五节　首都市民法制价值观状况 ……………… (154)
一　市民法律认知状况 ……………… (155)
二　市民的法律实践 ……………… (162)
三　市民对法律的评价 ……………… (167)
四　市民法制价值观调查结果及启示 ……………… (173)
第六节　首都市民婚育与性价值观状况 ……………… (176)
一　市民的择偶观状况 ……………… (176)
二　市民的婚姻观状况 ……………… (180)
三　市民的生育观状况 ……………… (185)
四　市民性价值观状况 ……………… (189)
五　市民婚育与性价值观调查结果及启示 ……………… (194)

第五章　首都市民培育社会主义核心价值观的路径研究 ………… (197)
第一节　首都市民社会主义价值观状况的总体评价 ……………… (197)

一 首都市民具有较高的政治关注度、政治认同度和政治参与热情,爱国主义观念牢固 …………………………… (197)
二 首都市民普遍具有学习法律的主动性和遵守法律的自觉性,依法维权意识有所提高 …………………………… (198)
三 首都市民树立了正确的社会公德观,公德意识明显增强,自觉维护社会公德的良好环境正在逐步形成 ………… (199)
四 首都市民崇尚不断创新、乐于敬业的职业精神和职业态度,体现出不断进取的从业观 …………………… (200)
五 多数首都市民持有积极的人生态度,对幸福有着理性的认识 ……………………………………………… (200)
六 首都市民消费观正由传统向现代转型,理财和文化休闲意识显著增强 ……………………………………… (201)
七 首都市民普遍认同择偶自主和婚姻目的是为了追求个人幸福,向往稳定、平等的婚姻关系 ………………… (202)
第二节 当前首都市民社会主义价值取向存在的主要问题 …… (203)
一 首都市民在政治信念的认知上差异明显,主流意识形态在一定群体内面临的挑战依然严峻,集体主义观念代际差异明显 ……………………………………………… (203)
二 首都市民对执法效果的满意度评价不高,个别执法群体的公信力受到一定程度的质疑 ………………… (204)
三 首都市民对幸福感的自我评价呈下降趋势,就业和养老等关乎"安全性需求"的社会保障问题亟待解决 ……………… (204)
四 首都市民对社会贡献的关注度及对职业行为约束的重视在一定群体内、一定程度上仍需加强 ………………………… (205)
第三节 北京培育践行社会主义核心价值观的几点思考 ……… (205)
一 强化阵地建设,增强主流媒体和新媒体的舆论引导力 …… (206)
二 提高政府公信力建设,铲除"四风"滋生土壤 ……………… (206)
三 践行群众路线,增强人文关怀,提高市民整体幸福指数 ……………………………………………… (207)
四 培育法治文化,弘扬法治精神,完善首都社会主义法制环境 ……………………………………………… (207)
五 开展社会主义职业理想教育,提高青年和个体从业人员的社会责

任意识 …………………………………………………………… (208)
六　丰富精神文明创建内涵,加大交往道德和职业道德的培育养成 ………………………………………………………… (208)
七　深化市民价值观历时性跟踪调查,健全价值取向活跃群体的核心价值观养育长效机制 ……………………………………… (209)

主要参考文献 …………………………………………………… (211)

后　记 ……………………………………………………………… (219)

前　言

查尔斯·汉普登—特纳、阿尔方斯·特龙佩纳斯曾说过：任何企业产品的品质，早先决定于创办人的价值观，后来则决定于整个企业的工作价值观。……国家文化的来源则是该社会深层的信念结构，这些信念结构是规范一个社会经济活动的根本力量。社会的文化偏好或价值观，是国家认同的基石，也是一国经济力量或弱点的根源。[①] 由于价值观对社会和个人具有的强大凝聚功能，使之自然成为影响生产力发展的重要因素，价值观建设也自然成为物质文明建设的必然要求。政治文明主要是制度文明，制度是社会化了的人类群体的结合方式，是稳定、规范、固化的社会关系。制度总是内含着与之相应的价值观，一个制度体系实际上是围绕某种价值理想实现的制度安排。不同的价值理想构成了不同制度的内在精神和品格，使不同制度具有不同的特征、不同的气质。作为社会制度核心的社会规范，是体现价值观的规则体系，是人们为实现自己的理想，根据一定的观念制定的供一个社会群体成员共同遵循的行为规则、标准和尺度，社会规范实际就是价值规范。同时，价值观还评价着制度，为制度提供义理性辩护，并为制度注入新的价值目标和发展方向，引导着制度的变迁和创新。

胡锦涛同志在中共十六届六中全会二次会议上的讲话中指出：经济工作搞不好要出大问题，意识形态工作搞不好也要出大问题，……面对意识形态领域的复杂形势，我们要清醒地认识社会主义核心价值体系建设方面所面临的迫切任务，采取切实可行的应对措施，有效引导社会思潮和社会舆论，抵制那些削弱党执政的思想基础，甚至会危及党的执政地位的社会

---

① ［英］查尔斯·汉普登—特纳、阿尔方斯·特龙佩纳斯：《国家竞争力——创造财富的价值体系》，徐联思译，海南出版社 1997 年版，第 6 页。

思潮和价值观。[①] 党的十七届六中全会明确指出：社会主义核心价值体系是兴国之魂，是社会主义先进文化的精髓，决定着中国特色社会主义发展方向。社会主义核心价值体系是社会主义制度的内在精神，是社会主义和谐社会的灵魂和核心，它关系到国家的兴衰和社会发展的成败。作为我们社会主义主流意识形态，社会主义核心价值体系所倡导的价值标准、价值取向和价值目标在人们众多价值选择中，无疑占据着首要的位置。众所周知，“每种成熟的价值观总是由其核心价值体系为主要的构成部分，而价值观的核心价值体系总是要集中地表达一定的基本价值理念，并把它作为自己的旗帜”[②]。时下的中国，人们在谈论“社会主义核心价值体系建设”时，总是自觉不自觉地暗含着一个前提或者一种心理期待，这就是中国社会主义社会的价值取向似乎应该是白璧无瑕、高尚美好，是人类共有的精神家园，是实现“人的全面自由发展”的历史必然。可是我们却往往忽视一个基本的常识：中国仅仅处于社会主义的初级阶段，并不是发达的社会主义社会。既然我们的社会主义目前仍处在“初级阶段”，其基本特点就是“不发达”[③]。这就意味着，我国的社会主义脱胎于中国半殖民地半封建社会的历史条件无法改变；意味着在经济、政治、文化等各方面还带有明显的几千年封建主义的痕迹，尤其在意识形态领域存在着各种旧社会遗留下来的道德文化积淀；意味着实现中国特色社会主义道路是逐步从“不发达”发展到“发达”的过程，其价值诉求是通过社会经济的可持续发展摆脱不发达状态，实现生产力的高度发达和物质的极大丰富，其终极目标是“解放生产力，发展生产力，消灭剥削，消除两极分化，最终达到共同富裕”[④]，这必然是一个艰难而漫长的历史过程。

“价值认同是以实践为基础的对一定伦理价值原则的认可和同意”[⑤]，其实现的关键在于社会发展是否与人民群众的根本需求达到价值契合。核心价值观是一个社会中居统领地位、起支配作用的价值理念，是一种社会制度、社会形态长期普遍遵循、相对稳定的根本价值准则，是一个社会的

---

① 王永芹：《改革开放以来我国社会价值观的变化与引领策略》，载《河北师范大学学报》(哲学社会科学版) 2009 年第 1 期。

② 焦国成：《试论社会主义核心价值体系的基本理念》，载《道德与文明》2007 年第 1 期。

③ 《邓小平文选》第三卷，人民出版社 1993 年版，第 252 页。

④ 同上书，第 373 页。

⑤ 谭培文：《从底线伦理到终极价值的转换和实现——兼以社会主义核心价值认同为视角》，载《道德与文明》2010 年第 4 期。

价值观、价值体系和核心价值体系的灵魂。核心价值观既体现着现实性的价值要求，又包含着理想性的价值诉求；既有大多数人普遍可以接受并实践的广泛性价值体现，又有感召人们不断递升的先进性价值理念。失去现实性，核心价值观便无法在现实中生存；失去理想性，以日常生活遮蔽、否定最高（终极）价值追求，人类社会将不可能获得进步和发展。一个社会的核心价值观，以一个社会的价值观、价值体系和核心价值体系为基础，是对价值观、价值体系和核心价值体系的高度概括和抽象提炼，是价值观、价值体系和核心价值体系的核心。作为国家意识形态的核心价值只有通过科学的表达转化为公众认同的价值理念和价值目标，才能发挥对于社会生活的重大作用。因此，社会主义核心价值体系这一内容丰富的价值观念体系要获得公众的普遍认同，发挥其在现实生活中的重要作用，还有赖于科学而简明的表达，即用合理适当而又易于为人民大众所识记与体悟的价值词对其内涵的基本价值追求予以正确的描述。

党的十八大报告明确提出“三个倡导”（倡导富强、民主、文明、和谐，倡导自由、平等、公正、法治，倡导爱国、敬业、诚信、友善）、积极培育和践行社会主义核心价值观的战略任务，这是对社会主义核心价值体系四个方面内容的科学提炼，是社会主义先进文化的精髓，为实现“中国梦”提供了强大的精神动力与支持。社会主义核心价值观是作为社会主义主流意识形态的本质和核心，在整个社会价值观系统中起主导作用，由具有鲜明社会主义特色的价值信念、价值信仰、价值目标、价值观念、价值规范等维度组成，并发挥正向性行为导向的多维度、多层次的心理倾向系统，包括以马克思主义为理论指导，以人民群众为价值主体，以为人民服务为价值取向，以共同富裕为价值目标，以集体主义为价值原则，以促进人的全面发展为价值旨归的逻辑结构系统。“三个倡导”涉及三个层面，“24 个字”的价值理念是相互联系、相互贯通、相互照应的，缺一不可，它兼顾了国家、社会、个人三个层面的价值导向和理想追求，做到了国家理想、社会导向和个人行为规范水乳交融的统一。社会主义核心价值观，既坚持了马克思主义的共性又体现了中国特色社会主义的个性，既涵盖了党的理想和国家的社会发展目标又规范了公民的价值追求和认知共识，既有深厚的中国传统文化精华又有对西方文明的科学借鉴。2014 年 2 月 24 日下午，中共中央政治局就培育和弘扬社会主义核心价值观、弘扬中华传统美德进行第十三次集体学习。习近平总书记在主持学习时强调，把培育和弘扬社会主义核心价值观作为凝魂聚气、强基固本的基础工程，继承和发扬中华优秀传统文化和传统美德，广泛开展社会主义核心价值观的宣传教育，积极引导人们讲道德、尊道德、守道德，追求高尚的道德理想，不断夯实中国特色社会主义的思想道德基础。

在后工业时代，“意识上的变革——价值观和道德伦理上的变革——会推动人们去改变他们的社会安排和体制”①。当前，中国正处在社会深刻转型之中，社会的大变革使原有的价值体系受到多元文化的强烈冲击，出现社会成员价值取向多元化和利益需求多样化的趋势，各种被沉淀的因素和被唤醒的欲望都空前地活跃起来，各个阶层和各种社会力量都在为自己的诉求寻找合理性的依据与发展空间。社会主义初级阶段自然会呈现出真与假、善与恶、美与丑同生共长的现实世界，社会的精神结构呈现出一个错综复杂、多维交织的动态图景，这是历史的必然，也是我们在认识和把握当代中国价值观状况时必须肯定的历史事实与现实背景。社会核心价值观是个人、集团、民族长期秉承的一整套根本原则，它可以深层地、恒久地影响到一个人、一个民族的价值判断和走向，甚至决定一个民族的未来。一个社会的核心价值观是主导社会理想、信念和精神风尚的灵魂，它对其他价值观念中不利于社会稳定和发展的成分具有强大的抑制作用，对于整个社会的发展起到了统率社会价值理念、社会价值尺度的核心和灵魂的重要作用。北京作为新中国的首都、特大型城市和快速发展的现代化国际大都市，随着人口规模的不断增大、来往人员的日益增多，中外文化交流活动空前活跃，各种思想观念碰撞激烈，社会价值观逐渐呈现出“多元并存、新旧交替”② 的新特点。从整体性的角度出发，北京要获得经济、社会与文化、人与生态等建设的全面、协调、可持续发展，就推进“人文北京”建设，整体提升城市文明程度和市民文明素质的影响而言，就提高北京“文化软实力”的原则和路径而言，就全面践行“北京精神”而言，构建自己的、占主导地位的、具有社会主流优势的社会主义核心价值观，引领社会发展的正确方向，凝聚力量为共同理想而奋斗都显得尤为根本、尤为意义深远。

---

① ［美］丹尼尔·贝：《后工业社会的来临》，高铦等译，商务印书馆 1984 年版，第 527 页。

② 杨学功：《略论我国社会转型时期价值观念的基本特征》，载《北京理工大学学报》（社会科学版）2001 年第 2 期。

第一章　社会主义核心价值观的理论探索

从2006年10月党的十六届六中全会提出“建设社会主义核心价值体系”至党的十八大提出“积极培育和践行社会主义核心价值观”，学术界对社会主义核心价值体系和核心价值观研究越来越多。弄清社会主义核心价值观提出的理论意义、基本原则、内涵和主要特征，对理论构建社会主义核心价值观意义重大。

第一节　国内外价值观研究情况述评

关于价值观问题的研究是近年来国内外学术界研究的热点。国外关于价值观问题的研究开展较早，研究也较为系统和科学。国内关于价值观问题的研究晚于国外，虽取得了一些研究成果，但在理论探索和实践建设方面还有较长的路要走。

一　国外关于价值观的研究

国外关于价值观的研究早于国内。国外价值观的研究始于20世纪30年代，到现在已有70多年的历史。这期间哲学、经济学、伦理学、教育学、人类学、社会学、心理学等学科都在这一领域进行过不同角度的探索，从而使价值观研究不断深入。其中，哲学关注的是价值观所反映的主体和客体之间的关系；伦理学关注的是价值观对人的行为的规范性；人类学关注的是价值观表达的文化特征；教育学关注的是影响价值观形成和改变的个体社会化过程及其教育干预；经济学关注的是人类经济行为的深层心理原因和类型；社会学关注的是社会结构及社会变迁对价值观的影响；

心理学关注的是价值观的心理结构、过程、功能及其测量①。综合国外价值观问题的研究，主要涉及以下几个方面。

（一）关于价值观的含义研究

洛奇赤的研究认为，价值观是一种持久的信念，是一种具体的行为方式或存在的终极状态，具有动机功能，它不仅是评价性的，还是规范性和禁止性的，是行动和态度的指导。② 舒伯的观点认为，价值观是个人想要达到的目标，此目标或是一种心理状态，或是一种相互联系，或是一种物质条件。③ 施瓦茨对价值观的各种观点进行总结，提出了一个被广泛引用的定义：价值观是合乎需要的、超越情境的目标，在一个人的生活或其他社会存在中起着指导作用。④

（二）关于价值观的分类研究

佩里（1926）的研究认为，价值观由六种要素组成，即认知、道德、经济、政治、审美和宗教。雷斯彻（1969）的研究则把价值观分为经济的、道德的、社会的、政治的、审美的、宗教的、物质的、知识的、专业的和情感的十类。洛奇赤的研究认为，价值观有终极性和工具性两个维度，并将价值观分为工具性价值观（instrumental values）和终极性价值观（terminal values）两类。⑤ 帕森斯把价值观分为个人取向、集体取向和社会取向价值观。⑥

（三）关于价值观的测量方法研究

莫里斯（1956）的生活方式量表（ways to live），由 13 种生活方式构成，每种方式以一段文字呈现给受测者。当受测者读完每段文字后，在一个从 7 到 1 的 7 点评尺上评定生活方式，并根据其喜欢这些方式的程度将它们进行排序。托内斯克（1973）制定的价值观量表（conception of the desirable），将价值观分为个人目标、社会目标及个人和社会所偏好的行为方式 3 个部分，共包括 139 道题。受测者根据他们认为目标值得做的或被期望做

① 杨宜音：《社会心理领域的价值观研究述要》，载《中国社会科学》1998 年第 2 期。

② Milton Rokeach: The Nature of Human Values, New York Free Press, 1973: 358 - 361.

③ Super. D. E: "A Life - Span, Life - Space Approach to Career Development", Journal of Occupational Psychology, 1980, 52: 129 - 148.

④ Schwartz. S. H., Bilsky, W: "Towards a Universal Psychological Structure of Human Value", Journal of Personality and Social Psychology, 53: 550 - 562.

⑤ Milton Rokeach: The Nature of Human Values, New York Free Press, 1973: 358 - 361.

⑥ 黄希庭等：《当代中国青年价值观与教育》，四川教育出版社 1994 年版，第 10 ~ 13 页。

的程度进行评价、Schwartz（1992）的价值观调查问卷（Schwartz Values Survey）[①]，施瓦茨等人（1992,1994,1995）编制出的“Schwartz价值观调查问卷”，囊括了57项价值观，用来代表10个普遍的价值观动机类型（universal motivational types of values）。这10个动机类型分别是：自我定向、刺激、享乐、成就、权力、安全、遵从、传统、慈善、普救主义。

二　国内关于价值观的研究

国内价值观的研究开始于20世纪60年代，至今已有40多年的历史。国内价值观的研究最初源于使用外来的量表或理念，主要是照搬照抄西方的方法，但随后的研究者开始检讨这种研究的效度，从理论架构和方法上开始突破。改革开放以来，中国社会转型时期的价值变动引发了人们观念的激烈变动，作为理论界对这种观念变动研究的反映，价值观的概念开始出现在报刊和杂志上。学界对价值认识、价值理论、价值观、价值观念等作了进一步的规定；对价值观的深层结构和表层结构、价值观的核心意识和外围意识以及一般价值观和特殊价值观进行了划分；对价值观与社会变迁的关系进行了分析；尤其是对社会主义初级阶段的价值观的多元化及其冲突和社会主义市场经济价值观的意义进行了研究。

据不完全统计，自20世纪80年代以来，我国在价值观方面的著作出版已逾30种。1987年11月，在陕西西安召开的“全国价值论与价值观念变革”学术讨论会，把价值观变革的研究作为大会的主题之一。在此期间，我国出版了好几本较有影响的有关价值哲学的专著，在这些专著中都把价值观的研究作为其中的重要内容。李连科在《哲学价值论》[②] 中提出“建立正确而开放的价值观，实属必要”；袁贵仁在《价值学引论》[③]

---

① Schwartz. S. H.，Bilsky，W：“Towards a Universal Psychological Structure of Human Value”，*Journal of Personality and Social Psychology*，53：550－562.

② 在价值界定与价值本质上，李连科坚持主客体统一论的观点，认为价值是客体与主体需要之间的一种特定的（肯定与否定）关系。价值来源于客体，取决于主体，产生于实践。

③ 该书作者认为价值是客体对主体的效用和意义，这种效用和意义就在于客体对主体需要的满足。主体的需要是价值的根源，但价值又离不开存在于主体之外的事实，事实构成了价值的基础，构成价值基础的事实并不是远离人而孤立存在的，而是和人发生着各种关系的对象性存在物。人和事实的关系主要有实践关系和认识关系，而价值关系就渗透在实践关系和认识关系之中，并构成了实践关系和认识关系的主要内容。价值既根源于人的需要，又以和人的实践活动和认识活动发生着对象性关系的事实为基础。

中专门研究了“价值理想”、“价值观念”和“价值规范”；李德顺在《价值新论》中阐述了价值观念世界中的多元性及其冲突；王玉梁在《价值哲学新探》[①] 中分析了“价值意识和价值观念”和“中西价值观念比较”。价值观的研究逐渐成为学术界研究的热点之一。

自20世纪80年代以来，关于价值观方面的论文发表已经达到600多篇。综合这些研究成果，主要涉及以下几个方面。

（一）关于价值观理论宏观方面的研究

学者们采取横向对比或纵向考察的方法对中外价值观、社会主义核心价值观等方面内容进行研究。唐文清、张进辅从价值观的定义、结构系统、形成和发展、变迁和研究现状五方面对心理学领域的价值观研究进行综述，并提出价值观研究存在的问题和对将来我国价值观研究的展望。[②] 吴彩霞从中国特色社会主义的价值观念与西方资本主义价值观念的主要区别这一角度，揭示了社会主义价值观的基本特征，如思想基础上是集体主义，价值信念上坚信社会主义优越等。[③] 迟若冰对中国期刊全文数据库（1999—2008年）中66篇相关文章的题目、关键词和摘要内容进行分析，通过4个普遍存在的问题试析其产生原因和对跨文化交际学学科发展的影响，并提出了相关建议。[④] 庞立生、王艳华认为，从实践标准到生产力标准再到“三个有利于”标准实际构成了从科学认识标准到价值评价标准，从现实的社会主义价值目标到系统的社会主义价值观的发展历程，也构成了中国特色社会主义理论从提出到发展再到完善的一条清晰的线索。[⑤] 李忠杰[⑥]从中国共产

---

① 该书总结了我国近年来价值哲学研究的新成果，对价值哲学作了比较系统的研究，揭示了价值哲学基本范畴的内在联系，并深入地探讨了价值的本质问题，由此出发，进而研究了价值活动、价值意识、价值观念、价值与文化、价值与历史观等问题，深刻地揭示了价值的本原，为价值哲学的继续研究提供了新的理论基础。它的最突出的特点，就在于一个“新”字，对价值哲学，尤其是对价值的本质，作了新的探索，提出了有创造性的见解。

② 唐文清、张进辅：《中外价值观研究述评》，载《心理科学》2008年第3期。

③ 吴彩霞：《中西方价值观念比较——有中国特色社会主义价值观念与西方资本主义价值观念的比较》，载《湘潭工学院学报》（社会科学版）2002年第1期。

④ 迟若冰：《国内跨文化价值观研究问题综述》，载《学术论坛》2009年第1期。

⑤ 庞立生、王艳华：《论社会主义价值观的发展历程》，载《东岳论丛》1994年第2期。

⑥ 作者认为，邓小平同志提出的社会主义本质论，深刻揭示了中国特色社会主义的价值目标。“三个代表”重要思想的基本要求，实际上集中概括了中国共产党的价值追求，进一步明确了中国特色社会主义的价值取向和价值目标。以胡锦涛同志为总书记的第四代中央领导集体，提出以人为本、全面协调可持续的科学发展观，进一步确立全面建设小康社会的战略目标和建设社会主义和谐社会的任务。这些重要执政理念的提出，表明我们党在理论和实践上进一步明确了中国特色社会主义的价值取向。

党的几代领导集体对于什么是社会主义、怎样建设社会主义这一基本问题的思考和回答出发，揭示了社会主义价值观的发展历程。[①] 杨奎从厘清社会主义核心价值观的内涵及其实质出发，探索了构建社会主义核心价值观的理论路向。[②]

（二）关于特定社会群体价值观方面的研究

这方面的内容包括对中学生、大学生、年轻女性、知识分子等群体的研究。从1980年5月《中国青年》杂志开展人生价值大讨论以来，很多学者采用不同的研究方法进行探索。对青年价值观的测评最早的应该是王新玲（1987）用改编过的Rokeach“价值调查表”对一所中学学生进行的调查，其后黄希庭等（1988）《我国五城市青少年学生价值观的调查》是影响比较广泛、深入的研究之一。黄希庭等人在1994年从政治、道德、审美、宗教、职业、人际、婚恋、自我、人生、幸福这10个维度对青年人的价值观进行了调查研究，并根据研究结果提出了价值观教育方面的对策。金盛华等（2005）运用自编的《大学生价值观调查量表》对大学生进行了问卷调查，表明大学生的个人目标可根据重要性依次排序为工作成就、自身修为、荣誉地位、金钱物质。李珂的硕士论文，通过采用编制的职业成熟度问卷、成就动机量表和职业价值观问卷对湖南4所高职院校的422名高职学生进行调查，构建一个以成就动机和职业价值观为影响因素来预测职业成熟度的理论模型，为高职学生的就业指导提供理论支持。[③] 陈洁、包玲莉从当下网络穿越小说的角色解读，探讨了当代年轻女性价值观的主要特征，体现在自我的本位性、功利性和矛盾冲突性。[④] 陕西师范大学赵国栋的硕士论文，借用了吉登斯的微观—中观—宏观的有机范式，对转型期中国知识分子价值观特征进行研究。

（三）关于特定社会领域价值观方面的研究

这包括对社会职业价值观、婚恋价值观、性行为等方面的研究。吕厚超通过文献综述、开放式访谈、开放性问卷调查和理论构想，构建了职业

① 李忠杰：《构建社会主义和谐社会：对中国特色社会主义的新认识》，载《求是》2005年第13期。

② 杨奎：《关于社会主义核心价值观认知的几点思考》，载《理论视野》2012年第9期。

③ 李珂：《高职学生职业价值观、成就动机及职业成熟度的关系研究》，硕士学位论文，湖南师范大学，2012年。

④ 陈洁、包玲莉：《转型期年轻女性价值观探析》，载《法治与社会》2009年第11期。

价值观的心理维度，据此编制了职业价值观的调查问卷，使用调查问卷进行了两次测量。对初测数据进行探索性因素分析，确定量表的基本维度及其名称；通过复测，检验了量表的信度和效度，并对量表的心理结构进行验证性因素分析。[①] 王丽从婚恋价值观的内涵解析出发，认为从组建幸福家庭及构建和谐社会的背景来看，健康的婚恋价值观对于家庭构成以及长久维系是至关重要的。[②] 邢利芳、黄辛隐通过文献法与专家咨询等方法对性行为价值观的概念进行了界定，并阐述了其特征、分类和相关研究，同时指出研究性行为价值观的理论意义和实践意义。[③]

三 存在的问题及未来展望

从国内外关于价值观研究的主要成果对比来看，相对于国外价值观的研究，国内理论界关于价值观的理论研究和建设实践还相对薄弱，有的问题的研究还有待进一步深化。大致可以概括为以下几个方面。

（一）在理论研究方面，对优秀历史文化传统的挖掘与利用不够，缺乏科学的反映地方特色的市民价值观的系统分析模型

1. 需要进一步挖掘理论研究深度

综观一些论述社会主义价值观的论文和著作，研究的理论深度不够，简单重复的工作较多，显得没有说服力，在相当程度上出现了理论滞后于实践的问题，甚至在一些重要范畴的理解方面尚缺少共识。关于价值观的规定、价值观与价值观念之间的区别、个体价值观与群体价值观的关系、理想和信念、信仰在价值观中的地位和作用、现阶段不同价值观之间的冲突及其发展趋势、社会主义市场经济价值观内涵的确定，等等，都还没有来得及作深入的理论研究。

2. 缺少相关学科理论研究的联合

到目前为止，价值观的研究主要局限于哲学学科，因而社会学、心理学等学科关于此方面的专著和论文尚不多见。在价值观研究上，哲学与社会学、心理学乃至与政治学、教育学等学科的联盟还没有形成。因此，现阶段需要从多角度、多层次进行综合研究，发挥各学科优势，以期获得更

---

① 吕厚超：《职业价值观的心理维度与问卷编制》，《区域人才开发的理论与实践——港澳台大陆人才论坛暨2008年中华人力资源研究会年会论文集》，中国劳动社会保障出版社2009年版。

② 王丽：《从和谐层面看待婚恋价值观》，载《传承》2010年第3期。

③ 邢利芳、黄辛隐：《性行为价值观浅议》，载《中国性科学》2009年第5期。

全面、更丰富的研究成果。

3. 缺乏科学的反映地方特色的市民价值观系统分析模型

当前价值观的系统分析研究都是集中在中学生、大学生、年轻女性等某一特定群体，或者集中在职业价值观、婚育价值观、性行为等某一特定领域，关于反映地方特色的市民价值观的系统分析模型非常缺乏。

（二）在实践建设方面，运动式、应景性、被动性的多，主动性、系统性、前瞻性研究缺乏

1. 缺乏有针对性的实证方面的微观研究

从已有的成果看，以往对价值观的研究主要是理论层面的宏观研究，而实证层面的微观研究是比较欠缺的。价值观的理论研究往往囿于自身学科内进行理论推导，缺乏实证研究基础，这样的理论研究缺少对于现实的应用能力就成为题中应有之义。同样，由于实证研究往往缺乏理论的指导，实证研究成果缺少理论深度也就可以理解了。一些实证调查报告往往是“虎头蛇尾”，即调查数据一大堆，但缺少具有一定深度的理论分析，这也是与缺少与之相应的理论研究联系在一起的。只有把理论研究和实证研究结合起来，才能推动价值观研究向更高更深层次发展。

2. 实证性价值观调查力度不够

与价值观理论研究相比，价值观的实证调查更不够。目前已作的有关价值观的调查研究大多是针对青少年的，即使是面向全体公民的也没有作分层的分析，而且问卷的设计也比较粗糙，缺少信度和效度。对各种不同阶层、不同类型群体价值观状况，对社会主义主导价值观的思想内容、社会基础、实践和宣传教育效果，对国内外文化交流所带来的价值观影响等，缺乏深入现实、比较充分、周密细致的调查研究。①

中国的价值观研究是站在意识形态层面上所进行的反思。当前中国正处在变化最快、发展也最快的时期，这些情况都在价值观的多元化及其冲突中体现出来。由于多元价值观之间的冲突，社会转型时期的人们出现了道德困惑、内心痛苦、信仰危机、群体性事件增多等情况，这些现象是与社会意识形态的失范内在地联系在一起的。研究中国特色社会主义初级阶段的价值观问题，不仅可以从意识形态层面深入地揭示上述现象的根源，而且可以为形成既不脱离实际又能引导多元价值观的主导价值观提供思想

① 陈新汉：《论转型时期中国价值观研究》，载《哲学动态》2002年第7期。

资料。从这个意义上说，当代价值观研究是建设社会主义核心价值体系的重要环节，是促进社会和谐稳定的一项重要任务。

既然中国特色的价值观研究是意识形态层面上的反思，那么就要坚持两个原则，即反思性原则和党性原则。作为对社会转型的反思性研究，这就要坚持反思性研究的深刻性。深刻性研究的基础是如实反映、科学描述，而要做到这一点，就要坚持实证调查研究但又不能停留在实证调查研究上，还必须进行深入的分析，以便深刻地把握价值观多元化及其冲突的本质。坚持自觉的党性原则并不意味着为某一群体的利益而篡改事实和掩盖本质，而是要自觉地站在社会发展规律的高度，来看待社会转型中所出现的价值观的多元化及其冲突，为集中体现社会存在的经济基础的发展指明方向。例如，就我们的课题选题而言，就是通过研究社会转型中首都市民价值观多元化及其冲突，强化社会主义初级阶段主导价值观的引导途径，构建首都社会主义核心价值体系。

价值观的研究必须以“如实反映、科学描述”为基础。要加强对价值观多元化及其冲突的实证调查，我们应该注意做到以下几点：

第一，坚持以事实为根据的出发点。价值观研究作为一种意识形态反思具有很强的党性原则，但是在价值观的实证调查中，不能借口意识形态属性而以某种观点来剪裁调查事实，必须由事实来推出观点，而不是相反。

第二，注意科学调查方法的运用。价值观的实证调查当然要遵循一般社会调查的方法。在此尤其要提出两个问题：一个是价值观的调查指标问题。现在国内几个影响较大的价值观调查所用的调查指标都是洛奇赤编制的“价值调查表”（value survey）。[①] 需要制定既能与国际接轨又能具有中国特色的价值观调查指标；另一个是静态调查与动态调查相结合的问题。要建立一个长期调查规划，对价值观的实证调查能 3 年一次或 5 年一次地持续进行下去。

第三，加大价值观实证研究的支持和投入。价值观研究既然属于意识形态反思，这就决定了有关部门要加强对于价值观多元化及其冲突的实证调查的支持和投入，包括政策支持、经费投入和人力投入。仅就人力投入

① 黄希庭等的《我国五城市青少年学生价值观的调查》、王新玲等的《关于北京市一所中学学生的价值系统与道德判断的调查报告》都是用此“调查表”。

而言，需要抽调相关人员，建立一定规模的关于价值观实证调查的机构。

第二节　社会主义核心价值观提出的理论意义

一个国家和民族在长期的共同认识和实践过程中，必然要形成一定的价值体系。在这个体系中居于核心和统领地位的就是核心价值观。社会主义核心价值观，揭示了社会主义国家政治、经济、文化和社会发展的精神动力，是我国社会主义制度的本质体现，在我国的价值体系中居于统领和支配地位。当前，我国正处于经济体制改革和政治体制改革的深刻转轨时期，我们提出社会主义核心价值观，具有重大的理论意义。

一　巩固全党和全国人民奋斗的共同思想基础

共同的思想基础是一个政党和国家发展的前提之一。只有具备共同奋斗的思想基础，政党才会更加团结，国家和社会才会持续发展。江泽民同志指出："一个民族、一个国家，如果没有自己的精神支柱，就等于没有灵魂，就会失去凝聚力和生命力。"[①] 胡锦涛同志也多次强调指出，要大力加强社会主义核心价值体系建设，巩固全党和全国各族人民团结奋斗的共同思想基础。改革开放以来，中国共产党带领中国人民在政治、经济、文化等方面取得了巨大成就，并成功探索出一条中国特色社会主义道路。随着形势的发展，中国社会必须要有一个主导全社会的核心价值观与之相适应。21 世纪以来，我国进入了全面建设小康社会的新阶段，随着近年来我国社会结构的深刻变革，经济体制改革进入深水区，给人们的思想价值观念带来巨大的冲击。只有培育社会主义核心价值观，才能在思想多元的情况下凝聚全国人民的思想共识，才能保证中国特色社会主义道路建设的正确方向。

二　增强民族凝聚力、增强综合国力的客观要求

一个国家的民族精神和共同理想信念是国家综合国力的重要组成部分。因为，"民族精神是衡量一个国家综合国力强弱的重要尺度，培育和弘扬民族精神，是增强民族凝聚力、实现祖国统一大业的重要前提和精神

① 江泽民：《十五大以来重要文献选编》（上），人民出版社 2000 年版，第 549 页。

纽带；是把人民团结起来、凝聚起来，把人民群众的生命力、创造力极大地发挥出来，使广大人民始终保持奋发有为、昂扬向上的精神状态的重要前提；也是形成万众一心、坚韧不拔、克服困难、夺取胜利的强大民族意志的精神纽带”[①]。当代世界，经济全球化的深入挑战着人们的民族认同感和国家概念。国家与国家之间的竞争不仅表现为经济、军事、科技等方面的硬实力竞争，还表现在精神层面的软实力竞争上。国家的核心价值观则是国家文化软实力的最重要方面。只有在复杂多变的国际环境中，立足本国现实国情，大力加强本国民族精神和核心价值观建设，才能在激烈的国际竞争中凝聚民心，才能真正提高国家的核心竞争力，切实维护国家安全和民族利益。

三　引导全社会思想道德共同进步，实现文化和谐

中国共产党领导中国人民奋斗的 90 多年历程中，在不同的历史阶段提出不同的奋斗理想，引导全社会思想进步。在革命战争年代，党提出了实现国家独立和民族解放的社会理想，经过 28 年艰苦卓绝的斗争实现了。新中国成立后，党又提出了社会主义初级阶段的奋斗目标，即建立一个富强、民主、文明、和谐的社会主义国家。改革开放 30 多年来，随着政治、经济体制改革的深入展开，人们的思想观念和价值取向越来越呈现出多元化趋势，需要形成一个主导的核心价值观引领全社会共同进步。社会主义核心价值观的培育和践行，既坚持了思想道德建设先进性要求，又兼顾了不同阶层群众思想多元的现状，有利于抵御腐朽落后文化的侵袭，实现全社会的文化和谐。

四　构建中国特色社会主义的意识形态

我国是中国共产党领导的社会主义国家，根本指导思想是马克思主义。马克思主义指导思想是社会主义核心价值观的灵魂，决定了我国核心价值观的性质和方向。当今世界，随着国际形势的复杂多变，世界各国之间的竞争体现在综合国力的竞争，在意识形态领域的斗争也非常激烈。我国必须坚持马克思主义在意识形态领域的指导地位，立足本国国情，借鉴

---

① 人民日报评论员：《论全面准确理解社会主义核心价值体系》，载《人民日报》2006 年 12 月 24 日。

人类优秀文明成果，大力建设中国特色社会主义。社会主义核心价值观的提出，不但适应了我国当前社会思想多元化的特点，而且抓住了我国意识形态领域建设的关键环节。构建中国特色社会主义意识形态，可以大大丰富马克思主义伦理学、哲学等相关领域的研究。社会主义核心价值观的培育和践行，有利于我们更为坚定地坚持社会主义意识形态本质，为我国社会政治民主和经济发展及社会全面进步提供理论引导和支持，有利于整个社会的健康、稳定发展。

第三节　社会主义核心价值观的内涵及其主要特征

社会核心价值观是一个国家和民族在长期的共同认识和实践过程中居于核心和统领地位的价值体系。正确理解和把握我国的社会主义核心价值观，首先要弄清社会主义核心价值观的内涵及其主要特征。

一　社会主义核心价值观的内涵

要把握社会主义核心价值观的内涵，首先要弄清价值、价值观和核心价值观的内涵。作为哲学范畴，价值体现了主体与客体之间关系的范畴，反映了客体满足主体需要的一种关系。正如马克思所指出的："'价值'这个普遍的概念是从人们对待满足他们需要的外界物的关系中产生的。"①马克思主义价值论是从人类对象活动及主客体关系两个尺度把握的。

价值观是人们对某种事物的重要性价值和意义的观点和看法，表现为人们具有的理想、信念、信仰等表现形式。价值观的内容表现为两个方面，一方面表现为人们的价值取向和追求，体现为一定的价值追求目标；另一方面表现为人们判断价值尺度大小的评价标准，即价值尺度和准则。价值观影响一个人的理想、信念和追求目标，对人们自身行为起着非常重要的调节作用。

核心价值观是指一个社会中居于统治地位，起着支配作用的核心价值准则。在一个国家和社会中，各种价值观的地位并不是完全等同的。有的价值观处于从属地位，仅在某个领域起着重要作用。有的价值观处于整个社会的支配和主导地位，体现着这个社会成员的特有文化追求和精神理

① 《马克思恩格斯全集》第19卷，人民出版社1963年版，第406页。

念，统领着这个社会领域的其他价值观，这种具有支配和统领地位的价值观就成为核心价值观。

社会主义核心价值观是指在社会主义国家价值体系中具有统领和支配作用的价值理念，是社会主义国家体系中最基础和最核心的部分。2006年10月，中共十六届六中全会第一次明确把建设富强、民主、文明、和谐的社会主义现代化国家作为我国中国特色社会主义现代化建设的奋斗目标。2012年11月，党的十八大明确提出，加强社会主义核心价值体系，要“倡导富强、民主、文明、和谐，倡导自由、平等、公正、法治，倡导爱国、敬业、诚信、友善，积极培育和践行社会主义核心价值观”①。三个倡导的提出，顺应了我国当前社会的发展形势，是对社会主义核心价值体系建设做出的重大理论创新。

二　社会主义核心价值观的主要特征

社会主义核心价值观的提出是一次推进马克思主义中国化过程中的伟大实践，也是中国特色社会主义建设过程中的伟大理论创新。我国的社会主义核心价值观是支撑我们长期实践的行为准则，是在中国特色社会主义建设中必须紧密遵循的指导原则，具有以下几个方面的特征。

（一）概括性特征

我国的社会主义核心价值观必须具有高度概括性特征，反映我国5000年厚重的历史文化和当今我国基本国情变化。当前我国许多地方、行业已经先后概括出具有自身特色的核心价值观。如，上海提出“海纳百川、追求卓越”，北京提出“爱国、创新、包容、厚德”等。许多行业和领域也根据自身特点概括出自己的核心价值观，如，公安系统提出的“忠诚、为民、公正、廉洁、奉献”，司法界提出的“公正、廉洁、为民”等。这些地域、行业核心价值观的提出，为我国提出核心价值观积累了经验和参考。我们要汇集各方智慧，提炼出具有高度概括性的、全社会高度认可的核心价值观。

（二）时代性特征

核心价值观是一定地域的人们根据自己的时代特征概括出的共同价值

① 胡锦涛：《坚定不移沿着中国特色社会主义道路前进 为全民建成小康社会而奋斗——在中国共产党第十八次代表大会上的报告》，人民出版社2012年版，第26页。

追求。不同时代的人们有着不同的核心价值观。无论是漫长的封建社会还是较长的资本主义发展时代，它们虽然都经历了不同的发展阶段，但是所具有的核心价值观都体现了自己的时代特征。我国现在正处于社会主义初级阶段，建设中国特色社会主义的政治、经济和文化，核心价值观也要体现自己的时代特征，体现马克思主义与中国实际相结合的时代特色，把一切积极因素调动起来投身到建设现代化的伟大实践中去。

（三）崇高性特征

我国的社会主义核心价值观必须反映整个人类社会的共同利益和未来发展方向，能够唤起人们内心的美好向往，激励人们不断前进。历史发展的实践证明，一个国家的核心价值观只有具有崇高性特征，才能对整个国家和民族具有强大的号召力和凝聚力。我国社会主义核心价值观的构建，是社会主义先进文化的重要内容，具有建设社会主义先进文化的伟大指向作用。

（四）民族性特征

任何一个国家和民族的核心价值观都必须扎根于本民族传统文化之中，任何一个民族和国家的核心价值观构建都离不开本民族的文化传承。毛泽东说过："必须将马克思主义的普遍真理和中国革命的具体实践完全地恰当地统一起来，就是说，和民族的特点相结合，经过一定的民族形式，才有用处，决不能主观地公式地应用它。"① 我国的社会主义核心价值观的弘扬必须立足于本民族优秀传统文化基础之上。中国 5000 年中华文化博大精深，从未中断过，必须好好地继承和发扬；中国百年半殖民地半封建社会和社会主义社会的复杂变迁，呼唤我们必须构建新时代的核心价值观。为此，必须坚持马克思主义的实事求是的科学态度和方法，防止历史虚无主义和民粹主义两种错误倾向，建设与中国历史传统和时代特征相符合的社会主义核心价值观。唯有在继承的基础上创造性地发展民族特性，社会主义核心价值观才便于为广大群众所认同和接受，才能展示中华文化的独特魅力，展现中华民族共同的价值追求。

第四节　培育社会主义核心价值观的基本原则

美国社会学家帕森斯曾指出："一个社会的成员们的种种行动，在很

① 《毛泽东选集》第二卷，人民出版社 1991 年版，第 707 页。

大程度上是以他们所共有的一个单一的整合的终极目的体系为取向的。"① 因此，党的十八大报告明确指出："社会主义核心价值体系是兴国之魂，决定着中国特色社会主义发展方向。要深入开展社会主义核心价值体系学习教育，用社会主义核心价值体系引领社会思潮、凝聚社会共识。"② 社会主义核心价值体系是我国社会主义先进文化的精髓，而核心价值观则是核心价值体系的灵魂。在现实背景下，提出社会主义核心价值观必须坚持科学而正确的基本原则和方法，在实践中进行不断摸索。

一　主体性原则

人民群众是历史的创造者，推动着整个社会的进步。社会主义核心价值观的建设，离不开人民群众的积极参与。为人民服务是中国共产党人的价值追求，具体体现在以人为本上。要"尊重人的主体地位，关注人的精神诉求，善于发现人民群众中蕴藏的积极向上的思想精神，引导群众自我教育、自我提高"③。因此，人民群众是社会主义核心价值观的实践主体，也应该成为社会主义核心价值观的发展主体。我国在培育社会主义核心价值观过程中，要倾听民声、惠及民智，坚持人民至上原则，最大限度地调动人民群众的积极性和创造性，才能为最大限度地形成全社会共同追求的思想基础奠定前提和基础。

二　主导性原则

中国共产党是我国社会主义现代化建设的领导力量，自成立之日起就以马克思主义作为自身行动的指导思想。中国共产党在革命战争年代和现代化建设年代始终坚持马克思主义基本原理同中国实际相结合。因此，我们建设社会主义核心价值观，首先要坚持马克思主义理论的指导，这也是其与当今资本主义价值观的本质区别之一。只有坚持马克思主义理论的指导地位，才能使社会主义核心价值观真正体现社会主义的意识形态本质。

① ［美］帕森斯：《社会行动的结构》，夏遇南、彭刚、张明德译，译林出版社2003年版，第798页。

② 胡锦涛：《坚定不移沿着中国特色社会主义道路前进 为全民建成小康社会而奋斗——在中国共产党第十八次代表大会上的报告》，人民出版社2012年版，第26页。

③ 刘云山：《深入推进社会主义核心价值体系建设 巩固全党全国人民团结奋斗的共同思想基础》，载《党建》2008年第5期。

只有坚持了马克思主义理论的主导地位，才真正抓住了社会主义核心价值观的灵魂。其次，要坚持马克思主义基本原理和中国实际相结合，充分吸收马克思主义中国化的最新成果。只有坚持马克思主义理论与中国具体实际相结合，坚持"中国梦"和每个个人梦想的统一，才能使社会主义核心价值观具有群众性和持久性。

三　普遍性原则

社会主义核心价值观既要体现整个人类社会的文明成果，还要体现中华民族的共同价值追求。正如《共产党宣言》指出的："过去那种地方的和民族的自给自足和闭关自守状态，被各民族的各方面的互相往来和各方面的互相依赖代替了。物质的生产是如此，精神的生产也是如此。各民族的精神产品成了公共的财产。"[①] 在经济全球化的今天，社会主义核心价值观要自觉吸收全人类的文明成果，使我国的核心价值观既体现世界意义，又彰显出自己的个性。我国的社会主义核心价值观，体现了中国特色社会主义本质，是全国各族人民共同奋斗的思想基础。可以预见，随着世界社会主义运动的不断发展，中国特色社会主义核心价值观必将为人类进步提供指南。

四　实践性原则

我国的社会主义核心价值观来源于人民群众的社会实践。作为意识形态层面价值观的客观反映，我国的核心价值观来源于社会实践，也服务于社会实践。因此，我国的核心价值观要从实践出发解决问题，既要坚持世界眼光，又要体现中国特色。当前，我国各地区、各行业开展了具有自身特色的价值观践行活动，提炼出符合地域、行业特色的核心价值口号，为提出社会主义核心价值观提供了重要的现实基础和参考依据。我国社会主义核心价值观培育，要坚持以人为本原则，从实际出发，把尊重社会、集体和个人利益结合起来，这样才能充分形成全社会共同的精神追求。

① 《马列主义经典著作选编》（党员干部读本），党建读物出版社 2011 年版，第 24 页。

第二章　北京社会主义核心价值观建设的时代背景

新中国成立60多年来，特别是改革开放30多年来，是北京经济稳步快速发展、人民得到实惠最多的时期；是北京民主政治稳定健康发展、人民民主权利发挥最充分的时期；是北京社会主义文化大繁荣大发展、人民的精神生活最丰富的时期；是北京社会建设日益走向前台、人民更加关注公共事业、公益事业、社会走向更加和谐的时期。同时，我们也清醒地看到，作为中国的政治文化中心和国际交往中心，北京处在中国现代化发展的最前沿，面对经济全球化引发的文化多元化和价值取向多元化的冲击，如何在承认和尊重不同利益群体价值选择和价值取向的同时，实现社会主义核心价值观对不同层次社会群体的利益需求、多元价值取向和价值目标的正确引导，探索北京创新驱动发展新格局、构建市民共同理想基础、践行“北京精神”的途径和办法等，都需要我们在深入调查研究的基础上，做出认真细致的研究。

第一节　社会主义核心价值观与建设“人文北京”

每个首都市民既是“人文北京”建设的受益者也是“人文北京”的建设者。“人文北京”发展进程中的核心价值观建设，既是落实“以人为本”，共建共享“和谐社会首善之区”的过程，也是“以文化人”，不断提高首都市民思想道德素质、科学文化素质和健康素质，推进市民自身现代性的建设过程。

一　“人文北京”的核心价值内涵及价值宿求

“人文”是“人”与“文”的统一。在这个统一体中，“人”是主体，是根本；“文”是人的本质内涵，是人的精神体现，是人的人格追求。这里的“人”，是现代意义上的人，是具有平等意识和自由权利的人，是具有主体意识和创新意识的人，同时也是具体的、活生生的人。这里的“人”是具有理想人格和人性的人，通俗地讲，就是有理想、有道德、有文化、有纪律的社会主义“四有”新人。这里的“文”是指为了培养这种理想的人（性）所进行的文化、教育及其教育的方式、手段，强调的是“以文化人”。其中，“人文精神”的塑造对于北京人文环境的构建意义重大。因为，城市的人文精神是市民各种价值追求的总和，它代表着一座城市的价值取向。人文精神关系到城市现代化建设和长远发展，关系到城市建设的格局、发展的潜力，以及城市的精神文明建设。城市的人文精神所表现的市民的精神追求和人格内涵，直接构成了价值体系的内核。当然，从建设“人文北京”战略提出的具体语境①来说，“人文北京”可以而且应该被解读为具有以下两个基本内涵：一是“以人为本”；二是“以文化人”。换言之，在“人文”这个关键词中，“人”即“以人为本”；“文”即“以文化人”。上述二者的相互结合，构成了“人文北京”中“人文”的主要含义，亦即其精神实质。虽然“以文化人”与“以人为本”彼此并不矛盾，但是这两个概念的内涵与外延显然有着重要的区别（其内涵的区别可见上述）。就其外延而言，政府尊重人民主体地位、造福人民，“以人为本”显然并不意味着民众的所有需求都应该或者必须得到满足；政府满足人民需求的工作不是被动的，而必须体现在思想道德素质、科学文化素质、城市文明程度等方面。换言之，“以文化人”就意味着政府必须在“以人为本”的同时，继续强调和坚持国民教育和精神文明建设。在现阶段，这就意味着以社会主义核心价值体系来引导和教化人民群众。② 由此可见，作为“人文北京”的两个基本内涵，“以人为本”与“以文化人”均有着深厚的、系统的思想基础。“以人为本”的理论依据是科学发展观，“以文化人”的理论依据是社会主义核心价值体系。“以人为本”对应的是构建“服务型政府”，不断关怀民生这一关系百姓生活的利益问题，不断密切党同人民群众的血肉联系；“以文化人”

① 刘淇：《建设“人文北京、科技北京、绿色北京”》，载《求是》2008年第23期。

② 《中共中央关于构建社会主义和谐社会若干重大问题的决定》（中国共产党第十六届六中全会于2006年10月11日审议通过），第五部分。

对应的则是健全"引导型政府"的职责，不断满足广大市民日益增长的精神文化需要，不断建设人民共有的精神家园。"以人为本"与"以文化人"的有机结合构成了"人文北京"的精神实质，也为"人文北京"理念的进一步理论化、系统化提供了相应的逻辑基础。

唯物史观告诉我们："一切社会变迁和政治变革的终极原因，不应当到人们的头脑中，到人们对永恒的真理和正义的日益增进的认识中去寻找，而应当到生产方式和交换方式的变革中去寻找。"① 建设"人文北京"战略目标的提出，意味着北京在新时代的新发展，就是要在以往城市精神的基础上，吸收和借鉴中国优秀传统文化和人类文明的优秀成果，为北京今后发展注射新时代的人文精神，创造出新的、适应新时代发展的人文精神，不断利用更新的思想观念、更开阔的视野来谱写北京更辉煌的发展前景，为北京的城市发展注入更强的活力。"人文北京"为城市的未来发展提供的人文价值支撑，实质上就是提供了首都市民的现代性人格支撑。加强北京的人文精神建设，一方面可以提高城市的文化品位，扩大北京文化的世界影响力、吸引力和感染力；另一方面也有助于增加城市的美誉度，让城市建设真正能贴近市民、贴近实际、贴近生活，让"以人为本、关怀互助、宽容和谐、开放包容"逐渐熔铸成充满人文精神的现代市民人格，让社会主义核心价值的理念融入百姓日常生活，成为人们普遍认同和接受的行为规范和生活态度，内化为人们的生活方式，从而塑造北京的人文性格。

二 "人文北京"的价值取向是社会主义核心价值观的具体体现

"人文北京"所追求的"人文精神"和社会主义核心价值观都属于价值观念范畴。"城市既是一个景观、一片经济空间、一种人口密度；也是一个生活中心和劳动中心；更具体点说，也可能是一种气氛、一种特征或者一个灵魂。"②而且，人文精神是一个城市的核心价值观、城市本质内涵的高度浓缩和概括。它广泛渗透在城市的建筑风格、广场道路、设施规划以及市民的价值追求、精神风貌、道德规范、社会风尚、行为方式、风俗

① 《马克思恩格斯选集》第3卷，人民出版社1995年版，第617页。

② 蔡赴朝：《建设人文北京、科技北京、绿色北京，推动首都科学发展》，载《前线》2009年第3期。

习惯、社会心态等各个方面和各个层次。将培育社会主义核心价值观与倡导城市人文精神结合起来，把社会主义核心价值观融入“人文北京”建设之中，有助于使社会主义核心价值观更自然地渗透到首都市民的意识、习惯、行为和日常生活中去，从而转化为人们的自觉追求。通过“人文北京”建设，发挥人文精神指引发展方向、凝聚市民心智、激发市民潜能、规范市民行为的功能和作用。

“人文北京”要求的“以人为本”也是培育社会主义核心价值观的核心理念。建设“人文北京”，首先也是最为重要的，就是坚持“以人为本”，在首都各项工作中，尊重市民主体地位，发挥市民首创精神，把“发展为了市民、发展依靠市民、发展成果由市民共享”作为各项工作的出发点和落脚点。“以人为本”的基本要求就是尊重人，维护人的尊严、价值和命运，肯定和塑造全面发展的理想人格。每一个北京人都是建设“人文北京”的主体，是“人文北京”的塑造者、体现者和传播者，也是建设“人文北京”的受益者。建设“人文北京”，就是呼唤人文关怀，呼唤改善人的生存环境、情感生活、道德信仰和理想人格；就是着眼于提高北京人的综合素质，促进北京人的全面发展；就是调动起全体首都市民的积极性、主动性、创造性，促使他们产生对北京的强烈的自豪感、荣誉感、责任感和使命感，将自己的聪明才智贡献于北京城市建设。

“人文北京”和社会主义核心价值观都是文化建设的重要内容。十八大报告是把培育社会主义核心价值观作为推进社会主义文化强国建设的一项重要任务提出来的。建设“人文北京”，要求“以文化人”，即切实保障人民群众的经济、政治、文化、社会权益，大力发展文化事业和文化产业，不断提高市民的思想道德素质、科学文化素质和健康素质，实现市民的全面发展；建设“人文北京”，就是要充分展示北京的人文精神风貌和文化特色，提升北京的软实力，实现城市的可持续发展。建设“人文北京”的过程，是北京人接受北京城市文化熏陶、“以文化人”、促进和实现人的全面发展的过程，也是北京人创造新的北京城市文化的过程。从这个意义上讲，建设“人文北京”是“文化强国”战略在北京的具体实践。

三　建设“人文北京”是社会价值与个人价值实现的有机统一

“唯物主义的学者把人与人之间一定的社会关系作为自己的研究对

象，从而也就是研究真实的个人，因为这些关系是由个人的活动组成的。”① 从这个意义上说，“人文北京”建设就是在唯物史观指引下的社会主义现代化建设进程中，实现人的全面发展的过程。何谓人的全面发展？人的全面发展就是“人以一种全面的方式，也就是说，作为一个完整的人，占有自己的全面本质”②。而占有自己的全面本质的前提就是核心价值观得以确立，就是价值取向更加合理，就是个人价值与社会价值的有机统一。

（一）建设“人文北京”实现了“物本”向“人本”的价值标准的跨跃

根据人的发展与社会发展的内在联系，马克思大致把人的发展分为三个历史阶段。第一阶段是人依赖关系占统治地位的阶段。这个阶段“无论个人还是社会，都不能想象会有自由而充分的发展，因为这样的发展是同〔个人和社会之间的〕原始关系相矛盾的”③。第二阶段是以物的依赖关系为基础的人的相对独立阶段。这一阶段由于“个人本身完全屈从于分工，因此他们完全被置于相互依赖的关系之中”④。人们形成的社会关系变成了异己的力量与人自身相对立。第三阶段是人的全面而自由的发展阶段。这一阶段人在共同占有社会财富的基础上，排除了社会关系的异己力量对自己的支配，人获得了全面而自由的发展。其中，“以人为本”战胜“以物为本”是生产力（人的生产能力、生活能力、智力和体力）不断发展的结果，是人自身发展取得的巨大进步的表现。“以人为本”的科学发展观明确了新世纪新阶段我国要发展、为什么发展和怎样发展的重大问题，它是新世纪新阶段中国共产党建设“富强、民主、文明、和谐”国家的施政宣言，是我们党对社会主义现代化建设指导思想的新发展。

围绕坚持“以人为本”，“人文北京”建设工作的出发点和归宿就是要坚持一切为了人民，一切依靠人民。一切为了人民，一切依靠人民，两者相辅相成、密不可分，是合规律性与合目的性相统一的马克思主义发展观。如果说“以人为本”是人文关怀的核心原则，那么人文关怀则是“以人为本”的外在体现。人文关怀是指人在求取自身生存、发展过程

---

① 《列宁全集》第1卷，人民出版社中文第二版，第368页。

② 《马克思恩格斯全集》第42卷，人民出版社1979年版，第123页。

③ 《马克思恩格斯全集》第46卷上，人民出版社1979年版，第485页。

④ 《马克思恩格斯选集》第1卷，人民出版社1995年版，第127页。

中，不断追求自身解放、实现自身价值，追求人类和谐美好命运的一种自觉的思想信念和文化准则。它通过重视人、关心人、爱护人、尊重人、提升人、追求人的本质力量的自由实现与全面发展，力图唤起人对自身可贵与生命权利的不断体认与无限珍视。因此，"人文北京"建设需要社会发展各方面的整体提升，体现在北京城市建设、文化建设、社会建设和市民文明素质建设等各个方面。具体而言，从政府角度来说，就是要坚持"以人为本"理念，通过制度、法律、机制和设施等建设，形成健康向上、文明和谐的人文环境，构建自由、平等、公正、法治的良好氛围，促进人的自由而全面的发展；从市民角度来说，就是要不断地发展自我、完善自我、超越自我，充分发挥自己的聪明才智，秉承爱国、敬业、诚信、友善的基本原则，做一个文明的人、高尚的人、有益于社会的人。从这个意义上说，"人文北京"的建设就是北京人自身的建设，它既是北京人创造新的城市文明的过程，也是北京人接受现代化城市文明熏陶的"以文化人"的过程。

（二）建设"人文北京"实现了从"对象超越"向"自我超越"的价值目标达成

人的创造性来源于人的需要，人的需要的多层次、多方面决定了人们要从事多种创造活动，人们的需要的不断满足又推动人们永不停止地进行创造活动。人依靠自己的智慧和力量，既塑造着一个属人的外部世界，又塑造着一个属人的自我世界。人通过积极的创造性活动，根据自己的理想创造着世界上原本没有的物质价值和精神价值，从而实现着对人自身的超越。"人文北京"的建设实践离不开两种力量：一是个体主体的活力，二是群体主体的合力。重视个体的活力，就是要让每个人的能动性、积极性和创造性都能得到充分发挥；重视群体的合力，就是要使整个社会具有向心力、凝聚力和整合力，最广泛、最充分地调动一切积极因素，集聚起建设"人文北京"的强大力量。当然，北京人不仅是"人文北京"建设的动力主体和价值主体，而且也是"人文北京"的发展主体和发展目标。这就决定了，围绕"人文北京"建设，"我们进行的一切工作，既要着眼于人民现实的物质文化生活需要，同时又要着眼于促进人民素质的提高，也就是要努力促进人的全面发展"①。这不仅是中国特色社会主义建设事

① 《江泽民文选》第三卷，人民出版社2006年版，第294页。

业的本质要求，也是推进北京科学发展的历史辩证法。当前，“人文北京”发展最大的契机是建设中国特色世界城市。建设“世界城市”的核心是文化，文化的最好彰显者是人，是长期生活、工作在北京的广大市民，从一定意义上说，广大市民既是世界城市建设的动力，也是世界城市建设的目的，既是“建设主体”，也是“受益主体”。有基于此，在“人文北京”和世界城市的建设中，需要不断提高北京人的思想道德素质、科学文化素质和健康素质；需要发挥北京的资源性优势，不断开启民智，培育具有现代人文理念的北京人；需要积极探索实现北京人的现代化的有效路径；需要继续秉承奥运“人文精神”，将“我参与、我奉献、我快乐”的理念继续坚持下去并不断提升；需要为市民的心灵世界构建起和谐、包容、仁爱、阳光的精神家园，使首都市民在耳濡目染中不断提高自己的文明意识和文明程度；需要通过人的思想文化价值观念的转变，实现人的行为方式和生活习惯的转变，从真正意义上促进北京人的全面发展。

“人文北京”建设的价值目标就是实现人的全面发展，其价值取向就是推进经济社会和人的和谐发展，其价值归宿就是彰显“人文精神”，普及“人文关怀”，营造“人文生态”，培育“现代人格和主体意识”，为市民的心灵世界构建起和谐、包容、仁爱、阳光的精神家园，充分发挥每一个市民的想象力和创造力，为提高北京的创新能力注入活力。

第二节　社会主义核心价值观与践行“北京精神”

所有伟大的城市都有自己固有的血脉，一脉相承，城市的发展都是沿着这个脉络前行的。北京是一个有意蕴、有历史感的文化之都，“爱国、创新、包容、厚德”作为北京精神表述语，是首都人民长期发展建设实践的概括和总结，它准确地概括了北京这座城市的文化特质，体现了这座城市的优良传统，而且符合首都人民的文化品位和价值追求。“北京精神”的弘扬和践行既是人们对北京历史传统的价值认知、价值认同，也是对北京未来和谐发展的美好愿景的价值期许和自觉实践。

一　“北京精神”蕴含着丰富的核心价值理念

北京是共和国的首都，这个城市跟祖国、民族的命运联系尤为紧密。“爱国、创新、包容、厚德”，不仅体现了北京城市精神的特质，而且更是在价值层面上高扬了中国特色社会主义的共同理想，以爱国主义为核心的民族精神，以改革创新为核心的时代精神，始终贯穿着当前倡导的国家、社会和个人三个层次的价值理念和价值理想的统一。应该说，北京精神的价值意蕴及其特征把城市的精神跟民族的精神、国家的价值追求和个人价值实现紧紧地融合在了一起。

"爱国"是"北京精神"的核心，体现了走中国特色社会主义道路，实现中华民族伟大复兴的普遍价值需求。一个城市的出现、发展总是和整个国家、民族的历史、地域、文化等因素密切相关的。北京是中华人民共和国的首都，它的存在和发展与中国整个国家的兴衰休戚相关。北京提出建设中国特色世界城市的目标，这不仅仅是北京城市发展的目标，同样也是实现中华民族伟大复兴整体目标的重要组成；北京所承载和体现的不仅仅是北京单个城市的形象，它同时也承载着整个国家和民族的文明和进步；北京文化无法脱离中国这片广袤的土地和深厚的中华文化的滋养；北京的国际地位提升、目标的实现，依赖于国家的国际实力、地位和影响力的提高。因此，"北京精神"必须以培育和弘扬"爱国主义精神"为核心，充分发挥其指引发展方向、凝聚市民心智、激发市民潜能、规范市民行为的功能和作用，调动起全体首都市民的积极性、主动性、创造性，促使他们产生对北京的强烈的归属感、自豪感、荣誉感、责任感和使命感，将自己的聪明才智贡献于北京的社会主义现代化建设。

"创新"是"北京精神"的精髓，蕴含着尊重知识、尊重劳动、尊重人民群众创造主体地位，解放思想、锐意改革的时代价值取向。正如民族精神是一个民族赖以生存和发展的精神支撑一样，城市精神也会成为促进城市建设和发展的精神支柱和强大动力。北京作为中国文化中心，要建设中国特色的世界城市，展现自身的文化魅力和影响，引领中国文化走向世界，就要以"改革创新"的勇气和智慧，努力培育一流的市民素质、一流的人文环境、一流的城市形象。客观地说，与现有的具有世界影响力的大城市相比，北京在创新资源整合、创新意识提升、创新能力提高和创新条件建设等方面都存在着明显差距。为此，北京要尽力发挥智力资源聚集的优势、抓住机遇，以勇创一流、敢于争先的精神激励全市人民更新观念、放宽眼界、放大胆量、放开手脚，用新思路、新办法解决新情况、新问题，创造一流的业绩。要使各类创意成为最能体现城市竞争力的核心价值，创造有利于创意人才和技术精英创业、发展的城市文化和软硬环境，将新的生活方式、新的价值观念、新的创造发明传向世界的每个角落，引领世界的潮流和趋势。

“包容”是“北京精神”的特征，彰显了海纳百川、兼容并包的开放视野，求同存异、和谐发展的价值愿景。经济全球化的今天，任何一个城市的发展都不能是孤立、封闭的，必须要把祖国的利益和其他城市，乃至于国际城市的利益考虑进来，才能做强、做大。具有世界影响力的城市一定是世界文明融合的多元文化中心。在漫长的统一的多民族国家形成和壮大的过程中，北京逐渐形成了丰富多彩、兼容并包的文化特色，和谐共生的价值理念。全国不同民族、不同省份、不同地域、不同风俗和生活习惯的人都能平等、愉快地融入北京，真正找到“家”的感觉。围绕中国特色世界城市建设目标，北京应该更加致力于“多元并存、开放包容”，把世界带到中国、把中国推向世界，使不同国家、不同种族的文明彼此交流融合，不同价值观、不同生活方式互相包容，不同肤色、不同语言的人都从内心感到被接纳、被理解、被尊重。这样才能产生吸引力、凝聚力、创造力，同时保持一定的张力；才能推进社会进步、城市繁荣、文明提升；才能真诚地向世界展示我们努力奋斗的成就；才能以实现“公平正义”为目标，解决世界城市发展过程中普遍存在的发展极化、社会隔离等负面问题，探索出符合社会主义和谐社会、共同富裕要求的世界城市建设新途径。

“厚德”是“北京精神”的品质，折射出“以文化人”、以文立市的人文关怀，确立了民主文明、爱岗敬业、诚信友善的社会和个人价值规范。每一个北京人既是北京精神的承载主体，是北京精神的塑造者、体现者和传播者，也是北京精神的受益者。培育“北京精神”要靠包括1961.4万常住人口（其中，704万外地人，30多万外国人）的全体北京人的共同努力，要凝聚所有北京人的力量和智慧，其成果也应当惠及每一个北京人，使他们的经济社会文化权益得到更加切实的保护，文化素养和文明素质得到进一步的提高。“中国欲存争于天下，其首在立人，人立而后凡事举。”道德是市民素质的基本前提。北京是连接中国和世界的窗口，每一位首都市民的言行举止，不仅代表北京的形象，在一定程度上还代表中国的形象。对于正在建设中国特色世界城市的北京而言，以“民主文明、爱岗敬业、诚信友善”的价值规范为标准，提升首都市民的思想道德素质和社会公德水平，无论怎样强调都不过分。因此，践行北京城市精神，要通过化育北京精神、挖掘北京精神的育人功能，充分发挥和利用北京悠久的历史文化遗产和文化资源，充分展示北京的人文精神风貌和文化特色，增强北京城市的文化含量，提高北京城市的文化品位，大力发展文化事业和文化产业，充分展现首都文化的魅力，使北京精神成为全市思想文化建设的不竭动力和源泉，不断提升北京人的精神气质、道德素质、文化素养。

综上所述，北京精神的价值内涵的特点和优势在于，它实现了核心价值的主观性与客观性、实然性与应然性、共时性与历时性、普遍性与特殊性的统一。“爱国、创新、包容、厚德”，既概括了北京深邃厚重的民族情怀和积极进取的精神状态，又体现了其兼容并蓄的文化传统和容载万物的人文精神。爱国是北京精神的核心，创新是北京精神的动力，包容是北京精神的器度，厚德是北京精神的品质，4 个词 8 个字，蕴含着丰富的内在逻辑，共同构成一个有机的、系统的整体。

二　践行“北京精神”是社会主义核心价值观建设在北京的生动实践

社会主义核心价值观赋予北京城市精神以质的规定性，指导着“北京精神”的培育与弘扬。“北京精神”是社会主义核心价值观的具体化，培育和弘扬“北京精神”是树立和践行社会主义核心价值观在城市精神文明建设中的重要实现形式。提炼、培育“北京精神”的过程，也是树立和践行社会主义核心价值观的过程。

首先，“北京精神”与社会主义核心价值观在内容上是高度吻合的，践行“北京精神”就是社会主义核心价值观建设在首都北京的具体实施。社会主义核心价值观是社会主义制度的内在精神和生命之魂，是凝聚和整合社会各阶层、各利益群体思想的有力武器，也是国家文化软实力的根本。自 2006 年十六届六中全会提出“社会主义核心价值体系”之后，学界对社会主义核心价值观的概括开展深入探讨。2012 年 11 月 8 日，胡锦涛在中共十八大报告中关于扎实推进社会主义文化强国建设部分，把社会主义核心价值体系建设作为一项重要任务，提出了新部署新要求，特别提出“三个倡导”，即“倡导富强、民主、文明、和谐，倡导自由、平等、公正、法治，倡导爱国、敬业、诚信、友善，积极培育社会主义核心价值观”，这是对社会主义核心价值观的最新概括。以“爱国、创新、包容、厚德”为表述语的“北京精神”恰恰反映和体现了社会主义核心价值观的内容，与社会主义核心价值观在内容上是高度一致和吻合的。践行“北京精神”的过程，也是践行社会主义核心价值观的过程。

其次，“北京精神”与社会主义核心价值观在功能上具有一致性，提炼、培育“北京精神”是首都推进社会主义核心价值观建设的新的实践载体。首都社会主义核心价值观为首都的建设和发展提供了一种正确的文化认同和价值标准，能够起到唤起首都的“自我意识”，引发首都人民对首都的美好情感，引导首都人民的创生行为，整合和凝聚首都的力量。“北京精神”是首都的精神定位，同样具有导向、凝聚和激励功能：（1）导向。“北京精神”是能够引发和表达广大市民最真切的生命情感的城市社会总体的行为模式和价值取向。提炼、培育“北京”精神，能够在市民心中形成统一的意志和信念，形成共同的理想和精神支柱，为北京城市发展指明前进发展的方向，引导北京朝既定的目标前进。（2）凝聚。精神虽然看不见、摸不着，但它能够把方方面面分散的力量凝聚起来，化成坚不可摧的长城。“北京精神”是黏合剂，能够把全市不同职业、不同年龄、不同区域的人凝聚在一起，引导他们心系北京命运，促进北京发展，将自己的聪明才智贡献于北京城市建设。（3）激励。“北京精神”能够激发市民的积极性、主动性、创造性，促使市民产生强烈的自豪感、荣誉感、责任感和使命感，使他们自觉、自愿、自律，自我创造、自我实现、自我超越。提炼、培育“北京精神”是首都推进社会主义核心价值观建设的题中应有之义，目的就是要更好地凝聚全市人民的智慧和力量，激发起全市人民的满腔热情和极大的干劲，更好地推动首都的科学发展。

再次，“北京精神”与社会主义核心价值观都是社会主义先进文化的重要组成部分，提炼、培育“北京精神”是首都社会主义核心价值观建设的着力点。社会主义核心价值观是先进文化最深层次的东西，它符合社会发展的总体趋势，反映人民的共同利益和共同要求。“北京精神”也是一种深层次的社会意识，是通过北京的规章制度、文化艺术、伦理道德、城市景观以及首都市民的行为方式，包括生活方式、生产方式、交往方式等方面体现出来的共同的价值观念和心理导向，是北京城市的经济、政治、文化、社会等方面在精神领域的集中体现和高度概括，是北京城市的历史文化、建筑风格、形态格局及其市民的综合素质、文明程度、价值取向、精神信念、理想目标、道德面貌的综合反映，是根植于北京的历史、体现于北京的现状、引领着北京城市未来发展并区别于其他城市的灵魂，是首都的“精神名片”，是一代又一代北京人共同创造、传承、实践的价值、理想，是北京城市建设发展过程中不断形成的丰富的文化内核和思想动力。提炼、培育和弘扬“北京精神”是首都社会主义文化建设的重要任务。提炼、培育和弘扬“北京精神”是北京在新的发展阶段，站在建设中国特色社会主义先进文化之都和有重大国际影响力的国家文化中心的新高度，推动社会主义核心价值观建设和首都各项事业科学发展的生动实践。

践行“北京精神”，必须大力倡导富强、民主、文明、和谐，倡导自由、平等、公正、法治，倡导爱国、敬业、诚信、友善。十八大对社会主义核心价值观问题的重要论述，所包含的都是社会主义最基本、最核心、最重要的价值理念。其中，富强、民主、文明、和谐体现了社会主义核心价值观在发展目标上的规定，是立足国家层面提出的要求；自由、平等、公正、法治体现了社会主义核心价值观在价值导向上的规定，是立足社会层面提出的要求；爱国、敬业、诚信、友善体现了社会主义核心价值观在道德准则上的规定，是立足公民个人层面提出的要求。这三个层次的理念相互联系、相互贯通，实现了政治理想、社会导向、行为准则的统一，实现了国家、集体、个人在价值目标上的统一，兼顾了国家、社会、个人三者的价值愿望和追求。可以说，这一表述反映了我国社会主义制度的本质规定，体现了中国特色社会主义事业的发展要求，昭示了中国共产党长期奋斗的一贯主张，继承了中华传统文化精华，汲取了人类文明优秀成果，既坚持了马克思主义的共性又涵盖着中国特色社会主义的个性，既坚守国家社会的目标又张扬了人的主体性，既有深厚的传统底蕴又有鲜明的时代特征，符合历史、合乎实践，贴近民情、顺乎民意，能够发挥出广泛的感召力、强大的凝聚力和持久的引导力。① 践行“北京精神”，是首都北京贯彻落实社会主义核心价值观的有力抓手，是结合首都实际和市民特点总结提炼出的简单易懂的人文精神，有利于推进社会主义核心价值观在首都北京的理论建设、宣传教育和学习践行，有利于社会主义核心价值观更好地走进首都群众的内心。

---

① 申维辰：《社会主义核心价值体系建设的点睛之笔》，载《光明日报》2012 年 11 月 12 日。

三　以社会主义核心价值观引领“北京精神”践行活动

“北京精神”是社会主义核心价值体系的具体化，弘扬和践行“北京精神”是社会主义核心价值观在城市精神文明建设实践中的重要实现形式，而培育和践行“北京精神”的过程，也是北京倡导、培育和践行社会主义核心价值观的过程。学习贯彻党的十七届六中全会和十八大精神，发挥首都作为国家文化中心的示范作用，打造中国特色社会主义先进文化之都，建设有世界影响力的文化中心，迫切需要有强大的精神动力和巨大的智力支持。弘扬践行“北京精神”，目的就是要更好地凝聚全市人民的智慧和力量，激发起全市人民的满腔热情和极大的干劲，更好地推动首都的科学发展。因此，我们要自觉地把社会主义核心价值观的基本内容和要求，融入到弘扬、践行“北京精神”的全过程，使之成为北京城市的精神力量和精神纽带。

（一）准确把握“北京精神”的根本要求

自“北京精神”社会征集、宣传提炼颁布后，“爱国、创新、包容、厚德”的北京精神内涵宣传，已基本上回答了“北京精神是什么”、“为什么选择四个词、八个字作为北京精神表述语”等问题。然而，在一些市民和行业行为中，践行北京精神还仅仅停留在口号、标签等形式方面，没有真正实现对北京精神的价值认同、自觉参与、积极实践的内化。究其原因之一，在于一些北京精神的内涵涉及的理论深层次问题仍需要结合实践不断深化和细化。例如，就“爱国”而言，如何理解其内在维度和层次划分，是正确引导不同爱国群体、不同层次的爱国情感，不同形式爱国行为的重要依据。据此，我们可以尝试将“爱国”划分为信仰层面、评价层面、认同层面、参与层面等多个维度，通过调查分析，提出评价标准，实现客观准确地引导理性爱国的目标。同时，从整体论和系统论的角度，从推进首都社会主义核心价值体系建设的高度，全面把握“爱国、创新、包容、厚德”精神体系内在统一的共同思想和文化基础，这是确保北京精神践行推进的理论前提。

以“爱国、创新、包容、厚德”为表述语的北京精神，作为一个新概念、新范畴，其内涵丰富、意蕴深远，思想性、理论性和实践性也很强。要让广大市民全面理解、准确把握、深刻认识北京精神，哲学社会科学和理论宣传领域还有许多工作要做。从目前来看，北京精神还有许多重大的理论和现实问题需要继续研究，需要不断深化和细化。要把“北京精神研究”作为北京市的一项重大课题，对培育和践行北京精神的目标及其价值，培育和践行北京精神与首都文化自觉和文化自信，在实践中培育和践行北京精神需要注意的问题，北京精神与社会主义核心价值体系、核心价值观、市民价值观的关系，北京与国内外城市精神培育工作的比较以及经验总结，把社会主义核心价值体系建设与培育、弘扬和践行北京精神结合起来以及把政府主导作用与市民主体作用结合起来、把精神传播与实践行动结合起来的具体路径等问题，做进一步的、深入系统的研究；要通过对市内外不同群体的走访、在全市各个区县通过发放问卷及网络调查，对北京精神有一个总体认识和评价；要整合北京智力资源，围绕弘扬和践行北京精神的目标及其价值，践行北京精神与首都文化自觉和文化自信，践行北京精神与建设社会主义核心价值观等，组织开展把社会主义核心价值体系建设与弘扬践行北京精神结合起来，把政府主导作用与市民主体作用结合起来，把精神传播与实践行动结合起来的具体路径等方面深入系统的研究。

基于北京城市发展的核心价值取向，我们认为，“北京精神”的根本要求主要集中体现在6个方面，即：围绕弘扬和践行北京精神，深入推进北京社会主义核心价值体系建设；围绕弘扬和践行北京精神，提高北京的城市综合竞争力；围绕弘扬和践行北京精神，倡导人文关怀、提升首都市民综合素质；围绕弘扬和践行北京精神，建设中国特色世界城市；围绕弘扬和践行北京精神，推进社会主义先进文化之都建设；围绕弘扬和践行北京精神，推进首都科学发展。

（二）找准深化“北京精神”践行的着力点

总结前期弘扬、践行“北京精神”工作前期取得的成绩和经验，建议下一步的工作重点要集中在抓好北京精神的认同、践行、评价、引导上面。要充分发挥文化引领、思想道德引领工程的最大效能，从核心价值观建设、制度建设、物质建设三个方面着力开展北京精神践行工作，以期实现北京精神内涵从精英文化向大众文化的转变，北京精神践行由政府主导向多方参与转变，北京精神践行效果由宣传弘扬向知行统一转变。

践行北京精神，自觉培育社会主义核心价值观。将践行北京精神提高到树立理想信念的高度，从巩固马克思主义在意识形态主导地位的政治敏锐性出发，构建北京精神践行的共同思想基础。一是构建北京精神践行落实、检查和效果评价机制，让北京精神践行真正接地气、凝能量；二是建立北京精神践行社会矛盾的协调机制，促进精神培育与利益引导的相互作用；三是健全北京精神践行的法律和制度的规范机制，用法律和制度的刚性约束来支撑精神的软性约束；四是建立北京精神践行的政治文明示范机制，以权力运行的文明程度的提升，示范带动人们对北京精神的接受和内化；五是构建北京精神践行的社会舆论的扬抑机制，提高引导能力和效果；六是完善北京精神践行的社会心理的调适机制，以身心和谐推进社会和谐。

践行北京精神，迅速开展制度保障体系建设。一是建议《践行北京精神行动计划》，从推进北京科学发展的政策决策的高度，构建一套整体性、系统性、重点性明显的推进行动路线图。将此项工作纳入宣传、文化、精神文明、社会管理等市属相关单位的日常工作，在人、财、物上提供切实保障。二是构建“北京精神践行评价体系”，定期对各区县、街道、社区，文化创意行业、窗口服务行业等“北京名片行业”开展调查，动态把握北京精神践行过程出现的细微变化，形成典型案例和对策性建议。

践行北京精神，广泛开展器物和行为层面建设。一是加大对哲学社科领域理论研究和创新的支持力度，多出精品成果；二是利用新媒体，构建面向广大市民不同群体的宣传服务网络，文化产品突出针对性和共识性；三是打造一支贴近百姓、贴近生活北京精神的传播队伍，完善市、县、乡三级宣讲网络，形成人人传播、人人宣讲、人人认同北京精神的良好氛围；四是注重在城市建筑风格、地理风貌、人造景观、文化雕塑、广场道路等有形物质因素中，加大北京精神元素和符号特质的注入；五是运用典型宣传、职业教育、公德培育等器物、行为层面的传播方式，在提高城市文明水平，提升文化软实力，增强北京精神凝聚力的同时，让世界更加了解北京、认识北京、理解北京精神。

总之，30 多年改革开放取得的丰硕成果为弘扬“北京精神”奠定了坚实的物质基础，北京独特的文化资源优势为弘扬“北京精神”提供了良好的文化生态土壤，“人文奥运”和“人文北京”建设为弘扬“北京精神”提供了宝贵的实践经验，中国特色世界城市发展定位为弘扬“北京精神”提供了有利契机。可以说，大力弘扬和践行“北京精神”的条件已经成熟。切实把握机遇，发挥首都的区位优势，以社会主义核心价值观为指导，大力培育和践行“北京精神”，引领和服务北京社会主义文化的繁荣和发展的机遇期已经到来。

第三节　社会主义核心价值观与提升“文化软实力”

文化是民族的血脉，是人民的精神家园，是城市发展进步的灵魂。核心价值观是文化的内在要素和根本要素，在文化建设中占据统领和支配的地位。提高首都文化软实力必须以首都社会主义核心价值观为指引，以社会主义核心价值观统领首都文化软实力建设。

一　社会主义核心价值观：北京文化之“风骨”

正如一些学者所认为的，全球化带来了“民族和传统认同感的丧失，文化多样性的丧失，东西方文明模式和价值观念的冲突，极端个人主义、拜金主义、自由主义和道德相对主义等世界性道德危机”[①]。在全球推行资本主义的意识形态和价值观念，是西方倡导全球化的一个根本目标。西方和平演变战略的始作俑者杜勒斯曾经说过，如果我们教会苏联的年轻人唱我们的歌曲并随之舞蹈，那么我们迟早将教会他们按照我们所需要他们采取的方法思考问题。2000 年 5 月 24 日，克林顿在美国众议院说，我们向中国出口的不仅仅是产品，还有我们真实的价值观。文化的力量，归根到底来自于凝结其中的核心价值观的吸引力、影响力和感召力；不同文化的竞争和较量，本质上是各自代表的核心价值观的竞争和较量。各种文化产品，无论是哲学社会科学、新闻舆论，还是文艺作品、网络文化等，虽然它们的表现形式不同，但都在不同程度上反映并传播着一个社会的核心价值观，表达出相应的思想倾向、理想追求、精神境界、道德导向；各种文化生活，无论是雅是俗、大众还是小众，都直接或间接地折射出一定社会的核心价值观。文化“软实力”能否成为真正的“硬实力”，根源就在于它所蕴含的核心价值观能否生发出吸引人、激励人、感召人的魅力，能否产生激发人们激情、渴望和梦想的力量。没有核心价值观作支撑，文化软实力就立不起来、强不起来。

---

①　秦红岭：《全球化·普遍伦理·现代道德教育》，载《社会科学》2001 年第 11 期。

党的十七届六中全会《决定》提出："社会主义核心价值体系是兴国之魂，是社会主义先进文化的精髓，决定着中国特色社会主义发展方向。"① 这一重要论述，深刻揭示了社会主义核心价值体系的文化价值。社会主义核心价值观作为社会主义核心价值体系中最为深层、最为抽象、最为根本的内容，必然渗透于、体现于社会主义核心价值体系之中，并决定着社会主义核心价值体系的根本性质和方向。只有抓好首都社会主义核心价值观建设，才能牢牢把握首都文化建设的前进方向，有效巩固和壮大社会主义主流意识形态；才能在多元文化中确立主导地位，在多样文化中取得共识；才能为首都文化注入奋发向上的精神力量，不断增强内在的吸引力、凝聚力和感召力；才能凸显首都的文化魅力和优势，不断提升首都文化软实力、增强首都文化的辐射力和影响力。正因如此，2010 年 11 月 30 日中共北京市委十届八次全会通过的《中共北京市委关于制定北京市国民经济和社会发展第十二个五年规划的建议》将"加强社会主义核心价值体系建设"列为"加强首都文化软实力建设"的第一条；2011 年底出台的《中共北京市委关于发挥文化中心作用加快建设中国特色社会主义先进文化之都的意见》将"实施思想道德引领战略，践行北京精神，深入推进社会主义核心价值体系建设"作为"建设中国特色社会主义先进文化之都"的两大战略之一。

一个没有全球文化影响力的城市，不成其为世界城市；不能以先进文化引领世界的城市，无疑是个名不副实的世界城市。北京要建设中国特色世界城市，必然要寻求文化上的影响力，展现自身的文化魅力。中华文化源远流长，自成一统，近代以来虽因国衰而势弱于西式文化，但体系依然、活力依旧。北京固然历史文化积淀深厚，现有文化建设多有可称道之处，但要具备世界城市的文化影响力，并不容易，尚需努力。鉴于东西方在世界观、价值观、意识形态、文化理念方面的差异，北京弘扬中国文化，无疑要打破西方的文化霸权，冲决西方文化模式，这就不可避免地会彼此发生碰撞，甚至是剧烈碰撞，需要较长时期的磨合。其实这种碰撞和磨合现在就已开始。文化争夺，核心是文化主导权和话语权的争夺，根本上就是核心价值观的较量。城市主要功能就是化力为形、化权能为文化。

---

① 《中共中央关于深化文化体制改革推动社会主义文化大发展大繁荣若干重大问题的决定》，载《人民日报》2011 年 10 月 26 日。

这种文化权能通过制度文明、科技创新、观念先进、引领时尚借以展开和实现。从某种意义上说，北京成为世界城市，城市硬体和经济上面临的挑战相对比较直接，而文化上面临的争夺和竞争将更为深刻和持久。在新的起点上，北京能否以谦和的姿态、包容的胸怀、理性的智慧学习吸收人类一切好的文化；能否实现中国传统文化精华与世界优秀文化的融合，在此基础上，实现创造性转化并世界化；能否在城市运营和治理、环境保护、市民生活方面提供21世纪的城市生活样式；能否在营造创新氛围、孕育时尚观念、繁荣文化艺术方面体现21世纪的潮流；能否提升文化创意产业的规模、层次和国际化水平；能否以更具有亲和力、包容性、吸引力的城市形象走向世界中心。这些都值得我们深入思考。

当然，东西方文化观念的差异、利益的矛盾是客观存在的，对立和互相挑剔更容易一些，相互学习和包容需要高远的境界、宽广的气度、利益的调适和高超的智慧。况且，这种包容和融合并不完全取决于中国，取决于北京，而是一个互动和调适的过程。然而，文化归根结底就是价值观。[①] 掌握文化的主动权，积极、自觉地推进文化整合对于首都社会主义核心价值观意义极为重大。如何整合传统文化与现代文化，使社会主义核心价值观中的文明与和谐既具有深层的根基，又包含现代性？如何整合民族文化与国际文化，使社会主义核心价值观既能保持中国特色，又增加开放性和包容性？如何整合大众文化与精英文化以形成“合力”，使社会主义核心价值观充分发挥引领作用，在社会各层面产生“共振”效应，从而进一步丰富社会主义核心价值的内涵？这些都需要北京，更需要国家在制度和文化上不断探索和创新，进一步发展和正确应对。

二　北京文化：社会主义核心价值观之“魅力”

文化有广义和狭义之分。广义上的文化指的是人类在社会历史发展过程中所创造的物质财富和精神财富的总和，它包括3个层次：一是表层的器物文化，指人们在物质生产活动中所创造的全部物质产品，以及创造这些产品的手段、方法、工艺等；二是中层的制度文化，是人们为确立一定的社会关系并对其进行整合、调控而建立的各种规范体系；三是深层的观

① 方章东、侯惠勤：《文化整合与社会主义核心价值观》，载《安徽大学学报》（哲学社会科学版）2009年第5期。

念文化，包括人们的心态、心理、观念、思想、信念、信仰以及理论化对象化的思想理论体系等。观念文化是狭义的文化所指的内容，也是广义文化结构中最为核心的部分。

与经济、科技、军事等表现出来的“硬实力”相比，文化确实看起来很“软”，但却是一种不可忽视的力量。文化软实力可以分为5个部分：文化凝聚力、文化吸引力、文化创新力、文化整合力和文化辐射力。其中，文化凝聚力是内核要素，文化吸引力是基础要素，文化创造力是倍增要素，文化整合力是集成要素，文化辐射力是表象要素。[①] 没有文化作为动力和支撑，一个国家、一个民族就立不起来、强不起来。没有文化作为底蕴和载体，价值观也会成为无源之水、无本之木。只有依附于文化之“体”，价值观才能有所承载，才能得以传播。

发展、传播什么样的城市文化，对一个城市主流价值观的影响极大。北京是享誉世界的历史文化名城，文源深、文脉广、文气足、文运盛。一座北京城，半部中国文化史。这座伟大的城市有着3000多年建城史和850多年建都史，积淀了中华民族优秀传统文化的精华，传承了五四运动以来形成的革命传统文化精髓，凝结了改革开放以来文化领域形成的一系列新思想、新观念、新风尚。但是，随着首都社会转型加速，社会结构和形态深刻变化，社会利益诉求更趋多元，市民精神文化需求快速增长，首都文化发展的质量水平与首都经济社会发展的要求、与人民群众日益增长的精神文化需求、与不断扩大的对外开放的要求还不完全适应。因此，社会主义核心价值观建设必须以提升文化软实力为前提。

《北京市国民经济和社会发展第十二个五年规划纲要》将“文化彰显魅力”单独成篇并提前到了整个规划纲要第四篇的位置。“十一五”规划中，“文化”被列入“社会事业”篇。据报道，在“十二五”规划起草初期，仍想沿用旧制将“文化”放进“社会事业”篇，但随后就发现“社会事业”篇已经无法涵盖北京文化的丰富内涵，于是又试图将“文化”放入“开放发展”篇，但同样存在类似的问题。最终，“文化彰显魅力”单独成篇，并明确指出：文化是决定创造、塑造未来的重要力量，是城市软实力的核心要素。北京作为一个有着3000多年历史的文化古都，

① 洪晓楠：《文化软实力：语义分析与要素分析》，载《西安交通大学学报》（社会科学版）2009年第3期。

同时又是一座特大型的国际化大都市，要把塑造高品位、有特色的城市文化作为重要的发展战略。对此，新加坡《联合早报》刊文《北京“十二五”发展软实力》，提出：“面向‘十二五’，北京市将视野投向区域与全球竞争，并为自己画出一幅‘软实力’发展蓝图。北京将打造科技与服务品牌，强化文化魅力，以提升软实力参与全球竞争。”[①] 北京各相关部门围绕提升全国文化中心地位、建设中国特色社会主义先进文化之都的目标要求，制定了相关的文化发展规划，如《北京市“十二五”时期文化事业发展规划》、《北京市“十二五”时期文化创意产业发展规划》、《北京市文化局“十二五”时期文化事业发展规划》、《北京市文化局“十二五”时期文化创意产业发展规划》、《北京市“十二五”时期新闻出版业发展规划》、《北京市“十二五”时期广播影视发展规划》、《北京市“十二五”时期文物博物馆事业发展规划》等。

推进全国文化中心建设，进一步提升北京作为全国文化中心的地位，是北京市“十二五”规划的重要任务和目标。2011 年，北京市人大常委会围绕“推进全国文化中心建设”这一专题进行了调研，受到了北京市委、市政府领导的高度重视，在相关职能部门也引起了积极反响，并最终形成了《北京市人大常委会关于推进全国文化中心建设的建议》和 10 个专项报告。9 月，李长春在北京调研时强调，要努力把北京打造成为具有重大影响力的文化中心，要求北京在文化建设发展上为全国发挥在体制机制创新，构建覆盖城乡的公共文化服务体系，大力发展文化产业、繁荣社会主义文化市场，文化创新，创新科技与文化融合，积极探索文化走出去的新途径、新形式，文化行政管理创新，互联网的建设管理应用和引导，构建社会主义核心价值体系、加强思想道德建设，加大人才培养力度、建设人才高地等 10 个方面的示范带动作用，体现了中央对北京的文化战略地位和作用的新思考和新要求。11 月，市委、市政府在关于《“加强国家文化中心建设”议案办理暨推进全国文化中心建设情况的报告》中提出了 7 项主要任务，包括践行“北京精神”、实施文化精品战略、发展公益性文化事业、加强历史文化名城保护、发展文化创意产业、深化文化体制改革、加强文化人才队伍建设等，同时发布了《北京市人大常委会关于推进全国文化中心建设的建议》。

① 韩咏红：《北京“十二五”发展软实力》，载新加坡《联合早报》2011 年 1 月 11 日。

2011 年 12 月 26 日，北京市委十届十次全体会议通过了《中共北京市委关于发挥文化中心作用加快建设中国特色社会主义先进文化之都的意见》，围绕发挥文化中心作用、加快建设中国特色社会主义先进文化之都的奋斗目标，围绕首都文化改革发展需要重点解决的问题，作出了实施“两大战略”、推进“九大工程”的工作部署。两大战略分别是：实施思想道德引领战略，践行北京精神，深入推进社会主义核心价值体系建设；实施文化创新、科技创新“双轮驱动”战略，推动首都文化大发展、大繁荣。九大工程是：文化精品工程，提供更好更多的精神食粮；文化惠民工程，率先建成城乡均衡的公共文化服务体系；历史文化名城保护和利用工程，彰显古都文化魅力；文化创新工程，激发体制机制活力；文化创意产业提升工程，率先建成现代文化产业体系；文化科技融合工程，让科技助力文化的大发展；网络文明引导工程，科学建设和利用互联网；文化名家领军工程，建设首都文化人才高地；文化走出去工程，扩大中华文化影响力。九大工程全方位部署了推动首都文化大发展大繁荣的具体任务和措施。

三　提升文化软实力：彰显核心价值观的“北京品质”

文化上的自觉和自信是爱国主义精神的深层次表现。随着全球化的日益深入，发展中国家的民族文化受到了生存威胁，包括北京在内的中国的对外文化交流显示出严重的“入超”现象。在这种情况下建设世界城市，必须找准定位，赢得发展主动权。北京有深厚的文化底蕴、丰富的文化遗存，尤其是以独有的城市格局和建筑形式所呈现的独特历史风貌，这是北京文化自信的源泉和资本，也是建设具有世界影响力的文化中心的优势所在。在建设中国特色社会主义先进文化之都、具有世界影响力的文化中心的过程中，北京责无旁贷地应担负起继承和发扬中华民族文化的历史重任，立足中华民族的国家利益，推陈出新，打造出无愧于时代的优秀文化。

第一，以社会主义核心价值体系为指引，筑牢社会认同的思想基础。文化的核心和根本就是价值观。社会主义核心价值体系是我国先进文化的灵魂，它顺应人类物质文明和精神文明进步的潮流，体现了社会主义精神风范，体现了最广大人民的价值追求，也为发展先进文化提供了科学的裁量标准。“人文北京”的价值理念，立足于北京的社会发展现实，坚持以马克思主义思想为指导，倡导人文关怀，与时俱进，开拓创新，体现了社会主义的核心价值取向，有利于发展积极、健康、向上的生活方式。“建设中国特色世界城市”的理念，反映了改革开放的时代进步特征，它要求北京的发展能适应人们对现代都市的要求，要求北京建设具有城市和区域特点、具有历史人文特点和现代文明程度的文化，以满足不同文化层次的人们的生活需求，特别是精神需求，引导和提升人们的文化生活品味，培育和养成人们对北京城市文化、城市生活的认同感、自豪感、幸福感。

第二，发挥文化价值观的引导功能，满足广大市民的文化需求。文化的价值就在于塑造有高尚道德情操的人。现实生活中，人们需要丰富多彩的文化娱乐来提高生活质量，以保持高节奏工作下的心理平衡；需要社会提供较为轻松愉快的文化载体，以进行人与人之间的交往沟通；需要通过思想感情的文化交流，以唤醒人们对自然、对环境、对他人以及对人类自身的关爱。文化活动、文艺作品和文化产品都是人文关怀最生动的感性形态。成功的文化活动、优秀的文艺作品和文化产品都承载着厚重的社会主义人文关怀，并有着教育人民、鼓舞人民、引导人民的功能。提升北京文化软实力，要求北京文化通过大力塑造能集中反映首都精神文明要求和民族、民间、民俗文化特色的积极、向上、文明、健康的群众文化，通过丰富多彩的文化活动，把北京人民爱国、包容、敬业、创新、诚信、厚德、友善的精神风貌展现给世界，大力提高首都市民的社会主义意识、爱国主义意识、集体主义意识、思想道德意识。

第三，推进精神文明建设内容创新，提升广大首都市民现代文明素质。市民文明素质的不断提高，是城市可持续发展的重要指针。市民在公共领域文化素养的高低，不仅反映了市民个体素质的高低，而且是一个城市公共文明素养水平的标志。建设中国特色世界城市，如果离开了首都市民文明素质的提高，就无法营造理想的人文环境，“首善之区”也就无从谈起。2007 年首都市民公共行为文明指数为 73. 38,[①] 可以看出，首都市民的公共文明素质整体上处于一个较高的水平。但同时，首都市民在公共生活领域还有许多不文明现象存在，这与北京作为历史文化名城、首善之区、现代化国际大都市的要求仍有较大差距。因此，北京今后要在“千方百计增加城乡居民收入，提高低收入群体等社保对象的待遇水平，推进

① 赵媛媛：《北京市民去年文明指数 73. 38》，载《北京青年报》2008 年 2 月 2 日。

城乡一体化的就业和社会保障体系建设，切实造福广大群众”[①] 的同时，强化广大市民的社会责任感，发动和组织普通群众参与各类文明道德实践，坚持把践行北京精神融入人们的日常生活，从自身做起，从小事做起，让人们在实践中弘扬北京精神，在广泛参与中提高现代性素质和社会文明程度。

第四，一元主导、多元并存，增进文化交流，构建文化和谐。文化和谐是一种动态和谐，是在促进丰富多彩的文化中生长和繁荣的。提升文化软实力，繁荣北京文化，必须坚持一元主导、多元并存、和而不同、和谐发展的基本价值原则。主流文化要有充分的地位，精英文化要有充分的自信，大众文化要有充分的存在空间；主流文化要确立在整个社会的文化领导权，对其他文化要正确引导、指明方向，加强凝聚力；精英文化要呈现出高层次、高品位的精神产品，对文化的发展起到提升作用和前瞻作用；大众文化要有足够的发展空间和个性自由，从而提高各个阶层的文化水准，真正实现北京社会主义文化的大繁荣。同时，要将北京的文化发展同个人的幸福紧密地联系在一起，把各个阶层、各个群体的共同愿望有机地结合在一起，在提高社会共识的同时筑牢大众文化的思想基础，为繁荣发展北京社会主义先进文化创造良好的条件。

第五，放眼世界、把握机遇，找准文化竞争力的提升“基点”。北京文化只有主动从改革开放伟大实践中汲取营养，发掘民族优秀文化资源，借鉴人类有益文明成果，才能在竞争和比较中展示出自己的优势，获得源源不断的力量源泉。2003 年 2 月，伦敦市长公布了《伦敦：文化资本，市长文化战略草案》，提出文化战略要维护和增强伦敦作为“世界卓越的创意和文化中心”的声誉，使伦敦成为世界级文化城市，注重文化对城市的形象塑造。纽约市提出的城市文化目标是“促进和保持纽约文化的可持续发展，提高对经济活力的贡献度”，强调促进经济发展功能和文化繁荣双重要求。新加坡提出将其发展成为“一个充满动感与魅力的世界级艺术城市”、“国际文化中心城市之一”，强调赶超。中国香港提出“一本多元，创新求变”的香港文化特色和发展原则，关注文化的承接和融合。虽然这 4 个城市的文化发展规划不同，但都反映了它们要保持或成为

---

① 刘淇：《深入贯彻落实科学发展观 加快建设人文北京、科技北京、绿色北京》，载《前线》2009 年第 1 期。

世界的文化中心、文化都会的目标和要求，都和整个城市社会发展、经济发展和国际地位相适应。[①] 因此，全面提升北京文化的国际竞争力，既要着眼于北京城市发展的目标定位和功能调整，又要着眼于区域乃至全球文化产业的分工格局。要依托北京丰厚的历史文化积累和首都的影响力资源，将“人文北京”的亲和、人本、大气、繁荣进行全面系统的体现、展示、宣传和传播，使“北京精神”的爱国、创新、包容、厚德能够被广泛认知、认可、接受和弘扬，继而使北京成为全体市民的美丽家园、中国人的伟大首都、享誉海外的世界城市。

① 杨荣斌、陈超：《世界城市文化发展趋向——以纽约、伦敦、新加坡、香港为例》，转引自《2004 年：中国文化产业发展报告》，社会科学文献出版社 2004 年版，第 279—289 页。

第三章 首都市民社会主义价值观实证研究的价值

新中国成立60多年来，特别是改革开放的30多年来，首都经济的发展取得了很大的成就，人民的生活水平也有了显著的提高，但是，人们的思想道德水平由于受到各种因素的影响，也出现了很多问题。在党的十六届六中全会作出的《中共中央关于构建社会主义和谐社会若干重大问题的决定》中，首次提出建设社会主义核心价值体系的战略任务。时至今日，已有10个年头。北京围绕社会主义核心价值体系建设主题，提出了“人文北京、科技北京、绿色北京”以及“北京精神”等一系列培育市民核心价值观的概念和思路，获得了社会各界的认同与支持。至此，课题组想通过对北京社会核心价值观建设效果的实证分析，进一步明细和客观测评市民的价值观状况，为北京未来的建设和发展提供参考与借鉴。

第一节 开展市民价值取向实证调查分析的意义

每个社会都有其赖以生存和发展的核心价值观，它对于稳定国家经济制度、政治制度和思想文化制度具有十分重要的意义，关系到国家的兴衰和社会发展的成败。《北京社会主义核心价值观建设与理论提升研究》采用实证性与理论性相结合的研究方法，从首都市民的价值取向、价值观结构、价值观变迁等方面的实证性研究入手，运用多学科的相关理论，采用实地调研所取得的新信息、新数据，对首都市民社会主义核心价值观进行深入分析、梳理，准确把握首都市民价值观的真实动态，从实践和理论两方面探寻构建首都市民价值观的有效路径，进而为北京市委、市政府的科学决策提供建议和参考，以提高建设社会主义核心价值观体系的针对性和实效性，推动首都社会主义核心价值体系建设向纵深方向发展。

一　有利于全面、准确了解首都市民价值观的基本状况

社会存在决定社会意识。价值观作为一种社会意识，是对社会存在的反映。人们所处的自然环境和社会环境，包括人的社会地位和物质生活条件，决定着人们的价值观念。经过改革开放30多年的发展，我国的经济、政治和文化结构、面貌都发生了前所未有的变化，正经历着由传统型社会向现代型社会的深刻变革。而与之相适应的是，首都市民在价值观念、价值评价、价值取向和价值选择上出现了不同的价值追求和价值取向，社会价值观呈现出一系列新的特点。面对首都市民价值观的新变化、新特点，社会主义核心价值观的调查研究也同样需要与时俱进，通过实证研究全面、准确把握首都市民价值观的新情况、新动态。

北京社会主义价值观建设的实证研究必须以"如实反映、科学描述"为基础，坚持以事实为出发点。价值观研究作为一种意识形态具有很强的党性原则，但是在价值观的实证调查中，不能借口意识形态属性而以某种观点来剪裁调查事实。必须由事实来推出观点，而不是相反。在北京社会主义价值观建设实证研究中，首先通过明确市民价值观的6个基本内容，即公德价值观、政治价值观、法制价值观、职业价值观、生活价值观和婚育与性价值观，对首都市民6个方面价值观进行长期的实证调查和研究，持续性地验证已经建立起来的关于首都市民价值观评价指标体系及模型的稳定性，以求通过模型最终达到客观衡量首都市民价值观基本状况的目的。总之，如毛泽东所言，没有调查就没有发言权。只有通过对价值观的实证调查研究，才能深入现实，比较充分、周密细致地了解各种不同阶层、不同类型的市民群体各个方面的价值观状况；了解社会主义主导价值观的思想内容、社会基础、实践和宣传教育效果；了解国内外文化交流所带来的价值观影响；等等。

二　有利于为北京市委和市政府的科学决策提供建议参考

北京作为首都，处于社会主义现代建设的前沿，对中国社会主义现代化建设具有引领作用。为了全面推进小康社会的建设，实现"人文北京、科技北京、绿色北京"的战略构想，北京市委、市政府提出了把北京建设成为和谐社会的首善之区的宏伟目标，而建设社会主义核心价值体系正是构建首善之区的重要任务之一。社会主义核心价值体系提出的目的就是

要在全社会普遍地建构、培育具有中国特色的社会主义价值观念系统，而要实现这一目的，要求我们必须深入了解和研究我国民众价值观的状况。可以说，开展调查研究、全面了解当前我国民众价值观的基本状况，是建设社会主义核心价值体系的前提和基础性工作。正如有学者所指出的，全面实施“当代价值观调查工程”是“一项非常重要的基础性工作，是我们非做不可的一件事情”①。

通过首都市民的价值观状况的实证调查研究，可以了解到市民们现在的生活态度，对当前经济制度、政治制度、文化制度以及对党和政府的满意程度，对许多国家重大方针政策的了解和赞同程度，对社会权力、地位、财富、机会等方面分配是否公正的看法，对党和政府的信任程度以及对社会发展前景的看法，对社会主导价值观的认同度，等等。这些丰富、宝贵的信息资源，不仅是最鲜活的、动态的国情，也是政府推进社会主义核心价值体系建设的重要依据。所以，北京社会主义价值观建设的实证研究立足于北京经济和社会发展的新实际，从理论与实践相结合的角度，建构首都市民价值观评价体系的数量分析模型，深入研究北京市加强社会主义核心价值体系建设的理论和实践问题，努力探索构建首都和谐文化和首善之区的新途径、新方法，进而可以为北京市委、市政府的科学决策提供建议和参考。

三　有利于提高建设社会主义核心价值体系的针对性和实效性

社会主义核心价值体系是社会主义制度的内在精神和生命之魂，它决定着社会主义的发展模式、制度体制和目标任务，在所有社会主义价值目标中处于统摄和支配地位。社会主义核心价值体系是建设和谐文化的根本，没有社会主义核心价值体系的引领，构建和谐社会、建设和谐文化就会迷失方向。党的十六届六中全会《决定》首次提出建设社会主义核心价值体系的战略任务，党的十七大报告进一步提出要通过社会主义核心价值体系的建构，增强社会主义意识形态的吸引力和凝聚力。

中国的价值观研究是站在意识形态层面上所进行的反思。当前中国正处在变化最快、发展也最快的时期，这些情况都在价值观的多元化及其冲

① 马俊峰：《深化价值观研究与构建当代中国价值观体系》，载《华中科技大学学报》2007 年第 2 期。

突中体现出来。由于多元价值观之间的冲突，社会转型时期的人们出现了道德困惑、内心痛苦、信仰危机、群体性事件增多等现象，这些现象是与社会意识形态的失范内在地联系在一起的。研究中国特色社会主义初级阶段的价值观问题，不仅可以从意识形态层面深入地揭示上述现象的根源，而且可以为形成既不脱离实际又能引导多元价值观的主导价值观提供思想资料。从这个意义上说，当代价值观研究是建设社会主义核心价值观体系的重要环节，是促进社会稳定的一项重要任务。北京社会主义价值观建设的实证研究，就是通过深入、客观的实证调查，研究社会转型中首都市民价值观存在的多元化倾向及其冲突问题，强化社会主义初级阶段主导价值观的引领作用，探寻构建首都社会主义核心价值观体系的基本路径。只有做好这项工作，才能够理论联系实际，有的放矢，通过提高建设社会主义核心价值观体系的针对性和实效性来达成上述目标。

第二节　首都市民社会主义价值观调查的主要维度

为了“如实反映”北京社会主义价值观建设的现状，“科学描述”北京社会主义价值观建设的发展趋势，自 2007 年始，北京市社会科学院价值观课题组历经 5 年多的时间开发出“首都市民价值观评价指标体系”。这一测量工具遵循科学性、规范性、可操作性、适量化、引导性、可比性原则。[①]

“首都市民价值观评价指标体系”由 6 个一级指标，20 个二级指标，80 个三级指标构成。6 个一级指标包括公德价值观、政治价值观、法制价值观、职业价值观、生活价值观、婚育与性价值观，每个一级指标下设置 3 ~ 4 个二级指标，每个二级指标下设置 3 ~ 5 个三级指标。图 1 展示的是包含一级、二级指标的价值观评价指标体系结构图，详细的指标体系可参见下面第四节的具体说明。

---

① 北京市社会科学院“核心价值体系与首都市民价值观调查模型研究”课题组：《社会主义核心价值体系建设与首都市民价值观调查模型研究》，2008 年研究报告，第 8 页，内部资料。

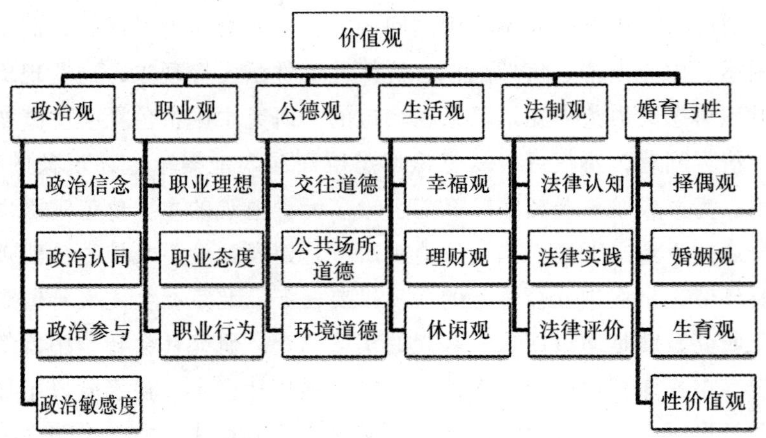

图 1　首都市民价值观评价指标体系结构图

一　政治价值观

政治价值观“一般指的是社会成员对政治事件的看法，包括社会成员看待、评价某种政治系统及其政治活动的标准，以及由此形成的政治主体的价值观念和行为模式的选择标准。在某种政治文化的影响下，社会成员在总体上都存在一种基本一致的政治价值观念，它直接影响着政治行为主体的政治信念、信仰和态度”①。而首都市民政治价值观特指居住在北京这一地域范围内的人们，对我国现行政治制度、政治生活的基本观点和看法，对政治现实和政治理想的基本评价和价值倾向。

政治价值观受制于人们所处的社会政治环境的影响，并集中体现在人们的政治参与意识和政治愿望当中。与之相应，政治价值观既涉及人们的政治理念，又涉及对现行政治制度的情感认同，对政治事务的关心以及表现出来的某种政治行为。因此，为了了解首都市民政治价值观的现状，课题组分别从市民的政治信念、政治认同、政治参与和政治敏感度 4 个二级维度进行了相关调查。政治信念涉及人们的政治理想和政治理念；政治认同则主要是指人们对执政党、政治制度等的认识、情感与评价；政治参与主要包括人们对政治获得的参与意识、参于程度和参与方式等；政治敏感度主要是指人们对政治事务的关心程度。

---

① 王惠岩：《政治学原理》，高等教育出版社 1999 年版，第 240 页。

（一）政治信念

信念是一个复合性整体，是人的认识、情感、意志的统一体。它是人类特有的精神现象，是指人们在一定的认识基础上确立的对某种思想或事物坚信不疑并身体力行的心理态度和精神状态。信仰是信念的最高形式，在信念系统中居于支配地位，具有强大的统摄力。政治信念是指参与政治活动的个人和团体所具有的对政治生活的一种固定看法和坚定的政治主张，是政治主体参与政治生活和维系政治关系的基本依据。坚定的政治信念有助于形成社会共识和增强社会凝聚力，从而保持政治系统的良性运行。

在当代中国，主流社会所倡导的政治信念包括：对马克思列宁主义、毛泽东思想、邓小平理论、"三个代表"重要思想以及科学发展观的信念；对中国特色社会主义道路的信念；对爱国主义与集体主义的信念；对中国共产党的创造力、凝聚力和战斗力的信念。课题组针对主流价值观所倡导的上述4个方面，在政治信念维度下，划分出对马克思主义理论的信念、对社会主义道路的信念、对集体主义的信念、对执政党能力的信念4个因子，以便全面细致地了解首都市民的政治信念状况。

1. 对马克思主义理论的信念

马克思主义理论是我国社会主义事业必须长期坚持和发展的指导思想。党的十八大报告指出："对马克思主义的信仰，对社会主义和共产主义的信念，是共产党人的政治灵魂，是共产党人经受任何考验的精神支柱。"党和国家十分重视对马克思主义的信仰，把马克思主义当作行动指南。

在首都市民价值观指标体系中设置了"马克思主义理论是科学真理"和"您认为哪一种思想学说对当代中国发展影响最大"两个题目，用来测量人们对马克思主义这一政治意识形态的认同程度。

2. 对社会主义道路的信念

自邓小平在中共十二大开幕词中提出"走自己的路，建设有中国特色社会主义"以来，中共十三大、十四大、十五大、十六大、十七大都在始终强调高举中国特色社会主义伟大旗帜。十八大也同样如此，把报告的主题设为高举中国特色社会主义伟大旗帜，以邓小平理论、"三个代表"重要思想、科学发展观为指导，解放思想，改革开放，凝聚力量，攻坚克难，坚定不移地沿着中国特色社会主义道路前进，为全面建成小康社会而奋斗。中国特色社会主义道路，就是在中国共产党领导下，立足基本国情，以经济建设为中心，坚持四项基本原则，坚持改革开放，解放和发展社会生产力，巩固和完善社会主义制度，建设社会主义市场经济、社会主义民主政治、社会主义先进文化、社会主义和谐社会，建设富强、民主、文明、和谐的社会主义现代化国家。

对中国特色社会主义事业的信念是市民政治信念的重要组成部分。首都市民价值观指标体系中设置了“中国特色社会主义理论指导中国科学发展”、“对中国未来的前途充满信心”和“对北京建设‘世界城市’的目标充满信心”三个题目，用以测量市民政治信念的牢固程度。

3. 对集体主义的信念

集体主义是政治价值观的重要组成部分，是凝聚中华民族的重要精神力量。新时期的集体主义，既坚持社会集体利益高于个人利益，同时又充分肯定个人利益的合理性，并努力把社会集体利益和个人利益结合起来，实现个人与社会的和谐发展。

首都市民价值观指标体系中，课题组从集体利益、社会贡献、公共利益等方面测量市民对集体主义的信念。在问卷中设置了“当个人利益与集体利益冲突时，优先考虑集体利益”等题目，用来直接测量市民的集体主义价值观。

此外，集体主义还可以从市民社会行为中去间接测量。例如，在选择职业时，是否考虑职业的“社会贡献”；在公共场所，是否会维护公共利益。

4. 对执政党能力的信念

中国共产党是我国的执政党，也是我国社会主义事业的领导核心。对于中国共产党执政能力的认同，在一定程度上来源于对中国共产党作为社会主义事业领导核心的信心。

为了考察首都市民对中国共产党执政能力的信念，首都市民价值观指标体系中设置了是否“认同中国共产党的执政能力”等题目，通过认同度来判断市民是否相信中国共产党的领导，对党的执政能力是否满意，对中国共产党所领导的社会主义事业是否充满信心。

（二）政治认同

政治认同的概念是美国政治学家威尔特·A. 罗森堡姆最早提出的。1976年罗森堡姆出版的《政治文化》一书中指出：“政治认同，是指一个人感觉他属于什么政治单位（国家、民族、城镇、区域）、地理区域和团体，这是他自己的社会认同的一部分。这些认同包括那些他感觉要强烈效忠、尽义务或责任的单位和团体。”《中国大百科全书·政治学》对政治认同的解释是：“政治认同是现代民主的一个重要理念，指的是人们在社会政治生活中所产生的一种感情和意识上的归属感，是把人们组织起来的重要凝聚力量。”由此可见，首都市民的政治认同应该是市民从内心深处产生的一种对我国政治系统情感上的归属感。

首都市民的政治认同可以表现在对我国现行的基本政治制度、对党执政能力、对北京市政府的行政能力以及对我国改革开放以来所取得的成就的认同，等等。因此，在首都市民价值观指标体系中设置了市民“对我国政治制度的认同”、“对北京市政府行政能力的认同”、“对改革开放成就的认同”等测量维度。

1. 对我国政治制度的认同

人民代表大会制度是我国的根本政治制度，中国共产党领导的多党合作与政治协商制度、民族区域自治制度、基层群众自治制度是我国的3个基本政治制度。人民代表大会制度是我国人民管理自己国家的组织形式，它直接体现我国人民民主专政的国家性质，是建立其他有关国家管理制度的基础。作为我国的根本政治制度，市民对人民代表大会制度的认同更具代表性，更能体现出市民对政治制度的认同情况。

在首都市民价值观指标体系中设置了“认同目前人大代表的选举方式”的题目，从市民对人大代表选举方式的认同程度，来考察市民对我国根本政治制度的认同状况。

2. 对北京市政府行政能力的认同

对政府行政能力的认同也是政治认同的一个重要表现。市民对政府行政能力的认同直接体现出他们对北京市政府的支持、认可态度。在首都市民价值观指标体系中设置了“北京市政府真心实意地为百姓办实事”、“北京市政府具有较强的应对突发事件的能力”等题目，用以测量市民是否认可北京市政府是为民服务的政府，是否相信北京市政府具有很强的行政能力，是否对北京的美好未来充满信心。

3. 对改革开放成就的认同

改革开放以来，我国社会主义建设取得了巨大成就，政治开明、社会民主、国力增强、人民生活水平提高，充分体现了党的正确领导和社会主义制度的生命力。对改革开放成就的认同构成政治价值观的重要方面。在首都市民价值观指标体系中设置了“改革开放以来，百姓的生活有了显著改善”的题目，通过调查市民对改革开放后自身生活水平的评价，来折射市民是否认同改革开放所取得的成就。

（三）政治参与

美国著名政治学家塞缪尔·亨廷顿和琼·纳尔逊认为，所谓政治参与“是指平民试图影响政府决策的活动”[①]，即普通的公民通过一定的方式去直接或间接地影响政府的决定与政府活动相关的公共政治生活的政治行为。政治参与是人们的政治价值观在行为上的反映。市民的政治参与是社会主义民主政治的一种实现形式，它包括政治参与意识和政治参与行为两个方面。

当前，我国公民政治参与的主要途径有选举与被选举、加入政党或政治性团体、向政府建言献策，等等。针对公民这几个方面的政治参与途径，课题组在首都市民价值观指标体系中设置了“加入政治性团体”、“行使政治权利”、“向政府建言献策”、“发表政治言论”等方面的问题来测量人们的政治参与程度。加入政治性团体是参与政治活动的重要途径之一，同时加入政治性团体本身即是一种政治参与行为。首都市民加入政治性团体的比例，可以反映出他们政治参与的积极性程度。选举权和被选举权是公民基本的政治权利，积极行使选举权和被选举权是公民政治参与行为的基本表现形式。首都市民对积极行使自己的选举权和被选举权的赞同程度，同样可以反映出他们是否具有政治参与的积极性。向政府建言献策和在互联网上发表自己的言论，也是政治参与的表现形式，体现了市民关心政治，愿意参与到政治事务之中。当今社会，互联网已经成为重要的信息媒介，通过互联网发表政治言论是新时期人们参与政治的新形式。所以，这几个方面的维度是能够大致反映出市民的政治参与程度的。

（四）政治敏感度

政治敏感度主要是指人们对政治事务的关心程度，即首都市民对政党、政府、社会团体及其内政外交活动的关心程度，对影响国家和社会发展的重大问题、重大事件的关心程度。

---

① ［美］塞缪尔·亨廷顿、琼·纳尔逊：《难以抉择》，汪晓寿等译，华夏出版社 1989 年版，第 3 页。

在首都市民价值观指标体系中设置了“关注中国与周边国家的关系”、“关注每年两会（人大、政协全国代表大会）的召开”、“关注每天播报的重要新闻”等题目，用以调查首都市民的政治敏感度（见表1）。

表1　　市民政治价值观的测量维度

一级维度	二级维度	三级维度	测量指标
政治价值观	政治信念	对马克思主义理论的信念	A5b 马克思主义理论是科学真理 A2 您认为哪一种思想学说对当代中国发展影响最大
		对社会主义道路的信念	A5a 中国特色社会主义理论指导中国科学发展 A5c 对中国未来的前途充满信心 A5d 对北京建设“世界城市”的目标充满信心
		对集体主义的信念	C3a 当个人利益与集体利益冲突时，优先考虑集体利益 B6c 在选择职业时，我更看重“能否为社会作贡献”
		对执政党能力的信念	A3 总体来说，您认为自己身边的共产党员表现如何 A5e 认同中国共产党的执政能力
	政治认同	对我国政治制度的认同	A5f 认同目前人大代表的选举方式
		对北京市政府行政能力的认同	A5h 北京市政府真心实意地为百姓办实事 A5i 北京市政府具有较强的应对突发事件的能力
		对改革开放成就的认同	A5g 改革开放以来，百姓的生活有了显著的改善
	政治参与	加入政治性团体	3 市民的政治面貌
		行使政治权利	A5l 公民应该积极行使自己的选举权和被选举权
		向政府建言献策	A5j 公民应该积极向政府建言献策 A5k 公民应该积极参加志愿者的活动
		发表政治言论	A5m 经常在互联网上发表对时事政治的看法
	政治敏感度	关注外交关系	A7a 关注中国与周边国家的关系
		关注两会	A7b 关注每年两会（人大、政协全国代表大会）的召开
		对新闻的关注	A7c 关注每天播报的重要新闻 A1 您最常看、最关注的是哪一类新闻

二　职业价值观

职业价值观，也叫工作价值观，是人们对待职业的一种信念和态度，或是人们在职业生活中表现出来的一种价值取向。随着社会主义市场经济体制的建立以及经济全球化时代的来临，现代社会职业分工发展和专业化程度不断增强，对我国从业人员的专业文化素质和实践能力要求越来越高，同时也为全面检验他们的职业价值观提供了一个新的时代背景。

职业价值观，全面地反映着从业人员在职业活动中的基本状况，既包括从业者的职业追求及职业理想，也包括从业者在从业活动中对职业生活、职业岗位要求以及职业收入所表现出来的态度及行为。因此，从理论上讲，职业价值观可以由人们的职业理想、职业态度和职业行为 3 个方面组成。据此，在首都市民价值观指标体系中设置了职业理想、职业态度和职业行为 3 个考察维度。职业理想主要是指人们对职业劳动和职业生活所寄予的向往；职业态度主要是指人们在从事各种职业活动的过程中对所从事职业的情感、看法；职业行为指个人在组织或团队工作中所表现出来的具备相当职业素养的组织行为。

（一）职业理想

职业理想主要是指人们在职业选择时最为关注或最优先考虑的因素，它表现为人们之所以选择或从事某种特定职业的根本目的，是人们对职业劳动和职业生活所寄予的向往。职业理想一般可以分为 3 个层次，即生存取向、兴趣取向、社会贡献取向。当社会个体在不同性质的行业中作出判断和选择时，其择业观就会不自觉地反映出他的职业理想取向，因此，可以通过人们在从业过程中所表现出的特定取向，了解其职业理想。

在首都市民价值观指标体系中，课题组设置了“在选择职业时最关注的是什么”，以“收入”、“个人发展”、“能否为社会作贡献”表征生存取向、兴趣取向、社会贡献取向。收入、个人发展和能否为社会作贡献，这三者是一个依次递进的过程，职业理想的层次和程度不断加深。首先，按劳取酬是市场经济条件下确立的个人收入分配机制，不论是作为基本的必要的谋生手段，还是作为个人价值实现的重要标志，职业所对应的经济效益都显得极为重要，收入状况是影响首都市民选择职业的关键因素之一。其次，首都市民在跨越温饱之后，职业已不仅仅是养家糊口的手段，而成为满足精神需求的重要途径。实现人生价值，是对人的天赋、能力、潜力的充分开拓和利用，是对人的生存和发展的高层次要求。最后，为国家和社会作更大贡献的集体主义精神是我国的基本价值观，是社会所倡导的主旋律。

（二）职业态度

职业态度是指个人对待自己所从事职业的主观工作状态，它不仅能够反映出从业人员的创新精神、敬业精神和职业自豪感等精神状态，而且将直接影响到其职业行为的规范程度。职业态度既包括是否热爱自己的工作从而忠于职守并积极进取，也包括在进取和追求事业成功时所自觉奋斗的方向。课题组将前一个方向称之为职业情感。所谓职业情感，是指人们对自己所从事职业具有的稳定的态度和体验。有强烈职业情感的人，能够从内心产生一种对自己从事的职业的需求意识和深刻理解，因而无限热爱自己的职业和岗位。职业情感主要取决于以下两种因素：一是个人内心一贯崇尚和主张的职业精神与态度，即作为职场人是否具备敬业尽职、创新进取的正确观念和基本素养，这具有相对的长期性、稳定性；二是个人对目前所从事工作的满意程度和奉献意识，这与当前工作岗位的匹配度相关，即该个体对目前工作是否感到满意和自豪并且安心工作，这有一定的期限性。职业态度的后一个方面是职业认知，在这里主要指从业人员如何看待决定事业成功的因素和手段，他们认为哪一项重要、具有决定作用，就会在追求事业有成的过程中自觉朝着哪一个方向努力，或提高教育程度，或更加努力进取，或争取社会资源，等等。职业认知是职业情感的基础。

在首都市民价值观指标体系中，课题组在职业态度的维度下进一步设置了职业情感和职业认知两个维度。针对这两个维度设置了“无论在什么情况下，工作都应该尽职尽责”，“干一份活，拿一份钱，天经地义”，“您是否认为自己的收入与付出相匹配”和“事业成功的影响因素中，个人品德比职业技能更重要”4 个题目，用来全面考察市民的职业态度。

（三）职业行为

职业是人们从事生产活动的一种外在的表现形式。具体来说，职业行为是个体经过训练后，在工作中表现出来的一种职业素养。从业人员的职业素养一直贯穿着职业价值观的内容，对于职业行为可以从职业规范的遵守、职业职责、岗位认同几方面考察。为此，课题组主要从职业纪律、职业责任和职业标准 3 个维度测量市民的职业行为。

1. 职业纪律

无规矩不成方圆。纪律是在一定的社会条件下，人们遵守规章制度、约束自己行为的一种准则，它是伴随着人类社会的产生而出现的，当人类出现阶级后，纪律被打上了阶级的烙印，它有社会性、历史性、强制性等特点。职业纪律是人们从事职业必须遵守的一种条文和规范，作为集体利益正常的运转的保证。

在首都市民价值观指标体系中，为了测量市民对职业纪律的重要性和必要性的认识，设置了“工作中应该执行严格的考勤制度”的问题。

2. 职业责任

职业责任就是指人们根据职业的要求，对从事职业的一种责任意识、责任能力和责任制度的总称。在首都市民价值观指标体系中，课题组设置了“近年来，重大安全事故的根本原因是违反岗位要求”的问题。

3. 职业标准

职业标准是人们生产活动中制定的、指导工作实施的职业准则和规章，是为了维护每一个人的利益而享有的权利义务。在工作中，只有做到规范化，才能提升工作效率、更加规范；只有做到标准化，职业实践才能充分发挥职业人员的工作潜力。这是现代职业化素养的基本要求。

在首都市民价值观指标体系中，课题组设置了“交通事故频发的根本原因是违背操作流程”、“食品安全问题的根本原因是没有严格遵守食品安全标准”、“‘豆腐渣工程’的根本原因是没有严格执行建筑工程质量标准”等问题（见表2）。

表2　市民职业价值观的测量维度

一级维度	二级维度	三级维度	测量指标
职业价值观	职业理想	生存取向	B6a 在选择职业时，我更看重“收入”
		兴趣取向	B6b 在选择职业时，我更看重“个人发展”
		社会贡献取向	B6c 在选择职业时，我更看重“能否为社会作贡献”
	职业态度	职业情感	B7a 无论在什么情况下，工作都应该尽职尽责 B7b 干一份活，拿一份钱，天经地义 B7c 您是否认为自己的收入与付出相匹配
		职业认知	B7d 事业成功的影响因素中，个人品德比职业技能更重要

续表

一级维度	二级维度	三级维度	测量指标
职业价值观	职业行为	职业纪律	B7e 工作中应该执行严格的考勤制度
		职业责任	B7f 近年来，重大安全事故的根本原因是违反岗位要求
		职业标准	B7g 交通事故频发的根本原因是违背操作流程 B7h 食品安全问题的根本原因是没有严格遵守食品安全标准 B7i“豆腐渣工程”的根本原因是没有严格执行建筑工程质量标准

三　公德价值观

公德就是一个国家、一个社会在人类历史长河中积累下来的，规范社会生活的一种准则和规范。社会公德是人类社会生活中最基本、最广泛、最一般关系的反映。有广义和狭义的理解，广义的社会公德是指国家或阶级共同利益的道德准则；狭义的社会公德是在人类社会生活中起码的公共生活准则。总的来说，社会公德是指对公共生活中的方方面面提出的基本规范和要求，是人们为了维护共同的利益而约定俗成的应该做什么和不应该做什么的行为规范。在现代社会中，社会公德的内容非常广泛，包括人与人之间的关系、人与社会生活之间的关系、人与生态环境之间的关系。据此，课题组在首都市民价值观指标体系中，在公德价值观下设交往道德、公共场所道德和环境道德 3 个维度。

（一）交往道德

在复杂的社会道德体系中，交往道德是维护公共生活最起码、最基本的道德要素。交往道德也是人们通过社会生活和日常交往的不断反思和经验总结，逐渐认识到社会交往中遵守公共道德的重要意义，同时，成为人们在日常生活中约束自己行为的一种方式，也提出了一些书面规范，如诚实守信、相互尊重等。在交往公德中，课题组设置了互助、互信和正义 3 个测量维度。

1. 互助

互助，即团结合作，是指在人与人之间的关系中，为了实现共同的利益和目标，互相帮助、互相支持、团结协作、共同发展。它是人类公共生活的基本要求，也是高层次理想道德的基石。互助的内容包括平等互助、顾全大局、互相学习、关爱他人、助人为乐等。

在首都市民价值观指标体系中，课题组设置了“对于陌生人，交往中你会抱有什么样的心态”的题目，以“需要帮助就帮一把”、“人心难测、存有戒心”、“视对方的态度和反应再决定”、“各走各的路，井水不犯河水”4个备选答案来测量市民互助意识。此外，在公共交通工具这种较多陌生人的社会关系指标体系中还设置了“在公交车上，您是怎样对待老弱病残孕乘客的”和“公交车上不给老弱病残孕乘客让座的现象是否普遍”，用以测量市民的互助行为或实践。

2. 互信

信，即诚实，不欺骗。互信就是要求人们做到诚实守信，诚实要求做到忠于客观事实、言行一致。而守信是人们信守诺言、言行必果的一种道德准则，也是社会交往中重要的前提和道德规范。互信的种类很多，简单的可以分为人际互信、组织互信。

在首都市民价值观指标体系中，课题组设置了两组问题：“你是否赞同如下说法：‘只有很少一些人我可以完全信任’、‘网络上的行为，通常是不可靠的’、‘即使同事和邻里之间也缺乏基本的信任’、‘陌生人的求助，得存点戒心’、‘生活中，如果不小心，就会被人利用’”来测评首都市民人际互信程度。

3. 正义

正义就是公正的、正当的，是人的一种责任感、正义感和公平感的体现。它是人们为了维护社会公德的目的，面对困难而自觉调节和支配其公德行为的心理过程。如见义勇为就是别人有困难、面临不安甚至生命受到威胁时，能够挺身而出，是公德意识的一种表现。根据正义的表现形式，课题组在首都市民价值观指标体系中设置了“假如您看到小偷在公交车上行窃，您会怎么做”、“小偷在公交车上行窃时，大部分人不会去阻止”来测量市民的正义观。

（二）公共场所道德

公共场所是提供人们休闲、娱乐、体育、参观、学习和满足部分生活需求所使用的一切公用建筑物、场所及其设施的总称。公共场所的道德是公众在陌生人关系中公共利益使用或享有的冲突和矛盾，核心体现在人与公共物品的关系上。所以，公共场所道德是反映一个国家、民族物质条件和精神文明的窗口。人人都有合理使用、维护和珍惜公共物品的道德责任。在首都市民价值观指标体系中，课题组主要从文明礼貌、爱护公物和公共卫生3个维度来测量市民的公共场所道德。

1. 文明礼貌

文明包括物质文明和精神文明，是人类创造财富的总称。文明涵盖了人与人、人与社会的关系，是人的精神风貌和素质的一种体现。礼貌是人与人之间一种和谐相处的行为，在交流中以示友好和尊重的一种体现。文明礼貌是社会公共生活中人与人之间应该和谐相处，举止应该以礼相待的一种礼仪规范，它是处世做人最起码的要求。

在首都市民价值观指标体系中，课题组设置了“即使是上下班高峰，也要耐心地排队过地铁安检”、“近年来，北京公共场所的纠纷明显降低”两道题，用以测量市民文明礼貌观。

2. 爱护公物

爱护公物就是使国家财产和公共财产不受侵犯。它是社会公德的重要内容之一，特别是公共场合，更加需要注意这一点。对此课题组在公德观下设置了“看到游人刻画在名胜古迹的‘到此一游’很痛心”、“近年来，北京公物损害现象减少了”、“市民对首都历史文化遗产的保护意识有所增强”。

3. 公共卫生

公共卫生是关系到一个国家、一个地区大众健康的公众事业。公共卫生意识是人们向往健康文明生活的一种根本的态度和看法。在首都市民价值观指标体系中，课题组设置了“近年来，北京的公共卫生条件有较大改善”这一问题。

（三）环境道德

人与自然界共同组成一个共同体，其中的每一个成员都是相互联系的，不是孤立存在的，二者的关系就是“一荣俱荣、一损俱损”。人们面对环境在逐步的实践中所形成的道德，从一定意义上说，环境道德也是社会的产物。现代社会将资源环境的保护纳入公德规范，保护环境成为每一个人的日常行为准则。在首都市民价值观指标体系中，课题组设置了环保认知和环保行为2个测量维度。

1. 环保认知

认知是主体对客观实际的反映，是对事物的辨别、确认和知晓。随着生产和生活水平的提高，人类获得了巨大的发展，同时，人与社会的矛盾也在不断激化，大气污染、水污染、全球变暖等的影响，使人们感受到环境恶化带来的后果并不断反思自己的行为。

表 3　市民公德价值观的测量维度

<table>
<tr><th>一级维度</th><th>二级维度</th><th>三级维度</th><th>测量指标</th></tr>
<tr><td rowspan="9">公德价值观</td><td rowspan="3">交往道德</td><td>互助</td><td>C1 在公共汽车上，您是怎样对待老弱病残孕乘客的
C4a 公交车上不给老弱病残孕乘客让座的现象是否普遍</td></tr>
<tr><td>互信</td><td>C3b 只有很少一些人我可以完全信任
C3c 陌生人的求助，得存点戒心
C3d 网络上的行为，通常是不可靠的
C4c 即使同事和邻里之间也缺乏基本的信任
C4d 生活中，如果不小心，就会被人利用</td></tr>
<tr><td>正义</td><td>C2 假如您看到小偷在公交车上行窃，您会怎么做
C4b 小偷在公交车上行窃时，大部分人不会去阻止</td></tr>
<tr><td rowspan="3">公共场所道德</td><td>文明礼貌</td><td>C3g 即使是上下班高峰，也要耐心地排队过地铁安检
C4g 近年来，北京公共场所的纠纷明显降低</td></tr>
<tr><td>爱护公物</td><td>C3e 看到游人刻画在名胜古迹的“到此一游”很痛心
C4e 近年来，北京公物损害现象减少了
C4h 市民对首都历史文化遗产的保护意识有所增强</td></tr>
<tr><td>公共卫生</td><td>C4f 近年来，北京的公共卫生条件有较大改善</td></tr>
<tr><td rowspan="2">环境道德</td><td>环保认知</td><td>C3f 遵守垃圾分类投放是每个公民的义务
C3h 每个在北京生活的市民都应当为北京的环境保护尽一份力
C5 对商场不再提供免费塑料袋的态度
C7 对餐馆不再提供“一次性筷子”的态度</td></tr>
<tr><td>环保行为</td><td>C4i 目前，大部分人都能遵守北京市垃圾分类的规定
C6 为了缓解城市交通压力，市政府提倡市民出行多乘公共交通工具</td></tr>
</table>

在首都市民价值观指标体系中，课题组设置了“遵守垃圾分类投放是每个公民的义务”、“每个在北京生活的市民都应当为北京的环境保护

尽一份力”、“对商场不再提供免费塑料袋的态度”、“对餐馆不再提供‘一次性筷子’的态度”。

2. 环保行为

行为是指受到思想支配而表现出来的外在表现活动。由于环境问题的出现，人们也开始对环境保护行为产生了各种观点和看法，对同一行为，不同的人有不同的反应。总的来说，环保行为的内容是多方面的，包括节约用水、乘坐交通工具、购买环保产品等。

在首都市民价值观指标体系中，课题组设置了“目前，大部分人都能遵守北京市垃圾分类的规定”、“为了缓解城市交通压力，市政府提倡市民出行多乘公共交通工具”问题，对市民环保意识深入到环保行为的频率和程度进行测量（见表3）。

四　生活价值观

生活价值观是指人们对社会生活及其意义的总体看法和评价。它是人们生存和发展过程中判断和区分什么样的人生有意义和有价值，什么样的生活是积极的和令人满意的等问题的价值观念体系，通常是通过人们日常生活的行为倾向和对事物的评价态度反映出来。

在首都市民价值观指标体系中，课题组在生活观下设置了幸福观、理财观和休闲观3个测量维度。在幸福观下设置了幸福预期、人生价值、生存环境3个维度；在理财观下设置了理财意识和理财行为2个维度；在休闲观下设置了休闲意识和休闲方式2个维度。

（一）幸福观

马克思主义认为，幸福是社会历史的产物，处在不同的社会历史时期和社会背景下，人们对幸福的理解不同。幸福是人们由于理想和目标的实现而获得的心理上的一种满足感，所以幸福对于每一个人而言都有不同的看法和认识，它不仅受到社会环境、经济制度和个体意识的影响，也与个体对生活的追求和环境的感知有着密切的关系。总而言之，幸福是对什么是幸福、怎样获得幸福和对自身幸福的认识和看法，一般是从对自身状况的满意与否、对所处的社会环境来考察。

1. 幸福预期

幸福是每一个人都想拥有的东西，每一个人都在用不同的方式追求属于自己的幸福。中国社会科学院邢占军认为，幸福应该由满意感、快乐感和价值感3个部分组成，用经济学中的术语可以表示为：幸福 = 效用/期望值，当你对幸福的期望值越高时，你的幸福指数就越低。所以说幸福其实很简单，但也很困难，关键是看每一个人的心态，只要每一个人在能力范围内量力而行，每一个人都可以成为一个幸福的人。

在首都市民价值观指标体系中，课题组设置了一系列令人幸福的可能因素，试图从家庭和睦、身体健康、钱数多少、事业成功、成家成名等7个方面来测量市民对幸福的预期。

2. 人生价值

马克思主义认为，个人和社会是相互联系的，个人是存在于社会中的，“人的本质并不是单个人所固有的抽象物。在其现实性上，它是一切社会关系的总和”，人生的价值在于社会价值，即个体对他人或社会的价值。在首都市民价值观指标体系中，课题组在人生价值维度下设置了“人生在世就该及时享乐”、“人生的意义在于奉献社会”这2个指标。

3. 生存环境

生存环境是指市民生活中所面对的特定生存条件，主要包括市民的教育、就业、医疗、服务和卫生等，关系到社会民生的方方面面都可以是生存环境的重要组成部分。在本研究中，我们主要是从生活价值观的狭义含义来理解，即主要是从被调查者的生活水平来测量人们的生存环境。在首都市民价值观指标体系中，设置了“与周围的人相比，你觉得自己的生活处于何种水平”的问题。

（二）理财观

理财观就是对理财的根本观点，包括为什么要理财、怎样理财、如何理财等观点。在首都市民价值观指标体系中，理财观主要侧重市民对个人财产和家庭财产的管理和经营，也就是个人对自己经济状况采取的金融投资方式和规划处理。课题组主要从市民的理财意识和理财行为来测量市民的理财观。

1. 理财意识

理财意识是指一个人对经济状况的全面认识、评估、把握的能力，需要市民有正确的意识作指导。也就是将已有的钱财用在什么地方，把钱使在哪里，流向何处，是用于投资还是用于消费，市民的理财意识和理财观念关系着他们的生活价值观和文明素养。

在首都市民价值观指标体系中，课题组设置了4个问题来测量市民的理财意识，分别是“家中若有余钱，您是否会用来投资”、“要提高生活水平，就要善于理财”、“理财有助于手中货币的增值”、“目前，绝大部分理财产品存在着风险”。以此测量首都市民的理财意识。

2. 理财行为

随着经济的发展和人民生活水平的提高，投资理财在市民生活中起着重要作用。实现家庭资产增值，几乎是所有家庭规划理财的首选目标。但是选择什么方式，是银行存储、股票购买、债券投资还是保险投资，都成了人们生活中的一种重要理财行为。

在理财行为的测量中，首都市民价值观指标体系设置了“家庭中若有余钱，优先考虑下列哪一投资方式”这一问题，并提供了储蓄、保险、基金、股票和证券 5 种投资方式作为预选答案。在理财方式上，设置了“高风险高回报的理财产品是首选”这一问题，重点测量市民对高风险高回报理财产品的选择倾向。

（三）休闲观

休闲是人们在繁忙的工作生活之余享受生活、放松心情、回味人生的一种休闲方式。亚里士多德认为，休闲是一切事物围绕的中心。在马克思看来，休闲是非劳动时间，是用于娱乐和休息的余暇时间，是人们社交活动和自由运用体力和智力的时间，是人们身心保健与放松，达到身心愉悦为目的的业余生活。休闲观是人们对休闲的根本看法，包括对休闲的意义和目的的认识，对工作以外业余时间的利用方式。在首都市民价值观指标体系中，课题组在休闲观下设置了休闲意识和休闲方式 2 个维度。

1. 休闲意识

市民的休闲意识体现了市民所在城市的社会经济条件和生活水平。马斯洛需要层次理论指出，需要是有层次的，从关心人的生存需要到爱的需要、尊重的需要，人的需要是一个逐渐递增的过程。人民生活条件越好，生活水平越高，就越向往美好的精神生活，会有更多的时间用于休闲娱乐。

在市民休闲意识方面，首都市民价值观指标体系中设置了“休闲能够改善生活质量”、“休闲不应拘泥于形式，只要自己感到放松就行”这 2 个指标，用于测量市民的休闲目的。而用“休闲仍然是一种奢侈品，需要的花费太多”这一指标来表征市民的休闲意愿。

2. 休闲方式

休闲方式是人们工作后放松自己身心的一种休息方式，选择良好的休闲方式能够让人们有更好的精神面貌去面对生活中的各种工作压力和挑战，合理的休闲娱乐方式可以提高社会的精神文明程度。随着生活水平的提高，人们的休闲娱乐方式也不断变化，不同的休闲娱乐方式能够满足不同人的需求。

在首都市民价值观指标体系中，课题组设置了“您的业余时间主要用于哪些休闲活动”这一指标，用来测量市民的休闲方式（见表4）。

表4　市民休闲价值观的测量维度

一级维度	二级维度	三级维度	测量指标
休闲价值观	幸福观	幸福预期	D7a 您认为家庭和睦对幸福的重要程度 D7b 您认为身体健康对幸福的重要程度 D7c 您认为钱多得数不清对幸福的重要程度 D7d 您认为带给别人快乐对幸福的重要程度 D7e 您认为事业成功对幸福的重要程度 D7f 您认为成名成家对幸福的重要程度 D7g 您认为和相爱的人在一起对幸福的重要程度
		人生价值	D5a 人生在世就该及时享乐 D5b 人生的意义在于奉献社会
		生存环境	D2 与周围人相比，您觉得自己的生活处于何种水平
	理财观	理财意识	D3 家中若有余钱，您是否会用来投资 D8a 要提高生活水平，就要善于理财 D8b 理财有助于手中货币的增值 D8c 目前，绝大部分理财产品存在着风险
		理财行为	D4 家庭中若有余钱，优先考虑下列哪一投资方式 D8d 高风险高回报的理财产品是首选
	休闲观	休闲意识	D8e 休闲能够改善生活质量 D8g 休闲不应拘泥于形式，只要自己感到放松就行 D8f 休闲仍然是一种奢侈品，需要的花费太多
		休闲方式	D1 您的业余时间主要用于哪些休闲活动

五　法制价值观

法制有广义和狭义之分，广义的法制是指法律制度，是国家机关制定的法律制度。狭义的法制是指社会关系的参加者严格地遵守法律、依法办事的制度。总体而言法制就是法律和制度的总称，是立法、执法、守法、司法的有机统一。

在首都市民价值观的测量中，法制价值观主要是从市民对法律制度的基本看法和基本态度，包括对法的认识和理解、对法的态度和看法等方面来测量的。具体而言，课题组在指标体系中设置了法律认知、法律实践、法律评价 3 个测量维度。

（一）法律认知

法律制度、法律理论、法律观念这 3 个方面构成法律认知的内容。掌握正确的法律知识是遵守法律的基本前提。在首都市民价值观指标体系中，法律认知的测量主要想了解市民掌握法律的基本情况。课题组在这一维度下设置了学法、知法 2 个维度。

1. 学法

法律是维护社会秩序、维护公民合法权益的重要社会规范。市民只有学习法律知识，才能认识法律、了解法律，也才能更好地维持社会规范、维护自身的合法权益。北京一直重视法制化进程的建设，开展了形式多样的法制宣传教育活动，其中电视媒体是重要的法律宣传渠道，也是市民学习法律知识最便捷的方式。

在首都市民价值观指标体系中，课题组通过市民“观看法制电视节目的频次”来测量市民学法的积极性；此外，还设置了“学习法律知识可以避免因为无知而犯法”、“学习法律知识为了更好地维护自己的合法权益”、“作为首都市民，应该具有较高的法律素养”测量市民学法的动机。

2. 知法

法的价值包括法的外在价值与内在价值，即法促进哪些价值和法本身具有哪些价值。法律的作用与功能体现法律的外在价值，它是人们法律价值观的首要内容，换句话说，人们对法律的需要及法律本身以何种方式满足人们的需要，首先就集中体现为法律的作用与功能。因此，首都市民法律价值观的重要内容之一体现为他们对法律功能价值的认知程度，以及由此反映的法律意识水平。为此，在首都市民价值观指标体系中，课题组设置了“法律是实现社会正义的重要保证”测量市民对法律价值的认知程度。

另外，法律不但是维护社会正义的重要保证，而且，法律还是保障个人合法权益的重要手段。在一个现代社会，“知法”的另一个重要特征即是法律赋予个人维权的意识。对一个熟知法律常识的市民来讲，法律知识的增长带来个人“自主性、主体性”精神的增强：一方面，当个人合法权益受到侵害时，法律是首选武器；另一方面，在政府面前，他们也会表现得不卑不亢。因此，我们在问卷中，还设置了“个人合法权益受到侵害时，法律是首选武器”、“当政府严重侵犯自己合法权益时，应该抗争”这样的问题，用以测量人们的“维权”意识，从而间接获得市民“知法”的程度。

（二）法律实践

所谓法律实践，主要是指人们在社会实践生活中，如何使用法律、遵守法律的情况。在一定程度上，它测量的是法律知识内化的程度。在首都市民价值观指标体系中，我们主要从用法和守法 2 个维度去设置具体的测量指标。

1. 用法

协调、规范各类社会关系和行为是法律的功能之一。人们使用法律可以保障个体利益，通过法律可以规范社会秩序。其中，“个人与政府”关系最能反映人们对法律的应用意识。我们在首都市民价值观指标体系中设置了“如果政府的某项政策在具体执行中侵犯了公民个人的合法权益，您对下列方式的赞同程度”这一问题，提供的反应方式包括：被迫服从、等其他人提出再响应、主动联合其他人共同想办法、向媒体反映或在网络上发帖、向政府相关部门反映、找社会组织维权、到法院起诉这 7 种方式。

2. 守法

守法是法的基本要求。清末法学家沈家本说：“法立而不行，与无法等，世未有无法之国而长治久安也。”指出了法律的维护、遵守与执行的重要性，市民的守法情况体现了城市法制化程度。

“用法”揭示的是市民在一个“非常态”的情景中对法律的使用情况，相对而言，“守法”揭示的则是在一个“常态”的生活环境中，市民如何使用法律的问题。在常态生活中，“遵守法律”、按照法律法规的规范行事，也是一种广义的“用法”。

“法律”规范的行为和关系，一般来说具有非常明确的“是非”判断，直接去询问人们是否遵守某些法律条文，很难获得真实的回答。因此，在首都市民价值观指标体系中，课题组并未直接询问人们是否遵守法律，而是通过日常的行为选择来测量人们对“规则”的遵守程度，以此来间接考察人们“守法”的情况。具体而言，在问卷中设置了“亲朋好友触犯法律时，应该举报”、“过马路时遇上红灯，但周围并没有车辆，行人可以通过”、“即使在税务机关不知情的情况下，也应该主动纳税”3个指标。

（三）法律评价

布鲁姆将评价定义为“评价就是对一定的想法（ideas）、方法（methods）和材料（material）等作出价值判断的过程。它是一个运用标准（criteria）对事物的准确性、实效性、经济性以及满意度等方面进行评估的过程”。法律评价是市民对法制的认可。在首都市民价值观指标体系中，课题组主要从“法律建设评价”和“执法效果评价”2个维度来测量市民对法律的评价。

1. 法律建设评价

法律建设评价是指人们对法律法规、规章制度的修订、补充、增加和完善的一种根本看法和观点，以及对法律规范运行状况的判断。在具体测量维度上，课题组设置了“我国的法律法规已经十分完备”、“我国的法律法规的执行部门都能够严格按照法律程序办事”2个指标。

2. 执法效果评价

执法效果主要是用来测量市民对整个社会的法制环境的评价。在首都市民价值观指标体系中，课题组设置了2方面问题：一是市民对政府依法行政、政务公开的评价；一是市民对政府行政执法人员的信任程度。具体的测量指标包括“北京市政府依法行政的认同程度”、“北京市政府政务公开的认同程度”、“您对公检法执法人员的信任程度”以及“您对工商执法人员的信任程度”（见表5）。

六　婚育与性价值观

婚姻是男女两性结合的社会形式，生育是实现人类繁衍的自身生产，而性行为则是男女两性结合的自然形式，是实现人类自身生产的前提。婚育观和性价值观就是人们对婚姻、生育、性行为的理解和看法，它是人们价值观结构中的一项重要内容。在首都市民价值观指标体系中，课题组分别从择偶观、婚姻观、生育观和性价值观4个维度测量市民的婚育与性价值观。

表 5　　市民法制价值观的测量维度

一级维度	二级维度	三级维度	测量指标
法制价值观	法律认知	学法	E1c 观看法制电视节目的频次 E4a 学习法律知识可以避免因为无知而犯法 E4b 学习法律知识为了更好地维护自己的合法权益 E4c 作为首都市民，应该具有较高的法律素养
		知法	E4d 法律是实现社会正义的重要保证 E4e 个人合法权益受到侵害时，法律是首选武器 E4f 当政府严重侵犯自己合法权益时，应该抗争
	法律实践	用法	E3 如果政府的某项政策在具体执行中侵犯了公民个人的合法权益，您对下列方式的赞同程度
		守法	E4d 亲朋好友触犯法律时，应该举报 E4e 过马路时遇上红灯，但周围并没有车辆，行人可以通过 E4f 即使在税务机关不知情的情况下，也应该主动纳税
	法律评价	法律建设评价	E2a 我国的法律法规已经十分完备 E2b 我国法律法规的执行部门都能严格按照法律程序办事
		执法效果评价	E5a 您对公检法执法人员的信任程度 E5b 您对工商执法人员的信任程度

（一）择偶观

每一个人都想找到称心如意的伴侣，建立自己幸福的家庭，而愿望的实现需要建立在现实择偶的基础上。择偶是个体对结婚对象的要求，是对自己未来婚姻伴侣的设计和选择，择偶是在选择对方时评价和选择对方的品德、才能、志趣、修养等的一种生活态度。简言之，择偶观是人们对选择配偶的根本看法和态度，是婚姻的一种缩影，是对理想配偶的评价和选择标准，它包括择偶目的、择偶标准、择偶方式等。

1. 择偶目的

目的是主体根据自身的需要，借助意识、观念的中介作用，预先设想的目标和行为结果，是人们实践活动的依据。择偶目的是人们在选择结婚对象时所考虑的目标。

无论是东方还是西方，择偶基本考虑的都是传宗接代、家庭财产的维系和增值。因此，传统的择偶目的不仅仅是个体的选择，随着改革开放和市场经济的发展，择偶过程中个体的作用日益增强。在首都市民价值观指标体系中，课题组设置了“恋爱未必结婚”、“是否赞同‘感情’是维系恋爱关系的前提”、“是否赞同宁愿找一个爱自己的人”这3个具体的指标。

2. 择偶标准

择偶标准是男女选择结婚对象的条件和要求。中国传统的风俗习惯中讲求的是门当户对、门第对应、家庭出身，这是从古至今，最为人们所看重的一个择偶标准。另一方面，伴随着社会的现代化进程，人们择偶观念也发生着根本变化。诸如学历、能力和职业等这些后赋因素也逐渐成为择偶的重要标准。

在首都市民价值观指标体系中，课题组设置了“你认为在选择配偶时最应该关注的问题”进行调查，分别以人品、健康状况、个人能力、性格气质、经济实力、外貌、学历、家庭条件、兴趣爱好等9个方面作为备选项。此外，还重点考量了情感、经济和物质利益在择偶标准中的作用，为此设置了“恋爱双方应该彼此真诚、专一”、“您对是否有车、有房是当今择偶的基本条件的赞同程度”。

3. 择偶方式

“父母之命，媒妁之言”是人类长期以来最为常见的一种择偶方式，而且它广泛流传于各民族风俗习惯之中。随着时代的发展，青年择偶方式也在不断变化，据北京城市青年择偶方式的研究表明，北京市父母包办婚姻的比重为10.9%。为此，在首都市民价值观指标体系中，我们设置了“选择配偶是自己的事，应该自己做主”这一具体指标，用来测量市民择偶自主性程度。

（二）婚姻观

婚姻是人们群居的基本单位和基本社会关系，是社会安定的重要因素。婚姻也是人生发展中的重要环节，其成败关系到个体一生的幸福。婚姻观涉及人们对婚姻本质、婚姻动机和对两性关系以及婚姻责任的认识，是人们价值观在婚姻问题上的体现。在首都市民价值观指标体系中，课题组分别从婚姻动机、夫妻关系和婚姻责任3个维度来测量市民的婚姻观。

1. 婚姻动机

在中国传统社会，婚姻的目的在于联系两个家族和家庭，以繁衍子孙、延续香火为目的。在《礼记》中把婚姻描述为“上以事宗庙，下以继后世也”。因此，传统婚姻的主体不是个体，而是涉及整个家庭和家族。

随着北京现代化进程的加快，传统婚姻中生儿育女、养老育幼的观念也在逐步发生变化，为此课题组在价值观指标体系中设置了“一般而言，已婚者比独身者快乐”、“结婚之后生个小孩比较好”两个具体的指标来了解市民的婚姻动机。

2. 夫妻关系

夫妻关系是婚姻关系的重要内容。在中国传统社会，夫妻之间的关系是一种附属式的依赖关系。这种关系的特点，在家庭中，妻子完全依赖于丈夫，没有独立的人格，其主要职责是生养孩子、侍奉老人、照顾丈夫，使女性失去了独立的社会地位。随着经济的发展和人们价值观念的变化，夫妻关系从传统的依附关系转变为民主、平等的夫妻关系。

在具体的测量指标上，我们设置了“女人应该以家庭为重，男人应该以事业为重”来考察市民对男主外女主内的传统社会分工的意识。此外，随着性观念的开放，性已经成为衡量夫妻关系质量的重要指标，因此，在价值观指标体系中，课题设置了“性和谐是婚姻美满的条件”这一具体指标来考察市民对性、对婚姻重要性的认识。

3. 婚姻责任

唐渊在《责任决定一切》中认为责任包含5个方面的基本内容：“即责任意识，是想干事；责任能力，是能干事；责任行为，是真干事；责任制度，是可干事；责任成果，是干成事。”婚姻价值观中，婚姻责任是指人们对婚姻的后果所应该承担的义务、享有的权利。

现代人价值观念中，人们有了更多的自由去设计自己的人生，选择自己的幸福，在家庭婚姻中越来越追求独立性，展现自己的个性，因此婚姻中夫妻的责任意识也在不断变化。特别是对于夫妻关系的不和谐，人们不会一味追求隐忍；面对感情不和，选择离婚已成为一种重要渠道。课题组在首都市民价值观指标体系中设置了“当夫妻不能有效解决婚姻问题时，离婚是最好的办法”这一指标来测量市民对离婚的认识和态度。以此反映现代社会中，市民对婚姻责任的理解。

（三）生育观

生育观是指在一定的经济文化社会环境中，形成对生育现象的看法与见解，是人们关于生育行为的价值取向、行为准则、风俗习惯和思维模式的总和。在一般情况下，生育观会随着经济状况的改变而改变。在生育观的测量中，课题组主要从性别偏好、教育子女的观念这两个维度来设置具体的指标。

1. 性别偏好

“重男轻女”是传统的生育观念之一，它体现在对婴儿出生性别的偏好上。因为从传统来看，生育不是简单的个人问题，它是关系家族薪火相传的大事。随着经济的发展和人们观念的变化，人们的生育观念已经由传宗接代为目的的家族本位，逐渐转向以家庭生活为目的个人本位。为此，课题组设置了“生个男孩更好”这一具体指标。

2. 教育子女的观念

“父母之爱子则为之计深远”的千古明训，在告诉我们生育子女后培育的重要性。特别是由于生活水平的提高和家庭民主精神的增强，过去把子女看作私人财产，教养子女就必须光宗耀祖的观念已经发生了变化。此外，囿于教育制度的不完善、教育理念的局限，市民中“应试教育”等非理性观念获得了较大发展。基于此，我们在首都市民价值观指标体系中，设置了“孩子的学习成绩是第一位的”、“孩子的健康成长是第一位的”两个指标来测量市民教育子女的观念中的理性程度。

（四）性价值观

性观念是人类社会实践活动的产物，它影响和改变着人类的社会实践活动。《中华性医学词典》对性观念的解释为：系指社会的性意向，即社会人群对“性”的心理倾向。无论是古代还是今天，特定的性观念都会同一定时期的政治、经济、文化和习俗相适应。课题组在性价值观下设置了“性忠诚度”和“性宽容度”两个维度。

1. 性忠诚度

忠诚是真诚真心，用心专一，是对象向主体的竭力奉献，不离不弃，不背叛的道德品质，是人内心真实的反映和真诚的流露。忠于朋友、忠于内心、忠于爱情等都是忠诚的具体表现。

在夫妻关系中要求性的忠诚度主要是从贞操观念来考察。贞操观念是两性道德关系中最重要的价值尺度。改革开放以来，人们的价值观念发生了深刻的变化，由过去讲女子贞操转变到现在要求男女贞操对等，也就是男女交往的各个阶段，无论是婚前还是婚后，都要平等相处、相互尊重、忠于爱情、共守贞洁。课题组在首都市民价值观指标体系中设置了“婚前性行为不道德，任何情况下都不可以”这一题目，用以测量市民性的忠贞意识。

2. 性宽容度

《大不列颠百科全书》中对宽容的解释是“宽容（forgiveness，tolerance）即允许别人自由行动或判断；耐心而毫无偏见地容忍与自己的观点或公认的观点不一致的意见”。宽容是人的一种高贵品质，是宽大气量，能容忍和接纳别人不同意见的精神风貌。性的宽容度是指在男女结合之后对性的一种认识和看法。

表 6　　市民婚育与性价值观的测量维度

一级维度	二级维度	三级维度	测量指标
婚育与性价值观	择偶观	择偶目的	F1a 恋爱未必结婚 F1e 是否赞同“感情”是维系恋爱关系的前提 F1f 是否赞同宁愿找一个爱自己的人
		择偶标准	F1c 恋爱双方应该彼此真诚、专一 F1d 您对是否有车、有房是当今择偶的基本条件的赞同程度
		择偶方式	F1b 选择配偶是自己的事，应该自己做主
	婚姻观	婚姻动机	F1h 一般而言，已婚者比独身者快乐 F2d 结婚之后生个小孩比较好
		夫妻关系	F2a 女人应该以家庭为重，男人应该以事业为重 F2c 性和谐是婚姻美满的条件
		婚姻责任	F2b 当夫妻不能有效解决婚姻问题时，离婚是最好的办法
	生育观	性别偏好	F2e 生个男孩更好
		教育子女的观念	F2f 孩子的学习成绩是第一位的 F2g 孩子的健康成长是第一位的
	性价值观	性忠诚度	F1g 婚前性行为不道德，任何情况下都不可以
		性宽容度	F3a 情侣同居，即使没有结婚的打算也没有关系 F3b 应该处罚有婚外性关系的人 F3c 同性恋是一种个人选择，与道德无关 F3d 艾滋病是由于生活不检点所导致的 F3e 如果同事得了艾滋病，我仍然愿意与他（她）共事

婚前性行为是反映性观念发展变化的重要指标之一。据此，课题组在首都市民价值观指标体系中设置了“情侣同居，即使没有结婚的打算也没有关系”、“应该处罚有婚外性关系的人”这两个具体指标来测量市民

对婚内性关系的宽容度。

此外，课题组通过测量市民对同性恋、艾滋病的看法来表征市民在性问题上的宽容程度。设置了“同性恋是一种个人选择，与道德无关”、“艾滋病是由于生活不检点所导致的”、“如果同事得了艾滋病，我仍然愿意与他（她）共事”等具体指标（见表6）。

第三节　首都市民社会主义价值观调查分析方法

建设社会主义核心价值体系，是党的十六届六中全会在思想文化建设上的一个重大理论创新，是我们党深刻总结历史经验，科学分析当前形式提出的一项重大任务。党的十八大提出了“社会主义核心价值体系深入人心”的建设目标，为新时期社会主义建设事业提出了明确任务。在此背景之下，社会主义价值观建设效果的监测和评估成为一项重要的研究工作。

北京作为首都，处于社会主义现代化建设的前沿，对中国社会主义现代化建设具有引领作用。对首都社会主义价值观建设效果的研究，不仅可以把握首都地区社会主义价值观的特点和趋势，增强首都社会主义价值观建设的科学性，而且还能起到示范作用，为其他地区提供相关经验和做法，从而推动全国社会主义价值观的建设。

为了实现监测和评估的研究目标，“实证分析”是必经之路。在北京社会主义价值观建设效果的实证分析中，我们从政治学、社会学、心理学、管理学等多学科的实证分析方法入手，将北京价值观建设效果的研究落实在对首都市民社会主义价值观的分析与评价中，不但描述了现状、预测了发展趋势、为今后价值观建设建言献策，而且更为重要的是，课题组初步完成了“首都市民社会主义价值观指标体系”的编制工作，为北京社会主义价值观建设效果的监测提供了重要的工具。

在这一研究中，我们的实证分析方法可以归结为以下几个方面。

一　研究视角

（一）历时研究视角

价值观是指一个人对周围的客观事物（包括人、事、物）的意义、重要性的总体评价和总体看法。个人的价值观一旦确立，便具有相对稳定性。但就社会和群体而言，由于人员更替和环境的变化，社会或群体的价值观念又是不断变化着的。当前，北京正经历强化全国政治中心、文化中心、国际交往中心、科技创新中心战略定位，深入实施人文北京、科技北京、绿色北京战略，全面建设国际一流的和谐宜居之都的过程。在这个过程中首都社会的宏观社会环境经历着变化，各种多元的价值观念、文化思潮也会迅速地涌现，首都市民价值观必将经历着相应的冲击和变迁。因此，对首都社会主义价值观建设效果的研究需要历时的视角。研究者需要在相对长的一段时期内，持续地关注、调研首都市民价值观，以此来动态把握首都社会主义价值观的变化发展趋势。

（二）多学科理论视角

社会主义价值观是一个涵盖范围非常广泛的概念，内容非常丰富，涉及人们社会生活的方方面面。既有的研究文献表明：价值观是一个多维的系统。例如，早在1926年佩里（Perry）就最先将价值观区分为6类，即认知的、道德的、经济的、政治的、审美的、宗教的。这一分类思路奠定了后世研究的基础，成为观察和研究价值观的一个比较常用的视角和方法。在总结国内外价值观研究文献的基础上，结合北京市社会主义价值观建设的实际情况，北京市社会科学课题组从6个维度建立首都市民价值观的测量体系，分别是公德价值观、政治价值观、法制价值观、职业价值观、生活价值观、婚育与性价值观。

上述任何一个测量维度，都独立地分属于不同的学科领域。设立每一维度的理论依据、每一维度的操作化过程都需要专业知识。因此，组建了一个涉及哲学、政治学、经济学、管理学、心理学和社会学的专业背景的研究团队，从多学科的视角下开展研究就显然尤为必要。

二　数据采集方法

（一）问卷调查法

自2007年北京市社会科学院价值观课题组成立以来，为了获得北京社会主义价值观建设效果的一手资料，课题组在2008年、2010年、2012年分别对首都市民进行了3次大规模的问卷调查。问卷调查的目的有两个：其一，描述首都市民价值观的特点，并在后续的研究中监测首都市民价值观的变化，为探求北京社会主义价值观建设的效果提供实证数据；其二，构建监测首都市民价值观状况的实证工具。每次调查的问卷都是围绕公德价值观、政治价值观、法制价值观、职业价值观、生活价值观、婚育与性价值观这 6 个维度建立起的，因此，每次问卷调查也都意在修正、完善首都市民价值观指标体系这一调研工具。

为了保证问卷调查的信度和效度，我们的每次调查都是遵照严格的问卷调查操作规程进行。从调查队伍的组建、样本的抽取、问卷的填写、问卷的发放和回收等环节都是以社会学实证研究的步骤进行。

2008—2012 年每隔 2 年的问卷调查中，为了获得样本的代表性，同时也尽量避免调查区域的重复性，体现调查样本的差异性，每次调查的区域都尽可能做到差异性。迄今为止，我们问卷调查的区域涵盖了海淀区、东城区、西城区、丰台区、朝阳区等主城区，郊区县涵盖了昌平区、延庆县、密云县等。一共回收有效问卷 5033 份，获得近 80 万个监测数据。

（二）座谈法

召开座谈会，倾听来自基层党建、宣传部门在社会主义价值观建设的声音，也是课题组的重要研究方法。以 2012 年调查为例，这一年我们选取海淀区、丰台区、西城区和密云县进行实地调研。课题组在每一个调查区县召开一次座谈会，参加座谈会的有区域政府、街道、社团、公司企业等人员，其职业多是从事区域内、单位内党建、宣传、思政工作的部门一把手，他们熟悉所在区域和单位的价值观建设情况，对社会主义价值观建设有深刻的思考，能够提出推动社会主义价值观建设的真知灼见。这些座谈会的资料，一方面，增进课题组成员对北京社会主义价值观建设的感性认识，另一方面，也是我们理解实证问卷调查数据、分析实证调查结果的重要参考材料。

课题组研究至今，已经召开过 11 次座谈会，参会人数达百人。为社会主义价值观建设效果的研究提供了丰富的背景资料。

三　统计分析方法

（一）指标体系的建构方法：探索性因子分析

1. 缺失数据处理

总的原则：先用期望值最大似然法估计缺失数据，尽量利用所有数据。然后再对每个题目和每个观测作处理。对于每个题目，缺失数据不能达到 5%，对每个观测，缺失数据不能超过题目总数的 1/3，否则，删除这个观测的数据。

2. 斯皮尔曼相关矩阵与多点相关矩阵

由 SPSS 软件生成斯皮尔曼相关矩阵，由 LISREL 软件生成多点相关矩阵。

3. 验证性因素分析模型假设与模型实现

由于选项采用五点量表，不是连续型数据，不满足正态分布的条件。因此在模型的分析上，使用多点相关对各个题目数据进行分析。在方法上，采用加权最小二乘法和最大似然估计法进行模型的实现。

4. 模型实现说明

验证性因素分析采用 LISREL 8.70 软件进行分析。由于最大似然估计法需要假设数据服从正态分布，在数据不服从正态分布的条件下会低估各个因素和指标之间的关系。而加权最小二乘法无须假设数据是多元正态分布，所以用加权最小二乘法来估计一般来说是比较准确的，但是，加权最小二乘法所需样本容量要相当大，因为它所用的加权矩阵是［p（p+1）/2］阶方阵，其中 p 是模型中指标数目，这个加权矩阵随着 p 的增大而急剧增大。例如，在“公德价值观”这部分题目中，一共有 12 个题目，加权矩阵就是 78 阶方阵。数据量不够大的话，估计值就不稳定，容易出现不合理的解。比较这两种方法，最大似然估计法需要假设数据为正态分布，在不满足加上的条件下会低估结果，但其结果还是比较稳定的，加权最小二乘法，不会低估结果，但样本量不够大则会造成结果的波动，使估计值不合理。

在价值观各个维度的验证性因素分析中，均先采用加权最小二乘法进行估计，再采用最大似然估计法进行估计，两种方法的结果在趋势上应该是一致的。即使出现不合理的估计值，其他的合理的估计值还是可以作为参考的。LISREL 软件通过迭代完成矩阵运算，软件自动检查样本数据对于模型计算所需矩阵的正定性。若是超过一定迭代次数（默认为 50 次）后所需矩阵仍然不是正定矩阵，则容许性检查不能通过。这时候采取的办法是关闭容许性检查，并且必要的话限定迭代次数（如 2000 次），但通常这样得到的解不是收敛的解，软件不能自动做出路径图，此时所列出的是在规定迭代次数后的中间解。

卡方值说明：卡方值用来反映模型的拟合优度，在用最大似然估计法对模型进行估计的时候，同时输出 Satorra - Bentler 卡方值（记于括号中）作为原卡方值的校正。文中在作模型比较时，用的是 Satorra - Bentler 卡方值。

RMSEA 为近似误差均方根，是近似误差指数的一种。一般来说小于 0.1 说明是好的拟合，小于 0.05 说明是非常好的拟合，小于 0.01 说明是非常出色的拟合。

NNFI 是非赋范指数，是相对拟合指数的一种。一般来说，大于 0.9 表示模型拟合可以接受。

CFI 也是相对拟合指数的一种，一般来说，大于 0.9 表示模型拟合可以接受。

5. 修正指数与修正模型

LISREL 软件输出修正指数，修正指数的值表示若指标（即题目）从属于模型假设以外的某子因素，使卡方值变小的程度。所以修正指数越大，表示这个指标越有可能从属于这个因素。

6. 最终模型

对修正模型给予一定的解释，并最终确立一个模型。

（二）价值观数据的分析：描述性统计及卡方检验

描述性统计是用来描绘首都市民价值观特点和变化趋势的一种方法。课题组在每次实证调查之后，都会就公德价值观、政治价值观、法制价值观、职业价值观、生活价值观、婚育与性价值观分别撰写调查报告，所用数据全部来自描述性统计分析的数据。

卡方检验属于一种解释性的统计分析方法。为了检验调查样本数据的表面差异，需要运用卡方检验来验证这一差异是否在调查总体中存在。这一方法的运用确保了统计结果推动的可靠性。

第四章　2012年度首都市民价值观状况调查

为了解首都市民价值观的现状与特点，2013年1月，北京市社会科学院课题组开展了《首都市民价值观状况》的问卷调查。本次调查的总体被界定为“2012年以来至今，在北京生活、工作和学习的20～64岁首都市民”。为保证样本的代表性，课题组采取配额抽样的方法，在东城区、海淀区、丰台区、密云县发放2000份问卷，回收问卷1997份，其中有效问卷1964份，有效回收率为98.35%。样本基本特征见表1。

表1　　样本基本特征

特征	类别	频数	百分比（%）	特征	类别	频数	百分比（%）
性别	男	926	47.7	文化程度	小学及以下	54	2.8
	女	1017	52.3		初中	245	12.6
户口类型	北京城镇	1118	57.1		高中、中职	394	20.2
	北京郊区	217	11.1		大专	54	21.9
	外地城镇	425	21.7		大学本科	706	36.2
	外地农村	197	10.1		研究生	125	6.4
年龄	20～29岁	489	25.2	政治面貌	中共党员	726	37.3
	30～39岁	467	24.0		共青团员	197	10.1
	40～49岁	449	23.1		民主党派	8	0.4
	50～59岁	355	18.3		无党派人士	22	1.1
	60～64岁	184	9.5		群众	995	51.1

从被调查样本的性别、年龄分布来看，与2012年北京统计年鉴公布的数据基本一致，样本具有一定的代表性。值得一提的是，本次调查的样

本中，流动人口占 31.8%，也接近北京流动人口的总体比重。

第一节　首都市民的政治价值观状况

2011—2012 年是“十二五”的开局之年，北京制定了《关于发挥文化中心作用加快建设中国特色社会主义先进文化之都的意见》，认真总结人文奥运经验，弘扬中华民族优秀传统文化，总结提炼出“爱国、创新、包容、厚德”的“北京精神”，成为新时期践行社会主义核心价值体系的创新之举；以“做文明有礼的北京人”为主题，深入开展精神文明创建活动，志愿服务活动成为代表首都风范的靓丽名片；百姓宣讲活动开展热烈，创新宣传工作的形式，思想道德和精神文明建设取得新成效；推进文化惠民工作逐步落实，丰富了基层群众文化生活，“一街一品”特色渐次形成……极大地推进了社会主义核心价值体系建设，北京文化发展呈现出欣欣向荣的局面，城市文化软实力得到进一步提升。

一　首都市民政治价值观总体状况

首都市民政治价值观，特指居住在北京这一地域范围内的人们，对我国现行政治制度、政治生活的基本观点和看法，对政治现实和理想的基本评价和价值倾向。为了深入了解首都市民政治价值观的现状和时代特色，2012 年课题组开展的问卷调查，分别从政治信念、政治认同、政治参与、政治敏感度 4 个维度测量了首都市民的政治价值观状况。

（一）首都市民政治信念坚定，主流政治信念仍然面临着诸多挑战

中国的意识形态即社会的主流政治价值观念就是以马克思主义为指导思想，中国特色社会主义共同理想，以爱国主义为核心的民族精神和以改革创新为核心的时代精神，社会主义荣辱观为基本内容的社会主义核心价值体系。作为我们国家的主流价值观念，社会主义核心价值体系所倡导的价值标准和价值取向在人们众多价值取向中，无疑占据着首要位置。从 2012 年《首都市民价值观状况》调查数据来看，首都市民的政治信念坚定，具有较高的政治觉悟，与此同时，主流政治信念也面临着许多非主流思想观念的挑战。

1. 多数市民认为马克思主义理论是科学真理，对马克思主义理论科学性的认知有待深入

马克思主义在我国政治意识形态建设中居于主导地位，马克思主义理论是指导我国社会主义建设事业的核心思想。在调查问卷中，我们设置了“马克思主义理论是科学真理”、“您认为哪一种思想学说对当代中国发展影响最大”两个题目，用来测量人们对马克思主义这一政治意识形态的看法与评价。

从调查结果来看，有超过七成的市民对“马克思主义理论是科学真理”表示“非常赞同”（20.9%）或“赞同”（55.3%），表示“非常不赞同”或“不赞同”的比例只有1.6%。但是不容忽视的是，有22.2%的市民对“马克思主义理论是科学真理”未置可否，没有给出明确的“赞同”或“不赞同”态度。

相似的情况发生在“您认为哪一种思想学说对当代中国发展影响最大”这个问题的回答上。尽管有54.5%的市民认为马克思主义是当代中国发展影响最大的思想学说，仍有近半数的市民选择了其他思想学说（参见图1）。值得一提的是，与课题组往年的调查结果相比，这一比例比2010年上升了3.7个百分点（50.8%），比2008年下降了3.6个百分点（58.1%）。

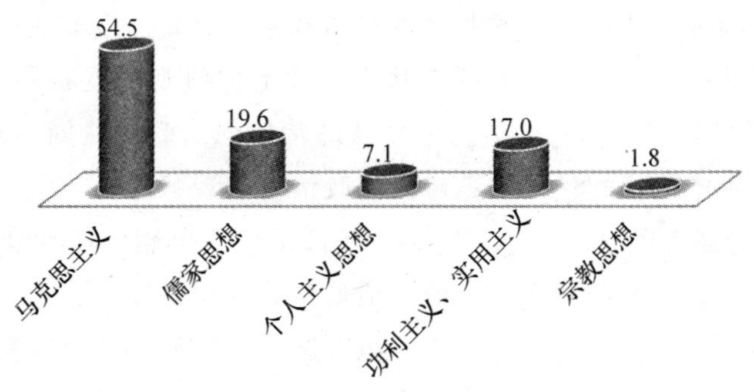

图1 您认为哪一种思想学说对当代中国发展影响最大（%）

上述结果表明，马克思主义意识形态在首都市民价值观中仍居于主导地位，但是马克思主义的主导地位正在经受着其他非主流意识形态或反主流意识形态的冲击。继续完善首都思想政治宣传，加强马克思主义理论的研究和宣传，教育、引导广大市民巩固马克思主义在意识形态中的主导地位，树立正确的理想信念，还有许多工作要做。

2. 对中国特色社会主义事业发展充满信心，但仍有一定比例的市民对此持有怀疑态度

自邓小平同志在中共十二大开幕词中提出“走自己的道路，建设有中国特色的社会主义”以来，高举中国特色社会主义伟大旗帜，牢固树立“三个自信”，已成为坚定社会主义共同理想基础的标志。因此，对中国特色社会主义事业的信念是否坚定，是市民政治信念调查内容的重要组成部分。

课题组在问卷中设置了“对中国未来的前途充满信心”、“中国特色社会主义理论指导中国科学发展”两个题目，用以测量市民的政治信念的牢固程度。从结果来看（参见图 2），明确表示“对中国未来的前途充满信心”的市民比例为 79.2%；在“中国特色社会主义理论指导中国科学发展”这道题上，表示赞同或很赞同的比例是 77.9%，这说明多数首都市民相信，在中国特色社会主义理论的指导下，我国的社会主义事业前途是光明的，显示出首都市民对中国特色社会主义事业发展具有较为坚定的理想信念。

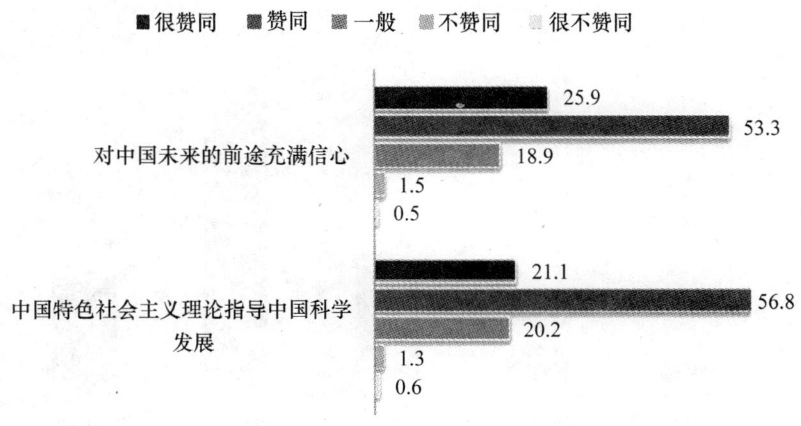

图 2　首都市民政治信念的牢固程度（%）

然而，仍有 2.0% 的市民表示“对中国未来的前途”没有信心，还有 18.9% 的市民信心一般；1.9% 的市民“不赞同”、“很不赞同”“中国特色社会主义理论指导中国科学发展”，还有 20.2% 的市民没有明确表示态度。这说明，相当比例的首都市民对社会主义事业的前景不乐观，更为重

要的是还有相当比例的市民对“中国特色社会主义理论”的指导地位和作用产生了怀疑。这对我们如何做好新形势下中国特色社会主义事业的舆论宣传引导提出了迫切要求。

3. 普遍具有较强的集体主义观念，在公共利益维护方面表现尤为突出

集体主义是政治价值观的重要组成部分，它们也是凝聚中华民族的重要精神力量。在首都市民价值观问卷中，我们从集体利益、社会贡献、公共利益等方面测量了人们对集体主义的信念。

在问及“当个人利益与集体利益冲突时，优先考虑集体利益”时，有72.9%的被访者表示会优先考虑集体利益（参见图3），这说明在个人利益被普遍关注的今天，集体主义的价值观依然具有广泛影响。在选择职业时，有67.8%的被访者表示“很关注”或“关注”职业对社会贡献的大小（参见图4），通过进一步询问，有71.7%的被访者表示在选择职业时，更看重“能否为社会作出贡献”（参见图5）。在选择职业时，对“社会贡献”的重视从一个侧面反映出首都市民的集体主义观念较强。

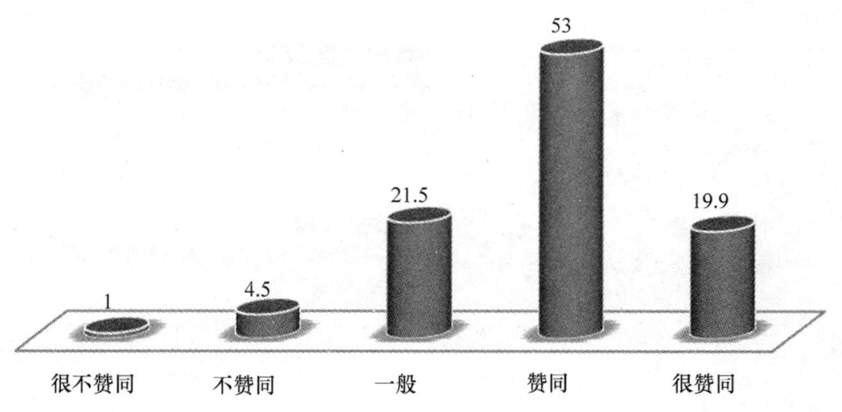

图3　首都市民对“当个人利益与集体利益冲突时，优先考虑集体利益”的赞同程度（%）

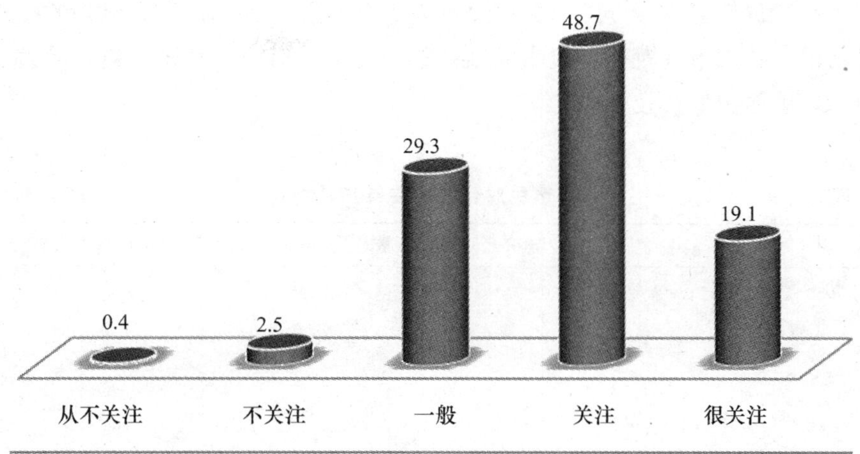

图 4　首都市民择业时，对职业对社会贡献的大小的关注度（%）

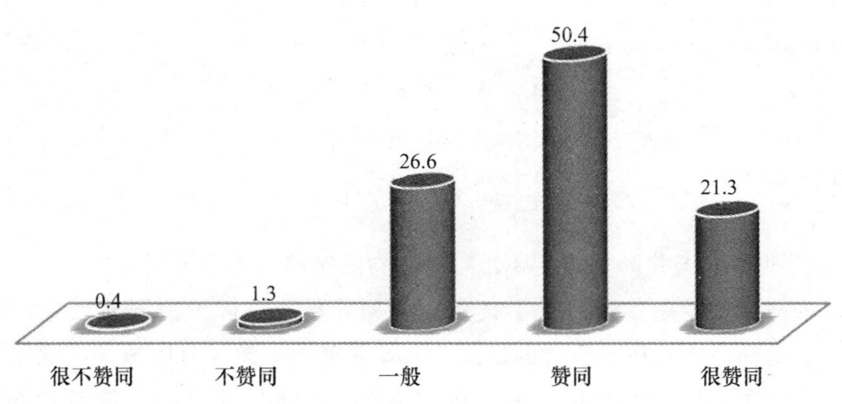

图 5　首都市民对在选择职业时，更看重"能否为社会作出贡献"的赞同度（%）

此外，课题组认为，集体主义的观念还可从市民对公共利益的维护方面去考察。在调查问卷中，我们设置了市民对名胜古迹的保护、公共卫生的维护、公共秩序的遵守、环境保护 4 个问题。结果显示（参见表 2），有 82.7% 的市民表示"看到游人刻画在名胜古迹的'到此一游'很痛心"，这说明绝大多数市民具有保护名胜古迹的意识。有超过 80% 的市民认为"遵守垃圾分类投放是每个公民的义务"，有 88.1% 的被访者认为"即使是上下班高峰，也要耐心地排队过地铁安检"，89.7% 的被访者表示“很赞同”或“赞同”“保护环境人人有责”的观点，这3道题的结果揭示出，首都市民对公共卫生的维护较为自觉、对公共秩序的遵守较为主动、环境保护意识较强。

表2　首都市民对公共利益维护的表现　单位:%

	保护名胜古迹[①]	遵守垃圾分类投放	耐心排队过安检	保护环境人人有责
很不赞同	1.0	0.3	0.4	0.3
不赞同	1.8	0.4	0.7	0.5
一般	14.5	11.7	10.9	9.6
赞同	49.9	51.4	51.7	45.9
很赞同	32.8	36.3	36.4	43.8

注：①“保护名胜古迹”的调查结果来自对“看到游人刻画在名胜古迹的‘到此一游’很痛心”这道题的回答。

4. 拥护中国共产党的领导，对提高党的执政能力仍充满期待

中国共产党是我国社会主义事业的领导核心。拥护中国共产党的领导，对中国共产党执政能力的认同，一定程度上来源于对中国共产党作为社会主义事业坚强领导核心的依赖和拥护。调查结果显示（参见图6），75.7%的市民对中国共产党的执政能力表示“认同”，表示“不认同”的只有1.8%。这说明，绝大多数市民在坚持中国共产党的领导的立场上是坚定的，对共产党的领导能力有着充分的信心，对由中国共产党所领导的社会主义事业充满期待。

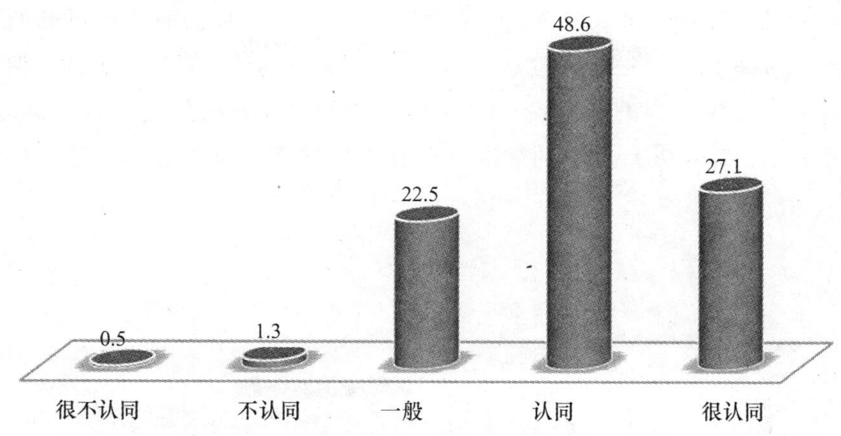

图 6　首都市民对“我认同中国共产党的执政能力”的认同程度（%）

然而，一个不容忽视的事实是：有 22.5% 的市民在是否认同中国共产党的执政能力上未置可否。这说明部分市民对新时期提高党的执政服务能力仍存有新期待；对于中国共产党密切联系群众，彻底铲除“四风”，继续保持党的纯洁性有着更高的要求。

总体而言，首都市民的政治信念较为坚定，他们对马克思主义理论、社会主义道路、集体主义、执政党的能力具有较强的信心，在大是大非的问题上能作出正确的选择，政治觉悟较高。同时，调查结果也提醒我们，继续加强意识形态教育宣传、增强首都市民对马克思主义理论、中国特色社会主义理论等指导思想的理解和接受、加强市民对中国共产党执政能力的信心依然非常必要。

（二）首都市民政治认同感总体较高，认为政府工作绩效仍有提升空间

对首都市民的政治认同度的考察，主要从首都市民对基本政治制度、共产党执政理念、北京市政府的行政能力、改革开放成就 4 个方面来调查。

1. 普遍认同国家的基本政治制度

政治价值观中的“政治认同”首先是对国家基本政治制度的认同。人民代表大会制是我国的基本政治制度，在调查中，课题组从是否“认同目前人大代表的选举方式”这一角度考察了首都市民对我国基本政治制度的认同情况。从结果来看，63% 的被访者表示“非常赞同”或“赞

同”目前人大代表的选举方式。此外，市民对政府提出的发展目标的认同度，也能从另一个层面反映出人们对政治制度的认同程度。为此，课题组设置了市民“对北京建设‘世界城市’的目标充满信心”这一问题，结果显示，25.4%和50%的被访者表示“很赞同”或“赞同”这一提法（参见图7）。

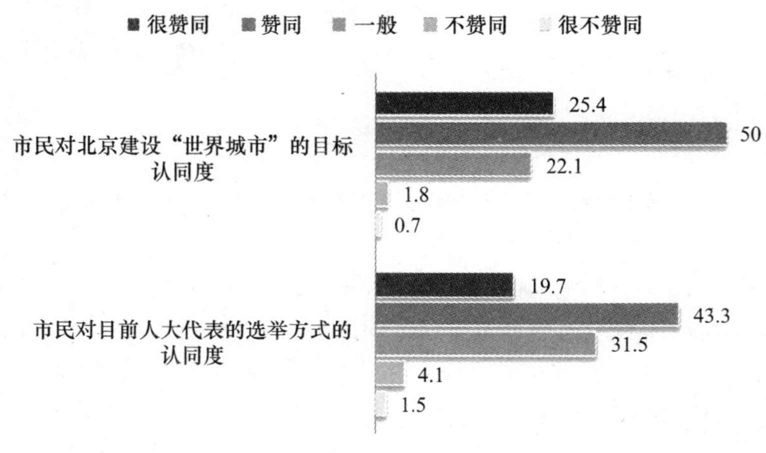

图7　首都市民对国家基本政治制度的认同程度（%）

2. 对身边共产党员的政治素质评价不高

为了达到一方面考察市民对中国共产党理想信念的认同，另一方面也考察市民对基层党的思想建设情况的认同程度。课题组设计了“总体来说，您认为自己身边的共产党员表现如何”一题。结果显示，有36.7%的被访者认为“能起到模范带头作用”，39.4%的被访者认为“比一般群众好些”，认为身边党员“混同于一般群众”的比例是12.4%，认为身边党员“比一般群众还差”的比例是2.4%，此外，还有9.1%的被访者回答“不知道，不好说”（参见图8）。从调查结果来看，有23.9%的被访者对身边共产党员的评价是“负面的”。

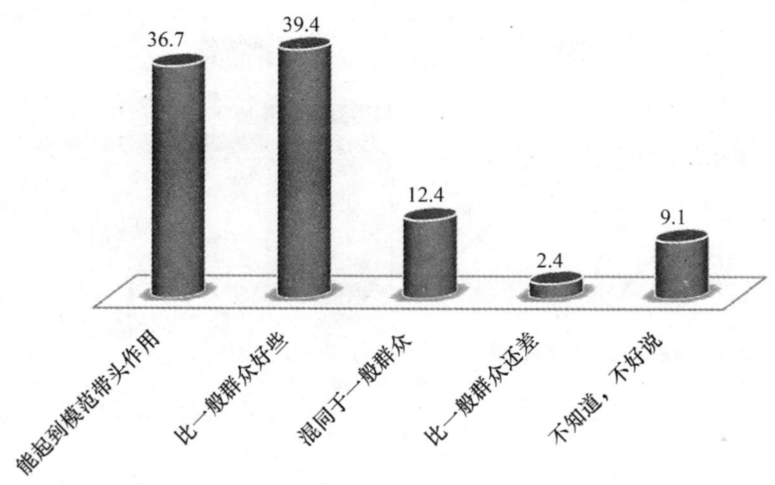

图 8 首都市民对身边的共产党员总体评价（%）

如果按政治面貌分别来看，除了身为共产党员、共青团员的被访者之外，民主党派、无党派人士、群众对身边共产党员的负面评价分别是 25%、63.6%、32.3%，远远超过 24% 的总体水平，这说明加强党员理想信念教育、提升广大党员在人民群众中的威信、密切联系群众是非常迫切的工作。

3. 在肯定市政府行政能力的同时，对政府工作绩效表露出更高的预期

对政府行政能力的认同，是人们政治认同的一个维度。在我们的调查问卷中，设置了“北京市政府真心实意地为百姓办实事”、“北京市政府具有较强的应对突发事件的能力”等 8 个问题。从调查结果来看（参见图 9），67.9% 的被访者表示“很赞同”或“赞同”“北京市政府真心实意地为百姓办实事”这一提法；65.4% 的被访者表示“很赞同”或“赞同”“北京市政府具有较强的应对突发事件的能力”这一提法。这一结果说明，首都市民对北京市政府的评价较高。

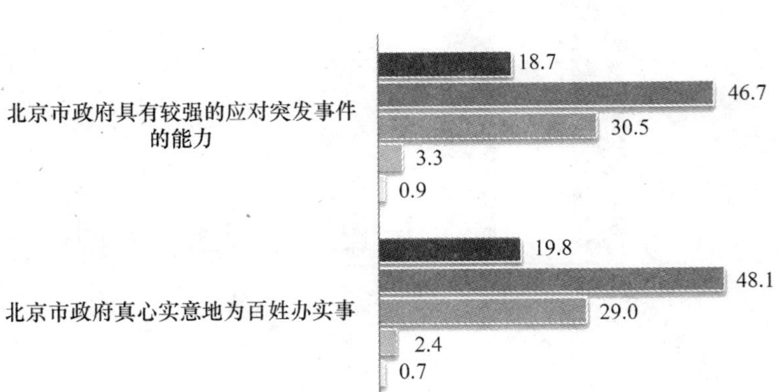

图 9　首都市民对北京市政府的评价（%）

进一步分析，调查分别从办事效率、服务态度、廉洁勤政、依法行政和政务公开 5 个方面测量了市民对政府工作绩效的评价。从调查结果来看，市民对政府工作绩效的正面评价比例要高于负面评价比例，这说明市民对北京市政府的工作绩效总体比较肯定。

不过，应该注意到，首都市民对政府工作绩效的评价较为中庸，各项评价指标中，选择“一般”的比例最高（参见图 10），平均超过 41%。因此，政府在提高工作效能建设上尚有较大改进空间。

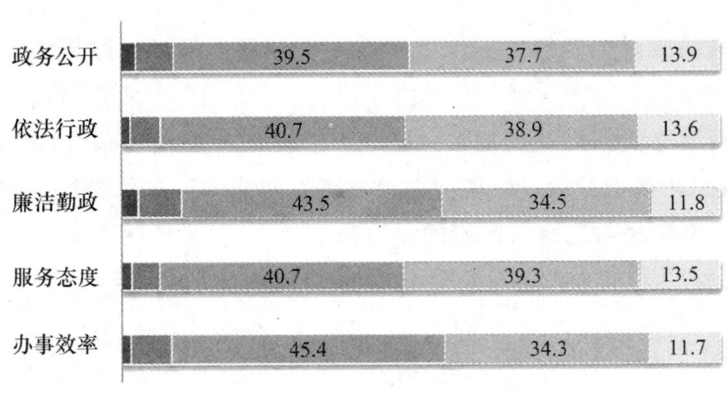

图 10　首都市民对北京市政府工作绩效的评价（%）

4. 对改革开放评价较高，在物价稳定和社会平等方面满意率较低

结果显示（参见图 11），有 78.1% 的被访市民认为“改革开放以来，百姓的生活有了显著的改善”，这说明市民对改革开放带来的生活改善的事实给出了比较客观的评价。

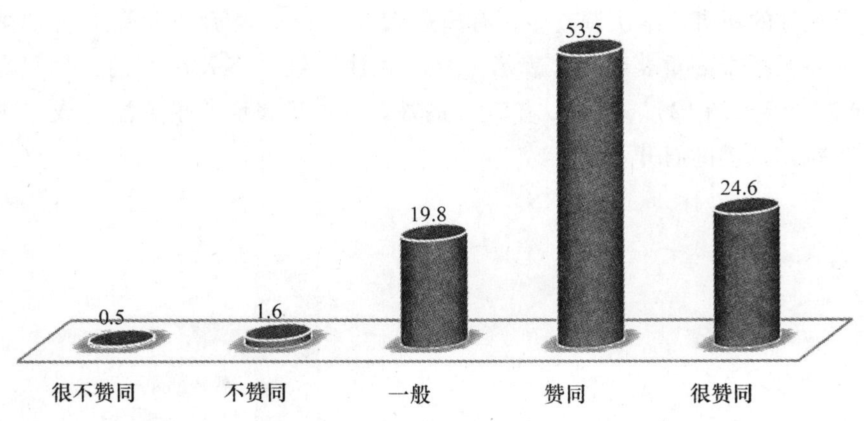

图 11　首都市民对“改革开放以来，百姓的生活有了显著的改善”的赞同程度（%）

另外，从改革开放带来的社会生活具体方面的满意度调查来看，市民对“国家实力增强”、“精神文化生活丰富”两个方面的满意程度很高，分别是 73.1%、61.6%。在“个人权利有充分的保障”、“社会治安好”、“政治环境比较宽松”、“收入和生活水平提高”上表示满意的比例分别是 45.8%、49.6%、50.8%、47.4%。此外，被调查市民在“物价比较稳定”、“社会地位平等，不存在歧视”上，满意程度相对较低，分别是 22.8%、39.9%。特别重要的是，在“物价比较稳定”上持不满意的比例超过满意比例，达到 35.2%，这说明当前首都市民对涉及切实利益的民生问题较为关注。此外，在“社会地位平等，不存在歧视”这一问题的回答上，也有超过 17% 的市民表示不满意，这反映出当前我国由收入分配问题导致的一系列阶层分化问题引起了市民的不满。

（三）首都市民关心国家大事，政治敏感度较高，具有较高的爱国热情

政治敏感度主要是指人们对政治事务的关心程度。课题组主要从首都

市民对政党、政府、社会团体及其内政外交活动的关心程度，对影响国家和社会发展的重大问题、重大事件的关心程度开展调查。

1. 既关注时政新闻，也关心涉及切身利益的民生新闻

作为身处中国政治中心的首都市民，关心政治不仅具有得天独厚的优势，也是其生活方式的重要组成部分，他们热衷于政治新闻的特点对此是一个很好的注脚。本次调查中，有超过75%的市民表示“很关注”、“关注”每天播报的重要新闻，表示“从不关注”或“不关注”的比例只有3.6%（参见图12）。此外，有70%的被调查市民表示“很关注”或“关注”每年两会的召开。

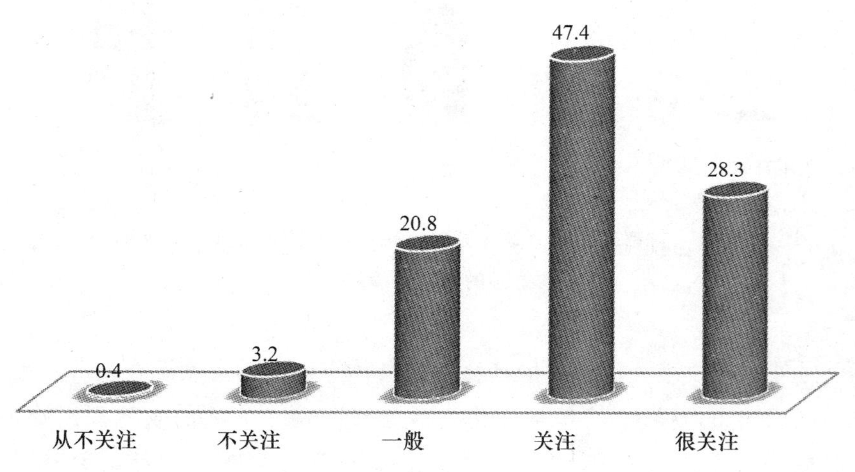

图12　首都市民对每天播报的重要新闻的关注度（%）

另一方面，首都市民在关心政治问题的时候，亦对涉及切身利益的民生问题较为关注。从被访市民对“最常看、最关注的是哪一类新闻”的回答结果显示（参见图13），38.4%的人选择“时政新闻”、38%的人选择“社会民生新闻”，选择财经新闻、体育新闻、娱乐新闻的比例分别是4.8%、6.8%、12.1%。与2008年课题组的调查结果相比，虽然时政新闻仍然是首都市民最为关注的新闻，但是其比例下降了4.5%；对民生新闻的关注度与2008年的调查相比上升了7.5%，这说明首都市民在关注时事政治的同时，也开始更加关心涉及切身利益的民生问题。

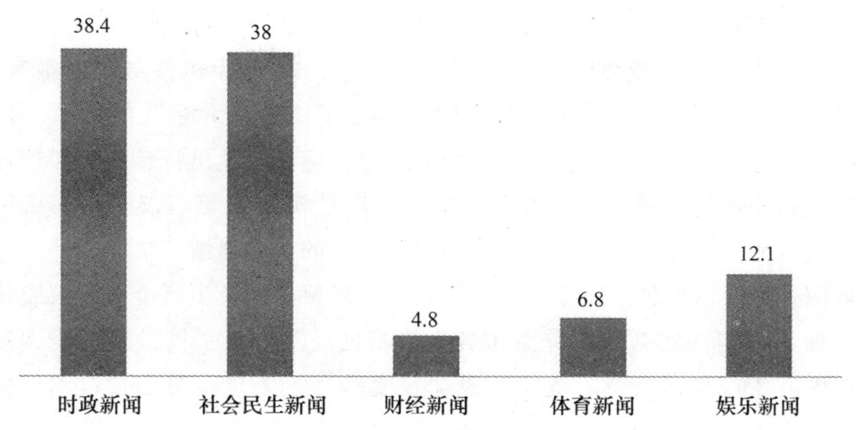

图 13　首都市民最常看、最关注的新闻类型（%）

2. 关心涉及国家利益的政治事件，具有高度的爱国热情

国家利益是国际政治关系的核心问题，对中国与周边国家关系的关注，在一定程度上反映出首都市民对国家利益的关注。问卷调查的时期，正值周边国家与我国领土问题的新闻报道见诸报端比较集中的时期，26.5% 的被调查市民表示"很关注"、47.1% 的被调查市民表示"关注"中国与周边国家的关系（参见图 14）。这说明，首都市民具有高度的爱国热情，非常关心涉及国家重大利益的事件。

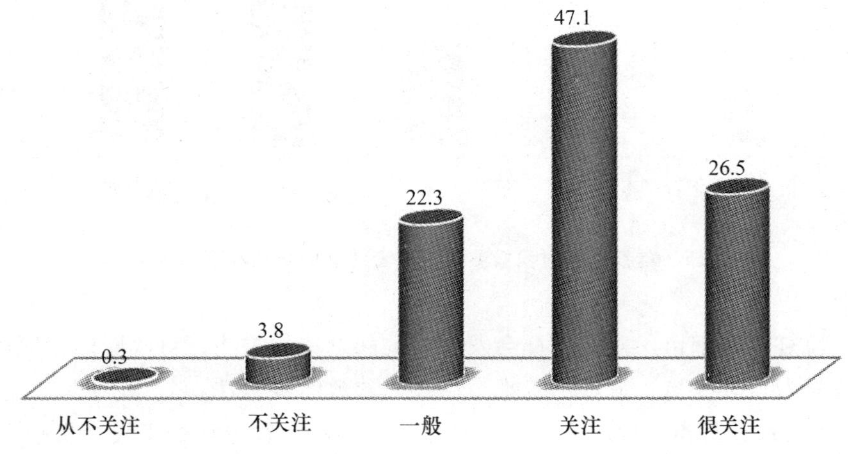

图 14　首都市民对中国与周边国家关系的关注度（%）

3. 积极响应政府号召，支持“首善之区”建设意愿强烈

北京建设“首善之区”离不开每一位市民的支持和参与。近年来，面对城市发展压力的增大，北京市政府提出了“绿色北京”的理念，倡导绿色生活、低碳生活。为了缓解交通压力，倡导绿色出行；为了保护环境，实施购物袋收费政策，取消餐馆“一次性筷子”等倡议。首都市民面对政府的上述号召积极响应，表现出了极大的参与热情。

调查显示，首都市民还非常关心政府在环保、绿色出行上的政策或建议。自2008年6月以来，北京市各大商场已经不再免费提供塑料袋，被访市民有73.3%的人持“支持”或“很支持”的态度。对于餐馆不再提供“一次性筷子”的态度，也有68.5%的被访市民持“支持”或“很支持”的态度。为了缓解城市交通压力，北京市政府提倡出行多乘公共交通工具，84.2%的被访市民表示了“支持”或“很支持”的态度。

不仅如此，“很赞同”、“赞同”“公民应该积极参加志愿者活动”的被访市民分别是28.8%、52.7%，表明首都市民志愿参与城市和谐社会建设的意识非常强烈（参见图15）。

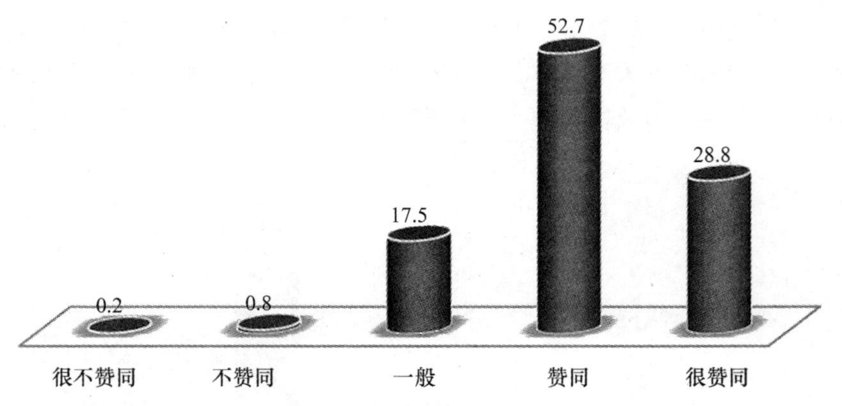

图15　首都市民对积极参加志愿者活动的赞同程度（%）

总之，首都市民对城市社会发展中的问题比较关注，对政府的响应政策或号召比较支持，显示出首都市民较高的政治敏感性。

（四）首都市民政治参与意识和政治参与积极性等均处于较高水平

当前，我国公民政治参与主要途径有选举与被选举、加入政党或政治性团体、向政府建言献策等。为此，课题组设置了“加入政治性团体”、

“行使政治权利”、“向政府建言献策”、“发表政治言论”等问题来测量首都市民的政治参与程度。

1. 首都市民加入政治性团体的比例较高

加入政治性团体是参与政治活动的重要途径之一，同时加入政治性团体本身即是一种政治参与行为。通过被调查市民的政治面貌构成，可清晰地看到市民加入政治性团体的比例较高。其中，37.3% 的被调查市民是中共党员，10.1% 的人加入共产主义青年团，加入民族党派和无党派的比例分别是 0.4% 和 1.1%，没有加入上述政治性团体的“群众”占 51.1%。由此可见，有近一半的被调查市民加入了政治性团体，说明首都市民政治参与积极性较高。

2. 首都市民积极行使自己的选举权和被选举权

选举权和被选举权是公民基本的政治权利，积极行使选举权和被选举权是公民政治参与行为的基本表现形式。在我们的调查中，设置了“公民应该积极行使自己的选举权和被选举权”这一看法，31.1% 的市民表示“很赞同”，51.2% 的市民表示“赞同”。这说明，首都市民积极行使自己政治权利的意识较强（参见图 16）。

3. 首都市民热衷于向政府建言献策

向政府建言献策不仅是关心政治的表现，也是政治参与行为的表现形式之一。在本次调查中，“公民应该积极向政府建言献策”被多数被访市民赞同。其中，27.1% 的市民表示“很赞同”，52% 的被访者表示“赞同”（参见图 16）。

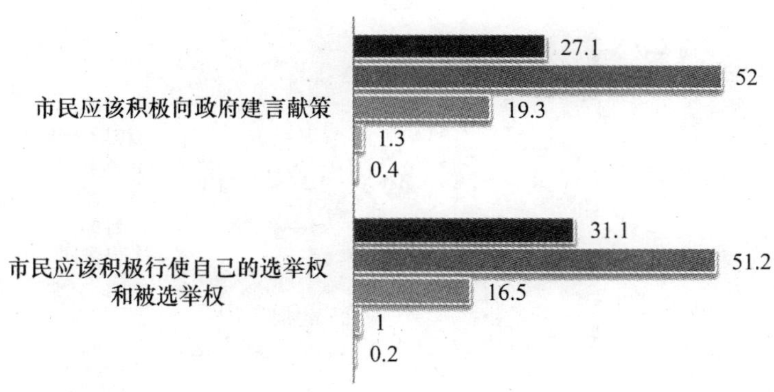

图 16　首都市民对北京市政府的评价（%）

4. 互联网成为首都市民发表政治言论的新渠道

当今新媒体时代，互联网已经成为重要信息媒介，通过互联网发表政治言论、表达政治意见是现在人们参与政治活动的新方式。在被调查的市民中，有超过一半的人（58.4%）表示“经常在互联网上发表对时事政治的看法”。

二　首都市民政治价值观的群体差异性分析

大量的研究表明，政治、经济、文化、社会地位（如政治面貌、职业地位、受教育水平、家庭收入等）与政治价值观之间有着紧密的关联。那么，首都市民的政治价值观中，诸多个体特征是否存在着显著差异？下面将从群体差异分析入手，对这一问题进行回答，同时也可进一步更深入地总结首都市民政治价值观的特点。

（一）政治信念的群体差异分析

首都市民对马克思主义理论、社会主义事业、集体主义精神、中国共产党领导等方面的政治信念的群体差异主要体现在收入水平、政治面貌、文化程度上。

1. 中等收入水平的市民更倾向于认同“马克思主义是科学真理”

在“马克思主义是科学真理”一题中，选择“赞同”和“非常赞同”的高达83.6%；低等收入水平的人为70.7%；高等收入水平特征的群体最低，仅为59.1%（参见图17）。而且，高收入群体持“不赞同”的最高（4.5%）。同时，高收入群体在“哪一种思想学说对当代中国发展影响最大”选择中，对个人主义思想的推崇度最高，为9.1%。卡

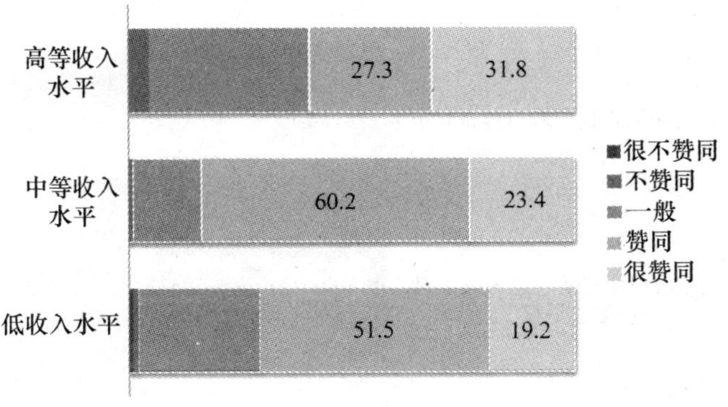

图17　不同收入水平的市民对“马克思主义是科学真理”的赞同程度（%）

方检验的结果（$\chi^2 = 50.813$，$P < 0.001$）也显示，收入水平影响的差异是显著的。

2. 在“对中国当代影响最大的思想学说是马克思主义”的选择上，党员、群众和共青团员认同此观点的比例依次下降①

统计显示（参见图 18），政治面貌为“团员”的市民中，44.6% 认为马克思主义是对中国当代影响最大的思想学说，“群众”为 49.7%，“党员”为 64.6%。此外，“团员”选择“儒家思想”、“个人主义”和“宗教思想”的比例高于“党员”和“群众”。卡方检验的结果（$\chi^2 = 81.397$，$P < 0.001$）也显示，“团员”与“党员”之间的差异是显著的。

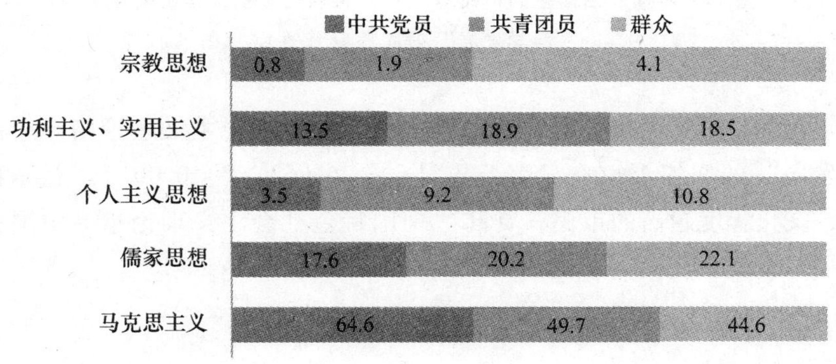

图 18　不同政治面貌的市民对“哪一种思想学说对当代中国发展影响最大”回答（%）

3. 在“中国特色社会主义理论指导中国科学发展”信念上政治面貌与文化程度差异明显

“党员”和“群众”持“赞同”和“很赞同”的比例分别是 85.1% 和 73.8%，而“团员”中此比例为 71.6%。卡方检验的结果（$\chi^2 = 89.3910$，$P < 0.001$）也显示，“团员”与“党员”、“群众”之间的差异是显著的（参见图 19）。

① 在我们的调查样本中，政治面貌是民主党派、无党派人士的分别是 8 人、22 人，由于数量太少，在做卡方分析时会产生较大误差，而且人数少，比较其结果意义不大。因此，在下一步有关政治面貌的分析中，我们只比较群众、团员和党员之间的差异。

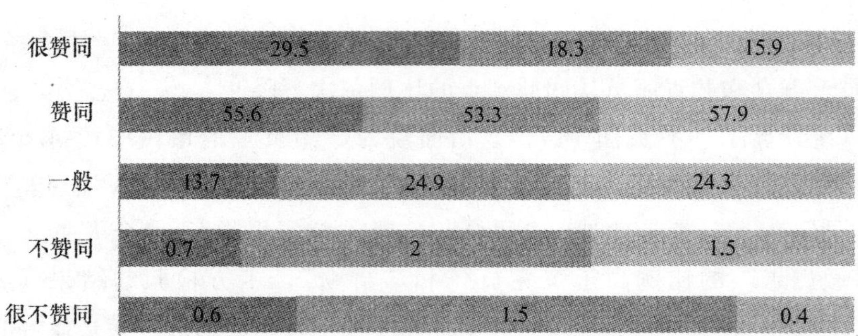

图 19　不同政治面貌的市民对“中国特色社会主义理论指导中国科学发展”赞同程度（%）

此外，不同文化程度的市民在“中国特色社会主义理论指导中国科学发展”的回答上也有显著差异（$\chi^2 = 26.062$，$P < 0.001$）。总体特点是，文化程度越高的市民，赞同“中国特色社会主义理论指导中国科学发展”的比例越高（参见图 20）。

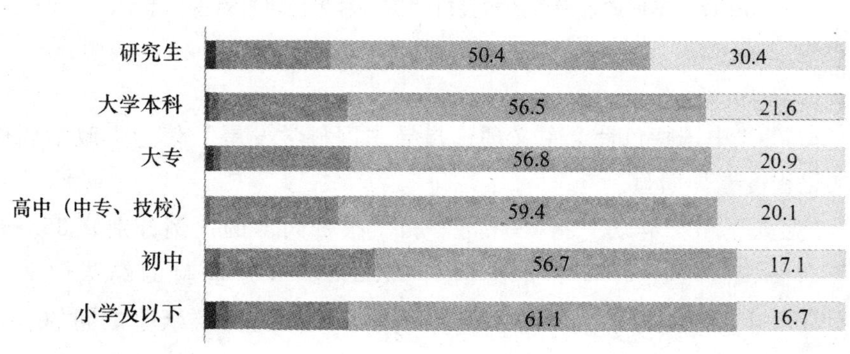

图 20　不同文化程度的市民对“中国特色社会主义理论指导中国科学发展”赞同程度（%）

上述结果表明，“低文化水平市民”和“团员市民”将是今后宣传中国特色社会主义理论在推进中国科学发展过程中的作用和意义的主要目标群体。

4. “年龄段”不同的市民在集体主义信念上存在明显差异

“当个人利益与集体利益冲突时，优先考虑集体利益”是测量集体主义信念的重要指标。在该问题的回答上，“文化程度”、“政治面貌”影响不显著，即不同文化程度的市民、不同政治面貌的市民在“集体主义”信念上大体一致，这说明政治面貌和文化程度并非影响人们是否具备集体主义精神的关键因素。

相对而言，不同“年龄段”的市民在集体主义信念上存在差异。“50后”年龄组表示“很赞同”、“赞同”“优先考虑集体利益”观点的比例分别是21.6%、54.7%，高于“60后”、“70后”和“80后”年龄组的选择比例；而“80后”年龄组表示“很不赞同”、“不赞同”“当个人利益与集体利益冲突时，优先考虑集体利益”观点的比例最高，为6.5%。这一调查结果与我们2010年的调查结果一致。这说明在集体主义信念上确实存在代际差异，即年龄越大的市民集体主义观念越强，越年轻的市民集体主义观念越薄弱。[①]

5. “党员”与“非党员”对“中国共产党的执政能力”认同存在差异

政治信念的另一个重要指标是对中国共产党的认同。调查结果显示，75.7%的市民表示“赞同”或“很赞同”“我认同中国共产党的执政能力”这一陈述，持不认同态度的比例只有1.8%。卡方检验也表明，不同文化程度、不同收入水平、不同年龄段的市民，对中国共产党执政能力认同的差异不显著；而“政治面貌”影响较为显著（$\chi^2=78.209$，$P<0.001$），即身为“党员”的市民高度认同中国共产党的执政能力，其比例为82.2%，高于75.5%的平均水平，而“团员”、“群众”市民的这一比例分别是73.5%、71.5%，低于平均水平（参见图21）。

① 需要说明的是：2012年的调查数据代际之间尽管存在差异，但是卡方检验结果说明这种差异并不明显。这可能与样本抽样偏差或者调研质量有关，集体主义信念上的代际差异尚需进一步研究。

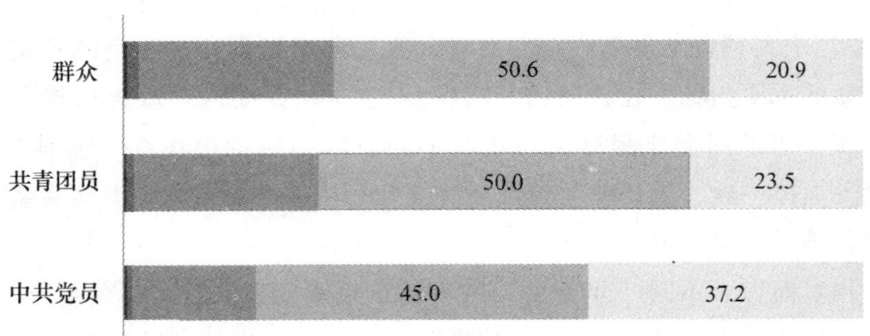

图 21　不同政治面貌的市民对“我认同中国共产党的执政能力”认同程度（%）

其实，这一结果并不令人感到意外，共产党员市民理应对所属政党的执政能力保持高度认同。但是，对共产党科学执政、依法执政的认同或评价，显然“非党员”的市民更有价值。群众表示认同中国共产党执政能力的比例只有 71.5%，低于党员自身评价 10 个百分点以上。这个认同差距不但揭示出我们党的执政能力有待进一步加强，同时也说明如何让群众认同党的执政能力也需要在方式方法上做深入探索。

（二）政治认同的群体差异分析

统计分析结果显示，政治面貌和收入水平是影响人们政治认同差异的重要因素。

1. 中等收入者对当前我国基本政治制度的认同最高，高等收入者认同度最低

总体而言，59% 的被访者表示“非常认同”或“认同”“目前人大代表的选举方式”。按收入水平来看（参见图 22），“中等收入”市民中持“很不认同”或“不认同”的比例是 3.6%，低于“高等收入”市民（13.6%）、“低等收入”市民（6.9%）的比例；“中等收入”市民中持“很认同”或“认同”的比例是 69.1%，高于“高等收入”市民（50%）、“低等收入”市民（58.3%）的比例。卡方检验的结果（$\chi^2 = 31.918$，$P < 0.001$）表明，中等收入市民与高等收入、低等收入市民的差异是显著的。这说明中等收入者对当前我国基本政治制度的认同最高，而高等收入者却对我国基本政治制度的认同度最低，这不能不引起我们的思考。

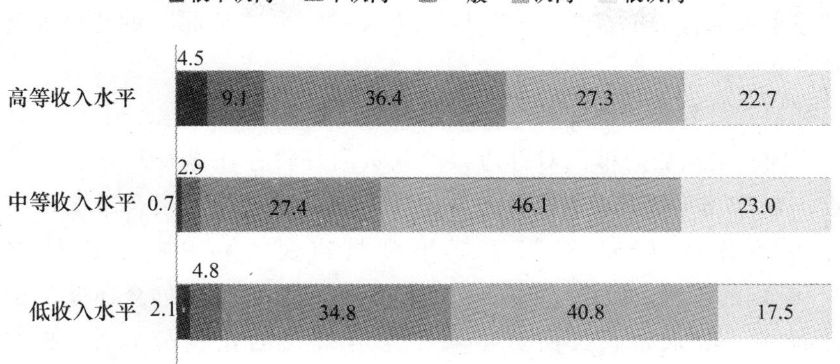

图 22　不同收入水平的市民对“目前人大代表选举方式”的认同程度（%）

按政治面貌来分析（参见图 23），“党员”市民对“目前人大代表的选举方式”持“很不认同”或“不认同”的比例是 4.3%，低于“团员”市民（6.7%）、“群众”市民（6%）的比例；而在“认同目前人大代表的选举方式”上持“很认同”或“认同”的比例，在“党员”、“团员”、“群众”中的比例依次下降，分别是 66.2%、64.3%、59.9%。卡方检验的结果（$\chi^2 = 42.839$，$P < 0.001$）也表明政治面貌上的差异是显著的。

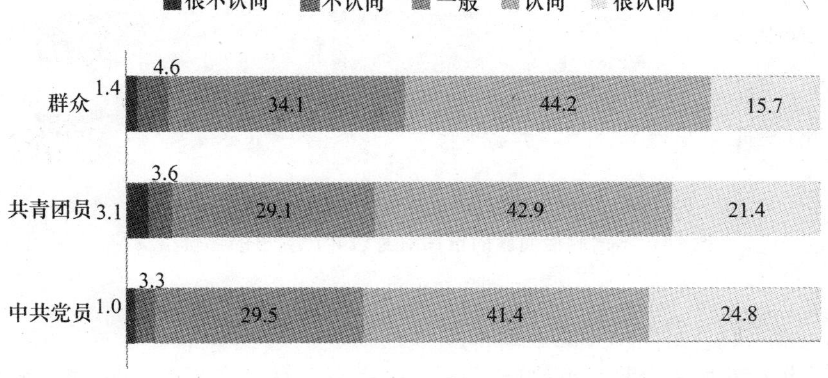

图 23　不同政治面貌的市民对“目前人大代表选举方式”的认同程度（%）

需要引起注意的有两点：一方面，在“很不认同”或“不认同”的市民中，“团员”的比例最高，超过了党员和群众。另一方面，“群众”对“目前人大代表的选举方式”持“很认同”或“认同”的比例显著低于党员和团员。

2. “党员自我评价”与“非党员评价”存在差距

不同政治面貌的市民对身边共产党员的评价存在显著差异。从图 24 来看，有 27.8% 的群众市民认为身边共产党员“能起到模范带头作用”，低于总体评价（36.7%），更低于党员市民（49.9%）、团员市民（34.7%）的比例。而在“混同于一般群众”、“比一般群众还差”的负面评价中，群众市民、团员市民、党员市民的比例分别是 18.2%、17.6%、8.7%。卡方检验的结果（$\chi^2 = 162.570$，$P < 0.001$）对上述差异进行确认。这说明，对身边共产党员的评价，依然存在一个“党员自我评价”与“非党员评价”的差距问题，情形有如政治信念上党员与群众之间的差别。这正是群众路线教育实践活动中需要解决的党员“照镜子”问题。

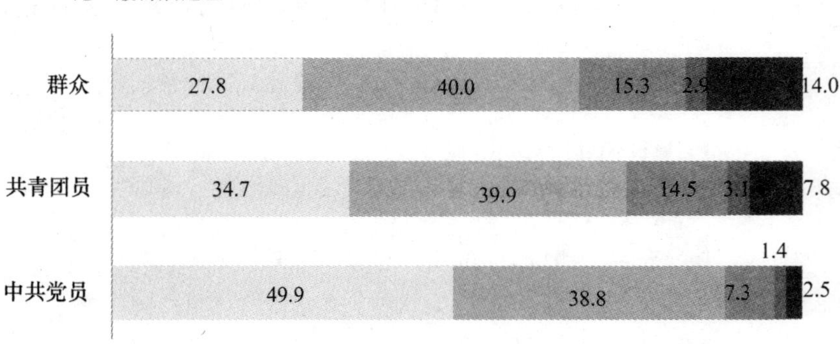

图 24　不同政治面貌的市民对身边共产党员的评价（%）

3. 低收入水平的市民对政府绩效的认同程度较低

市民普遍认为北京市政府真心实意地为百姓办实事。不同收入水平、不同政治面貌的市民对政府的认同存在显著差异。其中，低等收入水平的市民“很赞同”“北京市政府真心实意地为百姓办实事”的比例为 17.1%，低于高等收入水平（22.7%）的和中等收入水平（24.1%）的比例（参见图25）。卡方检验的结果（$\chi^2=47.256$，$P<0.001$）表明，低等收入水平的市民对政府绩效的认同程度低是显著的。

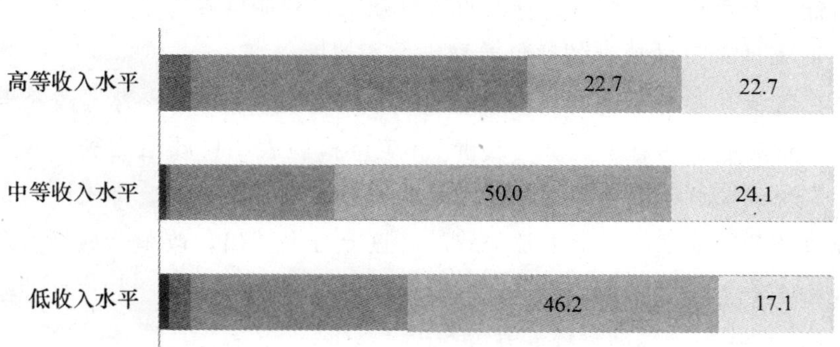

图25　不同收入水平的市民对“北京市政府真心实意地为百姓办实事”的赞同程度（%）

从市民的政治面貌来看（$\chi^2=44.620$，$P<0.001$），党员对“北京市政府真心实意地为百姓办实事”表示“很赞同”的比例是25%，明显高于团员（21.4%）和群众（15.9%）的比例；相应地，团员和群众表示“很不赞同”或“不赞同”的比例分别是4.1%、3.6%，显著高于党员的1.9%（参见图26）。

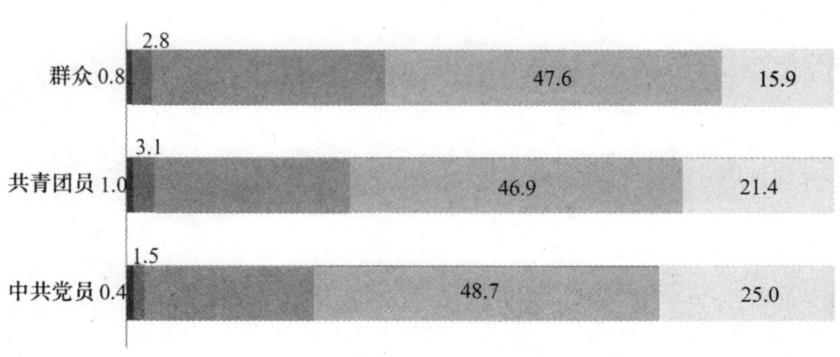

图26　不同政治面貌的市民对“北京市政府真心实意地为百姓办实事”的赞同程度（%）

上述结果表明，对北京市政府认同度较低的市民在“收入水平低”、“政治面貌为群众”的群体中比例最高，这意味着“收入水平低”与“群众”具有较大重叠。其对政府工作的启示是：加大保护弱势群体力度、提高低收入者收入水平、完善低收入群众的保障制度具有重要意义。

4. 对改革开放成就的评价差异小、一致度较高

在改革开放的成就的认同上，有78.1%的被访市民认为“改革开放以来，百姓的生活有了显著的改善”。统计检验表明：政治面貌、收入水平、文化程度、年龄等因素对此问题的回答影响都不显著，即不同特征的人在改革开放成就的评价上是一致的。这充分反映出，改革开放确实深得人心，改革开放的成就获得了人们普遍认同。

（三）政治敏感的群体差异分析

1. 对政治生活大事的关注度存在政治面貌、年龄上的差异

关心国家政治生活中的大事，是首都市民政治敏感性的一个体现。以对两会召开的关注度为例，按政治面貌来划分（参见图27），党员中表示“关注”或“很关注”的比例是79.5%，团员和群众的比例分别是61.9%、64.3%。卡方检验的结果（$\chi^2=71.754$，$P<0.001$）表明，党员、团员和群众对两会关注度的差异是显著的。

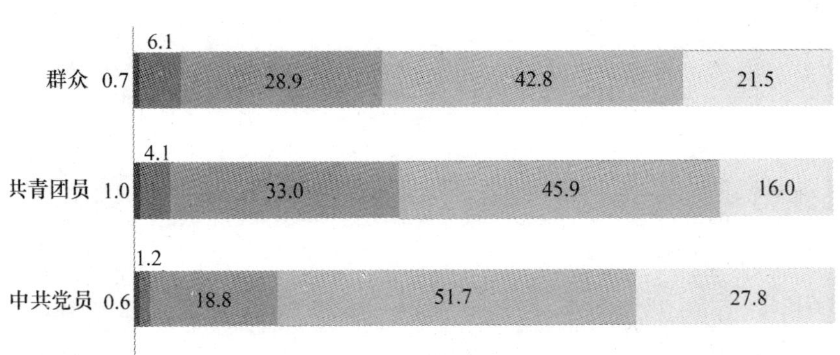

图27　不同政治面貌的市民对每年两会召开的关注程度（%）

此外，不同年龄的市民对两会的关注也存在显著差异（$\chi^2=56.711$，$P<0.001$）。具体而言（参见图28），20～29岁的市民中表示“关注”或“很关注”每年两会召开的比例是61.9%，30～39岁的比例是68.2%，

40~49岁的比例是75.3%，50~59岁的比例是72.6%，60~64岁的比例是78.6%。这表明，年龄大的市民对两会召开的政治事件关注度更高。

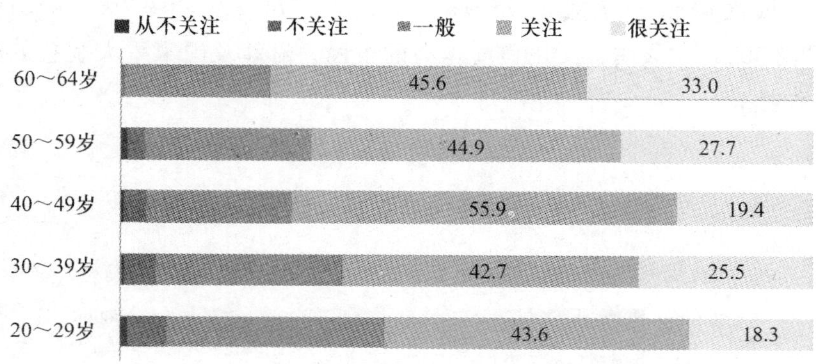

图28　不同年龄段的市民对每年两会召开的关注程度（%）

2. 在国家重大利益事件的关心程度上，不同政治面貌和文化程度存在差异

从卡方检验的结果来看，政治面貌、文化程度对人们关心涉及国家重大利益的事件有显著影响。具体而言，党员表示“关注”或“很关注”涉及国家重大利益的事件的比例是80.5%，团员和群众的比例依次是65.3%、70.1%（参见图29）。这说明，政治面貌为党员的市民，更为关注涉及国家重大利益的事件（$\chi^2=71.940$，$P<0.001$）。

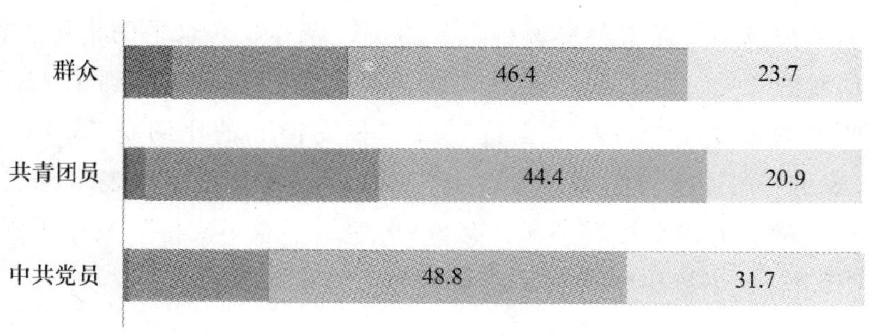

图29　不同政治面貌的市民对中国与周边国家关系的关注程度（%）

此外，不同文化程度的市民，对涉及国家重大利益的事件的关注比例也存在显著差异（$\chi^2 = 47.726$，$P < 0.001$），其中，研究生学历者的比例是78.4%，大学本科、大专、高中（中专、技校）、初中、小学及以下者的比例依次降低，分别是75.9%、75.6%、74.5%、64.7%、48.1%（参见图30）。这表明，文化程度越高的市民，对涉及国家重大利益的事件越关注。

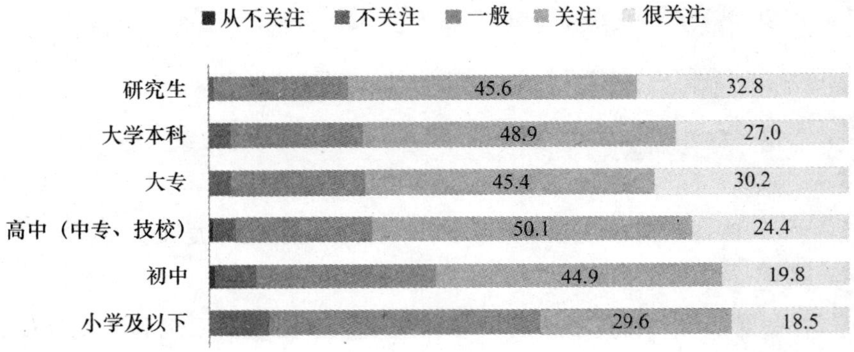

图30　不同文化程度的市民对中国与周边国家关系的关注程度（%）

3. 经济收入状况对于市民响应政府号召的积极性影响明显

和谐社会的建设离不开每位市民的参与，积极响应政府的各项号召，既可体现政府的能力，同时也是人们政治敏感性的反映之一。统计分析显示，市民对政府“绿色出行”、“保护环境”等号召的支持态度的群体差异，主要表现在“收入水平”这个特征上，而不同政治面貌、不同文化程度、不同年龄的市民在响应政府号召的积极性上不存在差异。

以“商场不再提供免费塑料袋”为例，高等收入水平的市民中没有表示反对的意见，而表示“支持”或“很支持”的比例达到了72.8%；中等收入的市民中，表示“支持”或“很支持”的比例是76.4%，有6.5%表示“很不支持”或“不支持”；低等收入市民中，表示“支持”或“很支持”的比例是70.5%，有8.9%表示“很不支持”或“不支持”（参见图31）。卡方检验结果（$\chi^2 = 23.700$，$P < 0.005$）。

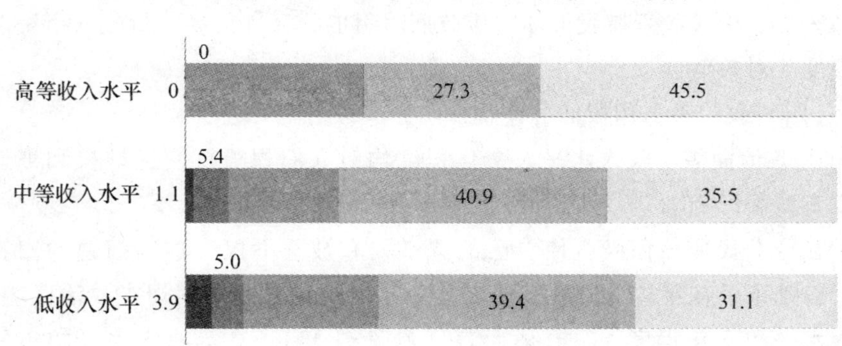

图 31　不同收入水平的市民对“商场不再提供免费塑料袋”的赞同程度（%）

对“公民应该积极参加志愿者的活动”调查结果显示，高等收入水平的市民中没有表示反对的意见，而表示“赞同”或“很赞同”的比例达到了 77.3%；中等收入市民中，表示“赞同”或“很赞同”的比例是 86.2%；低等收入市民中，表示“赞同”或“很赞同”的比例是 78.3%，有 1.5% 表示“很不赞同”或“不赞同”（参见图 32）。卡方检验结果（$\chi^2 = 29.970$，$P < 0.001$）显示，不同收入群体之间的差距是显著的。

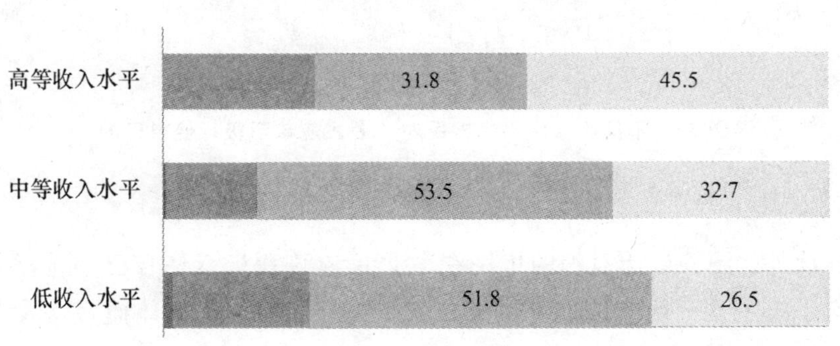

图 32　不同收入水平的市民对“公民应该积极参加志愿者的活动”的赞同程度（%）

上述结果显示，不同收入群体之间的政治敏感性差距是显著的。经济收入是影响市民对政府政策响应的一个重要因素，但并不是决定性因素。总体来看，中等收入市民群体响应政府号召的积极性最高，低收入市民的响应度相对较低。

（四）政治参与积极的群体特征

1. 政治面貌、收入水平、文化程度均对人们积极行使选举权和被选举权有显著影响

在“公民应该积极行使自己的选举权和被选举权”这一问题的回答上，首都市民在年龄上没有表现出显著差异。差异主要表现在政治面貌、收入水平和文化程度上。具体而言（参见图33），高等收入水平的市民中，持“赞同”或“很赞同”的比例是77.3%，中等收入水平的市民此比例为86.9%，低等收入水平的市民此比例为79.4%；卡方检验的结果（$\chi^2=19.668$，$P<0.05$）表明，不同收入水平者的选择差异是显著的。

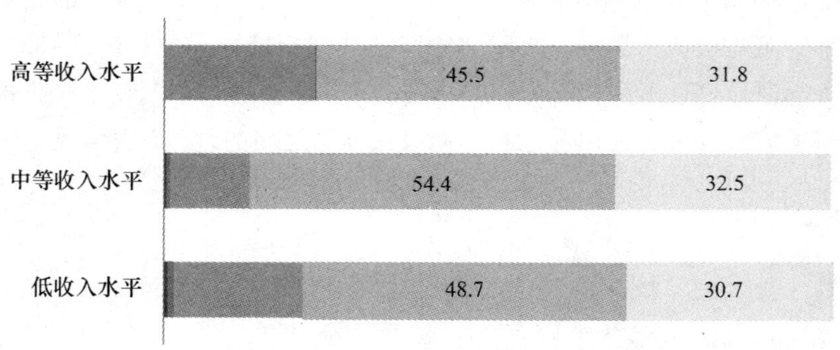

图33　不同收入水平的市民对“公民应该积极行使自己的选举权和被选举权”的赞同程度（%）

此外，不同政治面貌的市民在“公民应该积极行使自己的选举权和被选举权”这一问题的回答上，也表现出显著差异。具体而言（参见图34），政治面貌为“群众”的市民中，持“赞同”或“很赞同”的比例是79.8%，这一比例低于党员（87%），高于团员（78.1%）；且卡方检验的结果（$\chi^2=48.228$，$P<0.001$）显著。这表明不同政治面貌的市民，其选择是有差异的。值得注意的，这一结果揭示出：团员本应是政治参与热情最高的一个群体，但在“公民应积极行使选举权和被选举权”的政

治参与热情和积极性方面都较党员和群众显示相对较弱。

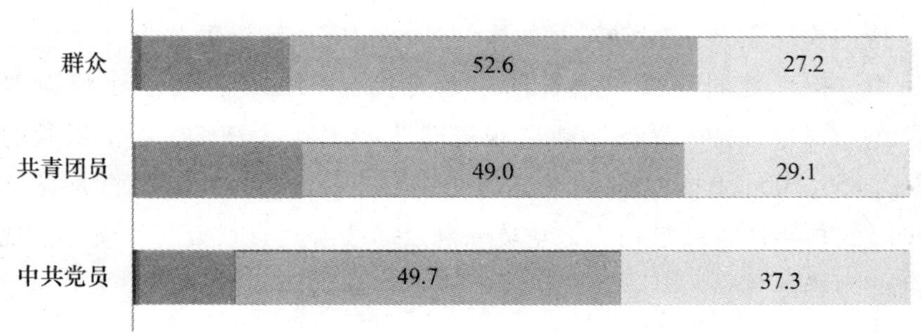

图 34　不同政治面貌的市民对“公民应该积极行使自己的选举权和被选举权”的赞同程度（%）

不同文化程度的市民在“公民应该积极行使自己的选举权和被选举权”这一问题的回答上，也表现出显著差异。具体而言，研究生学历的市民中，持“赞同”或“很赞同”的比例高达 89.6%，大学本科、大专、高中（中专、技校）、初中、小学及以下者的比例依次降低，分别是 81.6%、83.2%、82.8%、80.2%、72.2%（参见图 35）。卡方检验的结果（$\chi^2=40.337$，$P<0.005$）表明，文化程度越高的市民对“公民应积极行使选举权和被选举权”的政治参与热情和参与积极性，明显高于文化程度较低的市民。

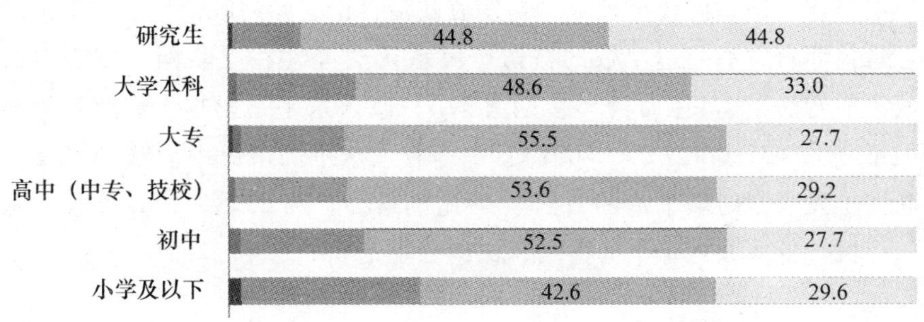

图 35　不同文化程度的市民对“公民应该积极行使自己的选举权和被选举权”的赞同程度（%）

2. 党员群体向政府建言献策的积极性更高

在“公民应该积极向政府建言献策”这一问题的回答，政治面貌的差异也非常明显。具体而言（参见图 36），政治面貌为“党员”的市民中，持“赞同”或“很赞同”的比例是 83.7%，政治面貌为“团员”的市民中，持“赞同”或“很赞同”的比例是 77.6%，政治面貌为“群众”的市民中，持“赞同”或“很赞同”的比例是 76%。卡方检验的结果（$\chi^2=55.700$，$P<0.001$）表明不同政治面貌的市民，其选择是显著差异的。与往年调查结果相比，党员和群众向政府建言献策的积极性呈现出提高的态势。

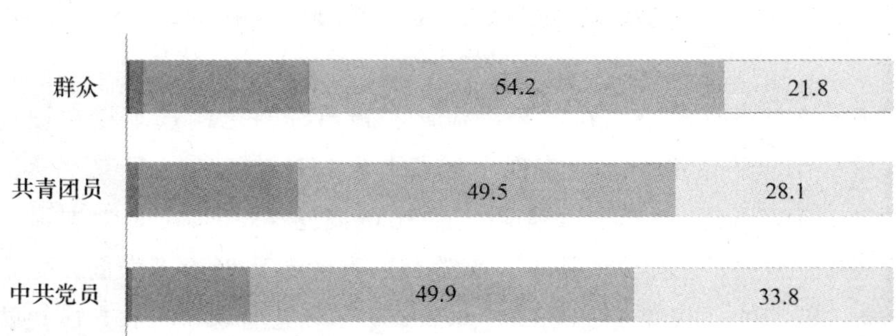

图 36　不同政治面貌的市民对“公民应该积极向政府建言献策”的赞同程度（%）

3. 中等收入水平的市民更热衷于在网络上发表对时事政治的看法

网络作为新型的传播媒介，是发表政治言论、参与政治生活的渠道之一。总体而言，有超过半数的被访市民承认“经常在互联网上发表对时事政治的看法”。具体而言（参见图 37），收入水平是影响人们此行为显著因素（$\chi^2=37.068$，$P<0.001$）：中等收入水平的市民中承认“经常在互联网上发表对时事政治的看法”的比例最高，为 65.8%；高等收入水平的市民、低等收入水平的市民，比例分别是 63.7% 和 52.2%。

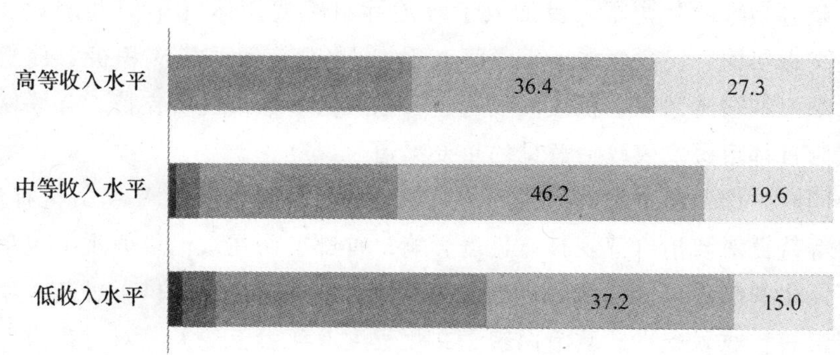

图 37　不同收入水平的市民对“经常在互联网上发表对时事政治的看法”的赞同程度（%）

总之，从政治参与的群体差异分析来看，“党员”的政治参与热情相对团员和群众更为积极，他们更积极地行使选举权和被选举权，会更积极地向政府建言献策。此外，低等收入水平的市民，其政治参与积极性显著低于高等和中等收入水平的市民。

三　首都市民政治价值观的特点及启示

2012 年的实证调研，显示首都市民政治价值观的基本状况体现为以下几个基本特点。

1. 首都市民具有坚定的政治信念

市民对马克思列宁主义、毛泽东思想、邓小平理论和“三个代表”重要思想，对中国特色社会主义道路，对爱国主义与集体主义，对中国共产党的执政地位等具有较高的信念支持。

2. 首都市民政治认同感较高

绝大多数市民对我国的基本政治制度、对中国共产党的执政能力、对北京市政府的行政能力、对改革开放成就等具有较高的认同。

3. 首都市民政治敏感度较高

首都市民关注时政新闻、关心国家大事，特别是涉及国家根本利益的大事，表现出较强的爱国热情。此外，被访市民积极响应政府号召，参与城市和谐社会建设。

4. 首都市民政治参与热情较高

超过半数的被调查市民加入了政治性组织或团体（中国共产党、共产主义青年团、民主党派、无党派人士）；多数市民认为应积极行使自己的选举权和被选举权；积极向政府建言献策为多数市民所支持；互联网已经成为首都市民发表政治意见的重要渠道。

同时，课题组也看到，人们的政治面貌、经济收入水平、文化程度、年龄等特征对政治价值观具有显著影响，首都市民在政治价值观上也呈现出多元化的趋势。这为今后首都市民政治价值观的培育提供了思路：

第一，收入水平、政治面貌、文化程度、年龄上的差异对首都市民的"政治信念"影响较大。具体而言，"党员"市民的政治信念最为坚定，非党员市民政治信念相对薄弱；文化程度越高的市民对主流意识形态了解越多、认同程度越高；中等收入水平的市民理想信念更为坚定；年纪越大的市民集体主义观念越强。

启示：一是加大力度向"低文化水平市民"、"群众市民"宣传主流社会意识形态，即低文化水平群众市民将是思想政治宣传工作的主要目标群体；二是加强青年群众的理想信念教育宣传工作。

第二，政治认同度的比较结果显示，中等收入水平的市民对我国基本政治制度的认同度最高。在社会学中有一个基本的信条，即"中产阶级"是社会稳定的支柱。尽管中产阶级并非仅仅指收入处于中等水平，而且在我们的调查中也并未从"中等收入水平者"即为"中产阶级"这一假设前提出发，但是，从一定程度而言，"中等收入者"代表了社会中经济生活处于中间水平的群体，他们对我国政治制度的高度认同，对我国政治社会的稳定具有重要意义。

启示：不断扩大中等收入水平者的规模，对促进社会的公平、正义和全面发展将具有重要的渐进推动价值。

第三，在政治信念、政治认同的考察中，我们发现"党员"的正面评价显著高于"群众"，特别是在涉及"对执政党的执政能力"、"对身边党员的表现"、"对北京市政府真心实意地为民办事"等问题上，"群众"市民全线低于"党员"市民。"自我评价"与"他者评价"的差距说明我们党在执政能力、北京市政府在行政能力与效率等方面存在有待进一步加强的地方，同时也说明如何让群众认同我们党的执政能力、如何提高群众对北京市政府的认同程度，需要在宣传、信息公开等方面做大量的工作。此外，数据表明“收入水平低”与“群众”具有较大重叠。这意味着，“群众”市民上述评价较低的原因与其较低的经济收入水平有必然联系，他们对“共产党执政”、“政府工作”相对低水平的评价，是其不满当前不利经济地位的反映。

启示：一要政府加大保护弱势群体力度、增加低收入者收入水平、完善低收入群众的保障制度；二要继续推广政务公开，提高政府服务群众的工作效能，成为党和政府提升执政能力、提升党的威信和政府公信力；三是坚持党要管党、从严治党，强化党员干部理想信念和管理，提高党员领导干部的形象。

第四，政治敏感度的调查结果告诉我们：年龄越大的市民，对两会召开的关注度越高；文化程度越高的市民，对两会召开的关注程度越高、对涉及国家重大利益的事件越关注；经济收入水平较高的市民响应政府号召的积极性明显。

启示：一是首都青年群众依然是政治敏感度教育的重点群体；二是增加市民政治思想和国情、国史的教育宣传，创建终身教育机制；三是不断改进低收入市民群体的就业水平和生活质量，对于提高他们的政治敏感度是有益的。

第五，在政治参与度的比较中，团员群体的表现引起课题组的注意。相对于以往团员在政治参与方面的表现突出，此次调查显示，党员与团员在政治参与方面的差距已经相当明显。如与党员、群众相比较，在“对中国当代影响最大的思想学说是马克思主义”选择上，团员低于党员和群众；对“目前人大代表的选举方式 ”持“不赞同”的比例最高的是团员；在“公民应积极行使选举权和被选举权”的政治参与热情和积极性调查中，团员较党员和群众显示相对较弱。

启示：一是提高首都中学和高校学生思想政治教育质量，强化世界观、历史观、人生观、价值观建设；二是严格团员的思想建设、组织建设、作风建设和日常管理建设；三是开展首都团员群体理想信念教育宣传的专题调研，制定切实可行的行动方案。

第二节　首都市民的职业价值观状况

随着社会主义市场经济体制的建立以及经济全球化时代的来临，现代社会职业分工发展和专业化程度不断增强，对我国从业人员的专业文化素质和实践能力要求越来越高，同时也为全面检验他们的职业价值观提供了一个新的时代背景。职业价值观即人们对待职业的一种信念和态度，它不仅直接影响到人们的择业和从业行为，而且也影响并反映着一个人的人生理念和生活态度。面对经济体制改革的浪潮和社会经济制度的变迁，首都市民身处时代发展与制度变革的前沿阵地，其职业价值观具有较强的代表性。

一 首都市民职业价值观的基本状况及社会属性分析

此次问卷调查从职业理想、职业态度、职业行为 3 个维度对当前首都市民的职业价值观进行了考察。

（一）职业理想的基本状况及社会属性分析

伴随着社会分工的不断深化，职业的种类日益繁多，人们对职业劳动和职业生活所寄予的向往可称之为职业理想。当社会个体在不同性质的行业中作出判断和选择时，其择业观就会自觉不自觉地反映出他的职业理想取向。课题组力求通过研究市民择业时在生存取向、兴趣取向、社会贡献取向这 3 个方向上的关注程度，分析其职业理想状况。

1. 从总体情况来看，市民在珍视工作稳定性的前提下，择业时倾向于实现个人经济利益和自我价值

超过六成的市民认为，“在选择职业时，只要有份稳定的工作就好了”。收入水平不同的人，对职业稳定性的重视程度有所不同，并呈现一条曲线型走势。收入最低的组别出于基本的生存需要，十分渴望获得稳定的收入来源和就业机会，因而赞同率高达 70.2%；随着收入的增加，对稳定职业机会的依赖程度下降，但波动并不明显；当月平均收入达到 5000 元及以上时，再次显示出对稳定性的高度重视，这可能是由于这部分市民出于维持一定层次生活质量的需要，不愿意工作上出现过大变动所致（参见图 1）。

一个人职业理想的目标往往是多元化的，通过调查市民在择业时对不同价值取向的关注程度，我们发现，首都市民最看重的因素依次排序为：“报酬福利的多少”，“能否施展个人才华”和“社会贡献的大小”，“社会地位的高低”（见表 1）。统计结果显示，以上 4 项因素的关注比重依次为 84%、68.7%、67.8%、67.4%，得分值依次为 4.2、3.7、3.8、3.8。

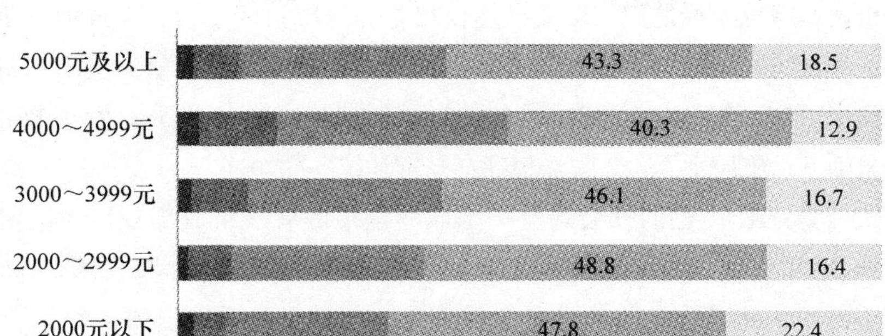

图1　不同收入水平的市民对“在选择职业时，只要有份稳定的工作就好了”的赞同程度（%）

表1　首都市民择业时对不同因素的关注程度　　单位：%

关注因素	从不关注	不关注	一般	关注	很关注	加权分值（5分制）
报酬福利的多少	0.3	1.1	14.6	50.4	33.6	4.159
能否施展个人才华	0.4	2.3	21.9	48.5	20.2	3.657
社会地位的高低	0.4	2.6	29.6	48.5	18.9	3.829
社会贡献的大小	0.4	2.5	29.3	48.7	19.1	3.836

注：加权分值的计算方法是，先按照“从不关注”=1，“不关注”=2，“一般”=3，“关注”=4，“很关注”=5进行赋值，然后进行加权求和。

以上调查结果显示出如下特点：

第一，经济报酬收入在择业要素中高居榜首。超过八成的市民会将报酬福利的多少作为衡量工作机会的重要标准，其中超过三成人表示会非常关注。按劳取酬是市场经济条件下确立的个人收入分配机制，不论是作为基本的必要的谋生手段，还是作为个人价值实现的重要标志，职业所对应的经济收益都显得极为重要，收入的高低都是影响首都市民选择职业的关键因素之一。

第二，实现自我价值是事业进取的重要动因。有68.7%的市民认为“能施展个人才华”是择业时需要予以关注的条件。社会主义市场经济承认追求个体存在的价值、意义和个人利益是合理的，调查结果凸显出市民对自我价值和个人兴趣取向的重视。按照职业兴趣施展才华，实现人生价值，是对人的天赋、能力、潜力的充分开拓和利用，是对人的生存和发展的高层次要求。首都市民在跨越温饱之后，职业已不仅仅是养家糊口的手段，而成为满足精神需求和自我实现的重要途径。需要指出的是，自我人生价值的实现本身并不等同于“利己”，它只是反映社会对个体客观行为的一种肯定。在正确的人生观激励下，施展个人才华与造福社会是辩证统一的。

第三，工作产生的社会效益仍是职业理想的有机组成部分。为国家和社会作更大贡献，是社会所倡导的主旋律，从调查结果来看，仍有67.8%的市民将该项纳入择业的关注因素；但这一比重在全部4个因素中排位最后，这在一定程度上反映了奉献社会已不再是人们择业时考虑的首要维度。当然，职业的多样性和个人技能的差异性决定了人们不可能集中在对国家发展具有战略性意义的关键行业从业，一些平凡、普通的岗位虽然体现不出太高的社会效益，但客观上同样是在为社会作贡献。

2. 性别、年龄和职业的差异对职业理想状况具有一定影响

第一，性别与职业理想的相关性。男性市民和女性市民总体的择业取向趋于一致，特别是在“报酬福利的多少”和“社会贡献的大小”2项的关注程度上基本相同。其轻微差异仅体现在：女性相对重视“社会地位的高低”，关注比重比男性组高出0.4个百分点；男性更为重视“能否施展个人才华”，关注比重比女性组高出1.3个百分点。

第二，年龄与职业理想的相关性。调查中将市民按照不同年龄划分为4组，分布状况列于图2：

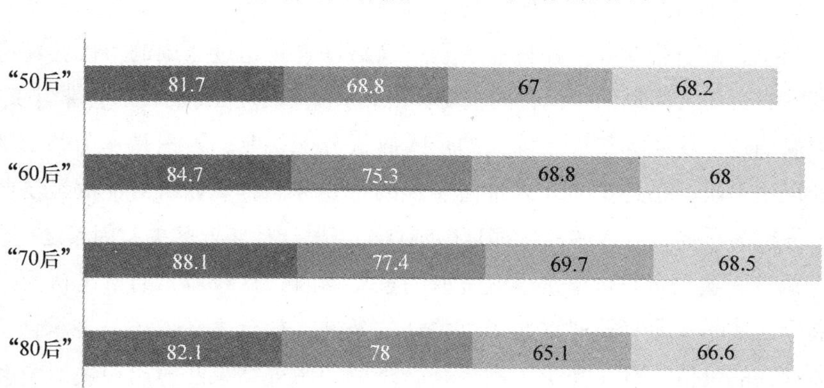

图2　不同年龄的市民职业理想差异比较（%）

从图中可以看出，不同年龄的市民其择业观显示出较显著的差异。相对而言，年轻人更重视“报酬福利的多少”和“能否施展个人才华”，而随着年龄的增加，关注程度几乎逐级递减。这说明，青年人往往掌握了某项专业技能，在开始自己职业生涯时渴望获得较高收入，并施展自己的抱负，而且他们受现代观念的影响更大，主体意识较强。而中年人更为重视“社会贡献的大小”，如“70后”、“60后”两个年龄组对该项因素的关注比重分别为68.5%、68%，明显高于“80后”年龄组的66.6%。

第三，所从事职业与职业理想的相关性。课题组根据职业状况将接受调查者划分为12类，其中人数较多、具有普遍代表性的主要有农业劳动者、机关企事业单位管理人员、企事业单位职员、外来务工人员、私营企业主5类。其中，机关企事业单位管理人员在“能否施展个人才华”、“社会贡献的大小”和“社会地位的高低”3项指标上均呈现示值，反映了这批高素质人才在择业问题上的积极思维和强势地位，而且能较好地将个人经济利益与社会效益结合起来。值得指出的是，在社会贡献问题上，农业劳动者展现出比较强烈的社会责任感，关注度高达60.2%，而外来务工人员则考虑得较少，仅有不到60%的人表示关注，而关注报酬福利的多少则高达87.6%（参见图3）。

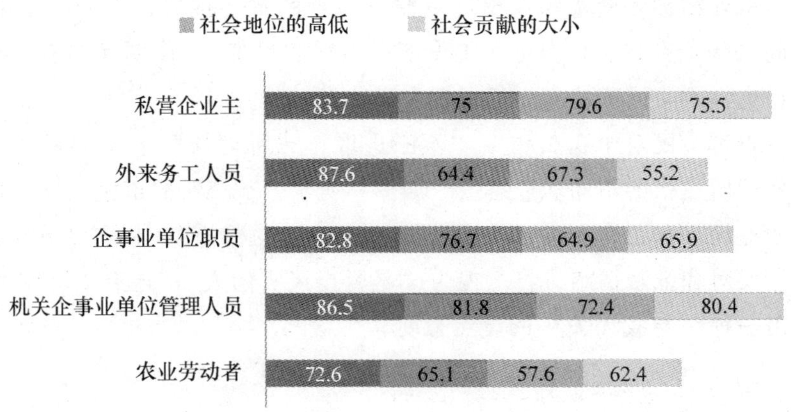

图3 不同职业的市民职业理想差异比较（%）

（二）职业态度的基本状况及社会属性分析

职业态度是指个人对待自己所从事职业的主观工作状态，它不仅能够反映出从业人员的创新精神、敬业精神和职业自豪感等精神状态，而且将直接影响到其职业行为是否规范。职业态度既包括是否热爱自己的工作从而忠于职守并积极进取，也包括在进取和追求事业成功时所自觉奋斗的方向。我们将前一个方面称为职业情感，它主要取决于以下两种因素：一是个人内心一贯崇尚和主张的职业精神与态度，即作为职场人是否具备敬业尽职、创新进取的正确观念和基本素养，这具有相对的长期性、稳定性；二是个人对目前所从事工作的满意程度和奉献意识，这与当前工作岗位的匹配度相关，即该个体对目前工作是否感到满意和自豪并且安心工作，这有一定的期限性。职业态度的后一个方面是职业认知，在这里主要指从业人员如何看待决定事业成功的因素和手段，他们认为哪一项重要、具有决定作用，就会在追求事业有成的过程中自觉地朝着哪一个方向努力，或提高教育程度，或增强努力进取，或争取社会资源，等等。

综合上述内容，在调查中，课题组主要从长期职业情感（敬业尽职、创新进取）、即期职业情感（满意度、忠诚度）、职业认知（成功的决定因素）3 个层次上研究首都市民的职业态度。

1. 市民认同尽职尽责、不断进取的职业精神和工作态度，但因从业者收入和职业的差异而呈现不同

敬业精神是衡量职业价值观端正与否的重要标志，有 90.1% 的市民赞同“无论在什么情况下，工作都应该尽职尽责”。性别间略有差异，女性比男性的赞同率略高出近 1.5 个百分点。

首都市民对于在工作中“不断进取，有所创新”的不同看法，体现出他们所主张的不同职业态度。如图 4 所示，79.5% 的市民认同进取创新的职业精神和工作态度，认为这样“是工作的楷模”；仅有 3.6% 的人对此持反对和抵触情绪，将之视为“是爱出风头的人”；还有 16.9% 的人表现出一种“与我无关”的漠然态度。

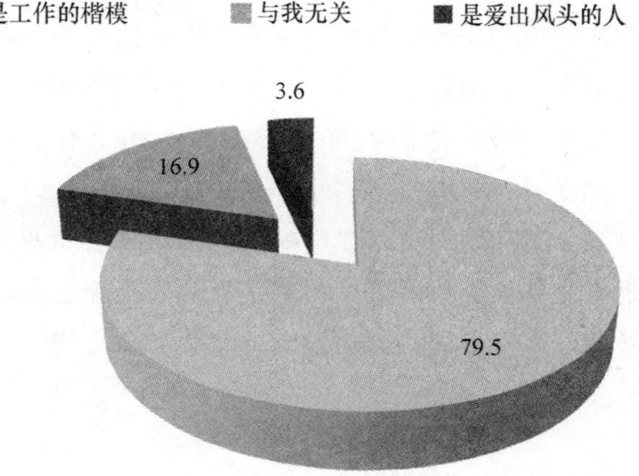

图4　首都市民对“不断进取，有所创新”职业态度的看法（%）

由此可见，首都市民比较富于进取精神，崇尚追求不断创新的职业态度，同时认同对工作的责任感，敬业意识较强。这是由于，市场经济将人们置于活动主体、创造主体、利益主体和价值主体的位置上，人们开始对传统的“当一天和尚撞一天钟”从业观进行扬弃，对“中庸主义”功过观进行扬弃，这使得进取、创新、发展等意识深入人心，那种“不求有功、但求无过”的平庸之辈将被历史淘汰，而勇于进取、善于创新的能人则成为时代骄子。

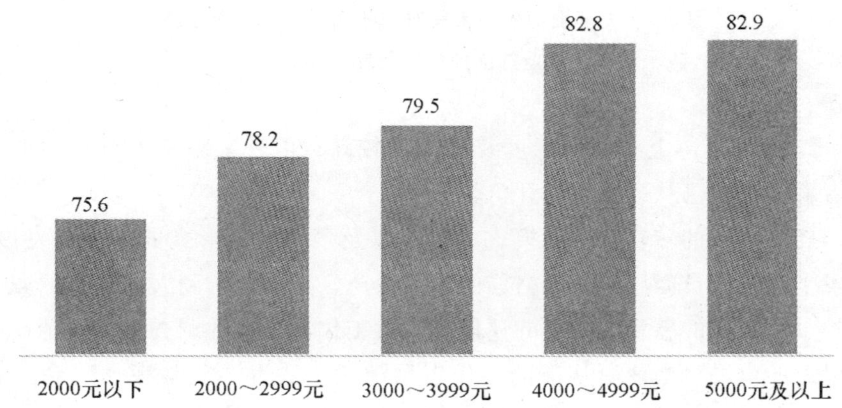

图5　不同收入水平的市民对“不断进取，有所创新”职业态度的认同程度（%）

调查还显示，个人收入的状况与市民的职业态度高度相关，对进取意识和创新精神的认同随着收入的增加而上升，但到达一定程度后又会随着收入的增加有所回落。从调查结果看，月平均收入在 5001～8000 元的市民职业态度最为奋发积极，他们中有 81.5% 的人将“不断进取，有所创新”的同事当作“工作的楷模”（参见图 5）。

职业差异对职业态度倾向也存在影响，在创新进取职业态度的认同感方面，在机关企事业单位工作的市民特别是管理人员表现得较为突出，而农业劳动者和外来务工人员则认同感较弱（参见图 6）。

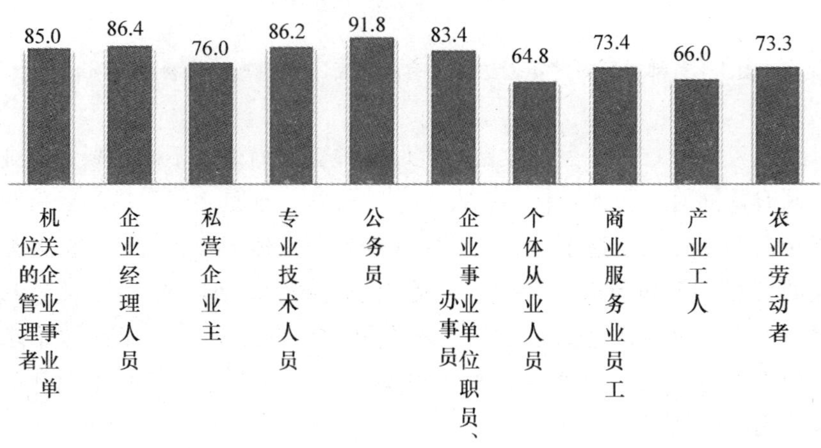

图 6　不同职业身份的市民对“不断进取，有所创新”职业态度的认同程度（%）

2. 市民总体上工作满意度及忠诚度较高，但外来务工人员和中低收入者群体对自己从事的工作评价较低

经济体制的转轨、分配模式的改变以及多种经济形式的并存与发展，引发了社会成员间原有利益格局的重大变革，进而影响到人们秉持的职业精神、对工作的感受、职业的评价等。对工作满意度的调查结果显示，一半以上的市民对当前所从事的工作表示满意，认为“非常满意”和“比较满意”的分别占 15.7% 和 46.7%，6.7% 的市民感到并不满意，还有 31% 的人认为自己这份工作“一般”（参见图 7）。另外，对于是否“自

己的收入与付出相匹配”，有七成以上的市民给予了肯定回答，这从侧面提供了印证，即大多数市民认为，就自己的专业能力和辛苦程度而言，当前的收入水平是能够接受的。

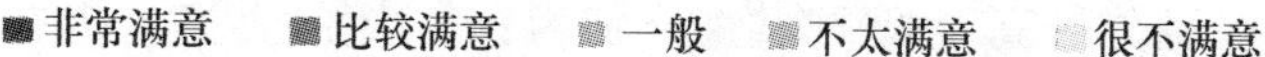

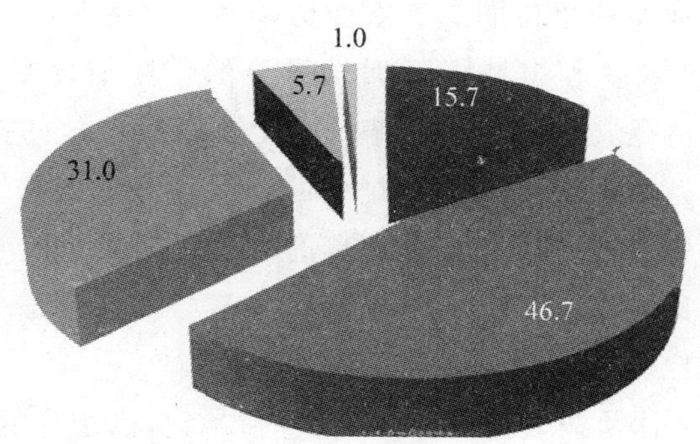

图 7　首都市民对自己目前工作的满意度（%）

关于工作忠诚度的调查结果基本与此相吻合。共有超过 60% 的市民表示“想一直从事这份工作”或“没有意外会继续做下去”，由此可以推断出他们对现有工作单位的忠诚度也是比较高的。约二成的人则是“如果有机会，会考虑其他选择”，这部分人在选择合适的时机更换工作；还有 2.2% 的人“随时准备辞职”，因此他们对现有岗位的忠诚度是无法保证的（参见图 8）。

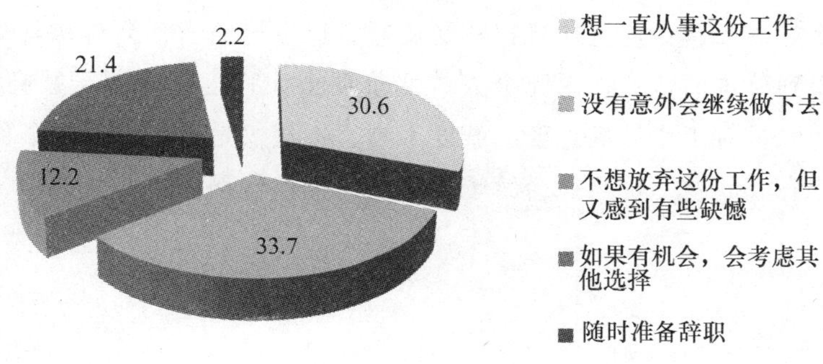

图 8　首都市民对自己目前工作的忠诚度（%）

就不同群体之间的差异来看：

一是不同职业的人在工作满意度和忠诚度上存在差异。对工作的感受如何，实际上与人们对工作的期望值有关，那么，何种职业的人更容易对工作感到自豪呢？就我们重点分析的5类职业之间，工作满意率和满意程度加权得分由高至低的职业分别为：私营企业主、机关企事业单位管理人员、企业事业单位职员、农业劳动者、个体从业人员（个体工商户）。而工作忠诚率和忠诚程度加权得分的排序情况与之完全一致。不过，值得指出的是，虽然在满意率一项上排在第二位的机关企事业单位管理人员比私营企业主组别低了6个百分点，但二者在忠诚率上却相差无几。也就是说，身负重要社会职责的机关企事业单位管理人员比较珍惜现有岗位，即使对工作存在不满意，也不会轻易考虑更换当前的工作（参见图9）。

相比之下，个体从业人员（个体工商户）对自己工作的满意率最低，仅为44.8%，大大低于总体的满意率62.3%；而该组的不满意率则高达11.4%，大大高于总体的不满意率6.7%。个体从业人员潜在的流动性也最大，有接近半数的人表示“如果有机会，会考虑其他选择”或“随时准备辞职”，打算“一直干下去”的只有14.3%，远低于总体的相应比率30.4%。一般来说，个体从业人员是比较珍惜在京工作机会的，只要他们认为还过得去，就不会放弃眼前工作，但调查结果显示，他们中的大部分人出于各种原因并不能安心于当前的工作，造成他们高流动性的原因往往与外界环境的变化有关。由此可见，一方面自豪感来源于工作的兴趣而产生的热爱，另一方面自豪感的产生绝不是完全决定于自我内心的体验，它还与社会大环境对这种职业的综合评价（包括工资收入、社会地位等）有关，例如，私营企业主的自我感受良好，这也得益于社会对私营经济成分从轻视到尊重的转变。因此个人的评价在很大程度上受制于社会评价，个体从业人员对工作的满意度忠诚度不高，不仅仅是个别人或这个群体自身的职业态度问题，也与社会给予他们的评价和待遇有密切关系。

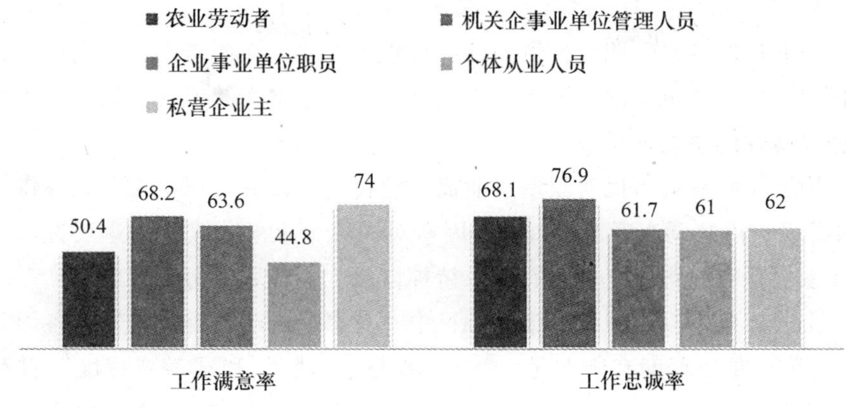

图 9　不同职业的市民职业满意度和忠诚度差异比较（%）

二是不同的经济收入在工作满意度上存在差异。随着市场经济的迅猛发展，人们的价值观念也出现了转变，财富成了衡量人们社会地位的一个新的重要标志，也成为影响工作满意度的一个重要因素。此次调查再次证实了这一点：从收入与对自己工作的满意度相关分析来看，伴随收入的升高，人们对自己目前工作的满意度也随之上升。对市民工作忠诚度的测度结果也基本呈现出类似的趋势，即收入越高，忠诚度一般来说也越高。不过，我们注意到，在收入低到极端的情况下，即 500 元及以下的水平时，不拥有稳定职业和收入的市民反而表现出相对较高的忠诚度，这体现了这部分人由于缺乏职业技能等就业能力，因而格外珍视每一个工作机会（参见图 10）。

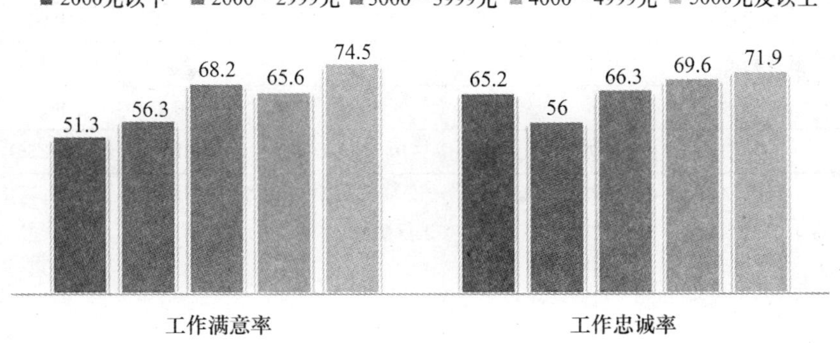

图 10　不同收入水平的市民职业满意度和忠诚度差异比较（%）

3. 首都市民认同通过努力进取获取事业成功的进取观

事业进取观也是职业价值观的一个重要方面。在调查中，我们以市民心目中获取事业成功的主要途径以及努力进取因素在其中的分量，作为分析进取精神的主要依据。

为了了解首都市民对获取事业成功途径和手段的认识，课题组提供了5项因素，由被调查者选择每一项因素对决定个人事业成功的重要性。这实际上也是考察市民是否具有进取精神以及他们进取的努力方向。

由表2中可以看到，在市民心目中，对事业成功具有决定性的各因素（不互斥）重要程度有所不同，“个人的努力进取”和“教育程度”并列为最重要的因素，赞同率高达88.8%和87.7%，“个人品德”排在第三位，这些因素都是反映个人的品质道德、综合素质和努力程度。“家庭背景”、“出生在好地方”则排序靠后，认为其“非常重要”的分别占35.1%和20.2%，但加上选择“比较重要”的那部分市民，总体赞同率也分别达81.8%和63.8%，均超过半数，这就是说，大多数人认为，凭借家庭出身和社会关系获得事业成功的现象同样较为普遍。由此我们认为，首都市民普遍崇尚个人的后天努力对事业成功的重要性，体现出较强的进取精神；但在他们看来，家庭背景也起着比较重要的作用（参见图11）。

表2　首都市民对事业成功的决定性因素的认识

影响事业成功的因素	一点都不重要（%）	不太重要（%）	说不清（%）	比较重要（%）	非常重要（%）	加权分值（5分制）
出生在好地方	3.8	15.8	16.5	43.6	20.2	3.603
家庭背景	1.2	7.4	9.6	46.7	35.1	4.071
教育程度	0.6	1.9	9.9	46.9	40.6	4.247
个人的努力进取	0.6	1.7	8.8	38.2	50.6	4.362
个人品德	0.7	1.6	10.6	35.1	51.9	4.356

注：加权分值的计算方法是，先按照“一点都不重要”=1，“不太重要”=2，“说不清”=3，“比较重要”=4，“非常重要”=5进行赋值，然后进行加权求和。

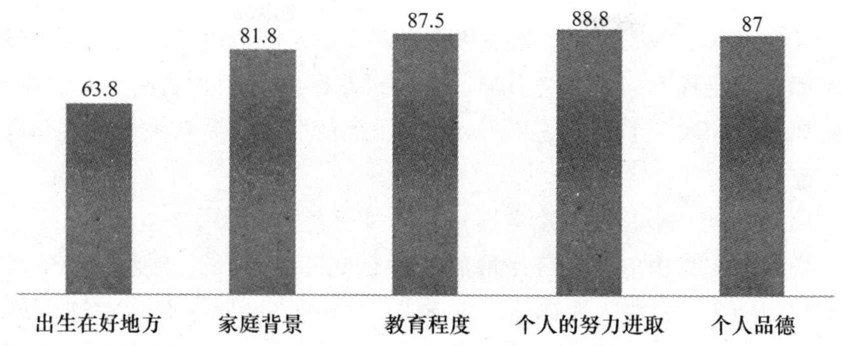

图 11　首都市民对事业成功的决定性因素的赞同程度（%）

在各种职业类别当中，离退休人员最为重视“教育程度”对事业成功与否的决定作用，赞同“非常重要”及“比较重要”的比例高达91.9%，这充分说明了技术人员普遍受教育程度较高，并通过进一步提高教育程度迈向更高职业阶梯；令人略感意外的是，无业、失业、半失业状态人员组别的赞同率紧随其后，高达91.8%，考虑到无业、失业、半失业状态人员平均的受教育水平并不高，这一数字反映了他们抱有“知识改变命运”、“技术创造财富”等信念，对教育寄予了很高期望；再次分别是企业事业单位职员、专业技术人员（含教师）、公务员、机关企事业单位管理人员，赞同率均超过85%。排在最末位的是私营企业主群体，赞同率仅为80%。这是否由于他们更倾向于其他因素而不认同教育程度的重要性呢？通过整理私营企业主群体对其他因素的选择结果，我们发现，该组别在各大因素的赞同率上都要比平均赞同率低20个百分点左右。这可能是由于样本中私营企业主的人数较少（共29人）的缘故，但也说明他们更看重各种因素的综合作用。

我们分析了不同职业市民对“个人的努力进取”重要性的认识差异，除学生和离退休人员外，认为“个人的努力进取”具有决定性作用，比例最高的两个职业群体是专业技术人员和企事业单位职员，比例最低的两个职业群体是个体从业者和私营企业主。

同时，最相信“个人品德”对事业的决定作用的前3个群体分别是企事业单位职员、专业技术人员、机关企事业单位管理人员，这反映了机关企事业单位更加重视在职业诚信等个人操守方面的管理。

（三）职业行为认知的基本状况及社会属性分析

从业人员的职业行为中始终贯穿着职业价值观的内容，其树立与坚守程度都对从业者产生着重要影响，因此，课题组以职业法规、岗位责任、操作规程和标准 3 个维度展开，对首都市民的职业行为有关认知状况进行了研究。

1. 市民对职业法规制度应严格遵照执行高度认同

赞同“工作中应该执行严格的考勤制度”的市民比例为 77.7%，仅有不到 3% 的极少数人明确表示不赞同（参见图 12）。而且在这个问题上，女性更加普遍地愿意遵守考勤制度，赞同率比男性组高出 2 个百分点。从不同年龄的分组来看，“60 后”这一组最为强调要严格职业制度的执行，这也许是由于年龄到达这一阶段以后，在本单位担任或多或少的管理工作，因而除了对自己严格要求外，还能从团队的角度和管理的角度认识到职业法规的重要性及必要性。调查中还发现，无业、失业、半失业状态人员对这一提法的赞同率为 51.3%，低于平均水平。

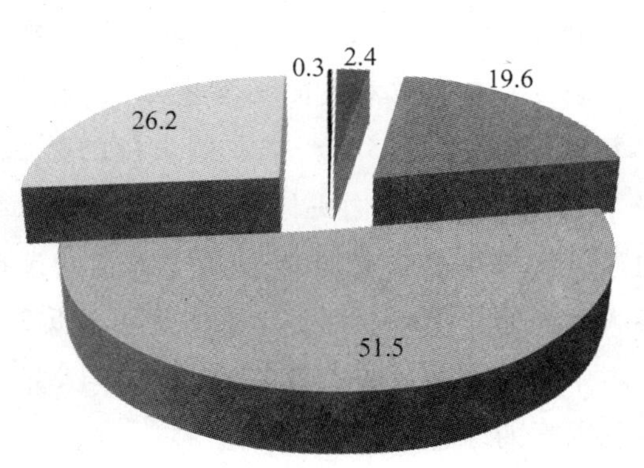

图 12　首都市民对严格执行执业制度的赞同程度（%）

2. 普遍赞同遵照职业岗位责任的要求进行规范作业

关于“近年来，重大安全事故的根本原因是违反岗位要求”的说法，75.6% 的市民表示赞同，仅有 5.3% 的人表示不赞同。调查结果同时显示，年龄较大的市民普遍在对待岗位责任要求的问题上态度更为严谨慎重，而“80 后”青年人中对此不以为然的比重更高一些（参见图 13 和图 14）。

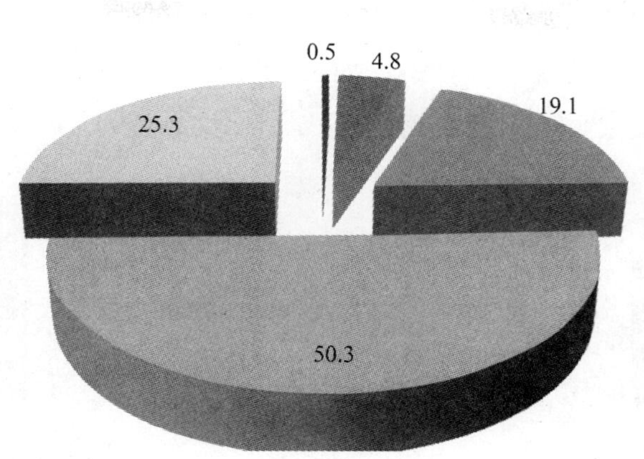

图 13　首都市民对“近年来，重大安全事故的根本原因是违反岗位要求”的赞同程度（%）

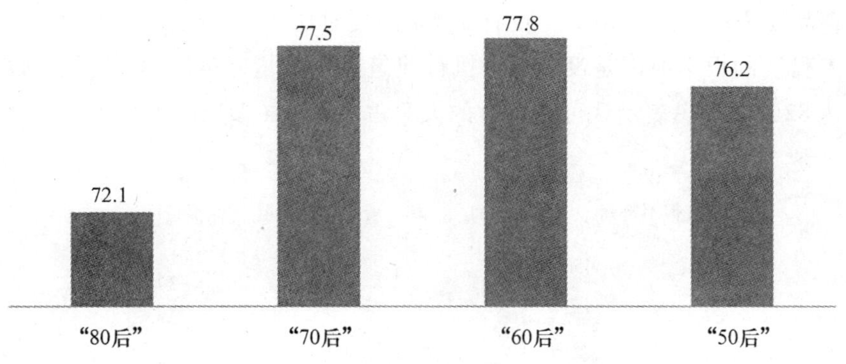

图 14　不同年龄段的市民对岗位规范作业的赞同程度（%）

3. 市民广泛认同违背操作规程和标准是酿成责任事故的重要原因

有 75. 3% 的市民赞同“交通事故频发的根本原因是违背操作流程”，有近 10% 的人则反对这一说法，当然，这不排除他们认为除了操作流程的重要性之外，交通事故屡屡发生的背后有其他更重要的原因。这一判断在不同年龄组之间存在一定差异，如图 15 所示，与上一个问题的调查结果类似，呈现出年龄较大市民普遍重视遵守操作流程的现象。不同职业的市民其态度也有所不同，其中，企业经理人员的赞同率最高，为 83%；而无业、失业、半失业状态人员的赞同率仅有54.1%，相对较低。

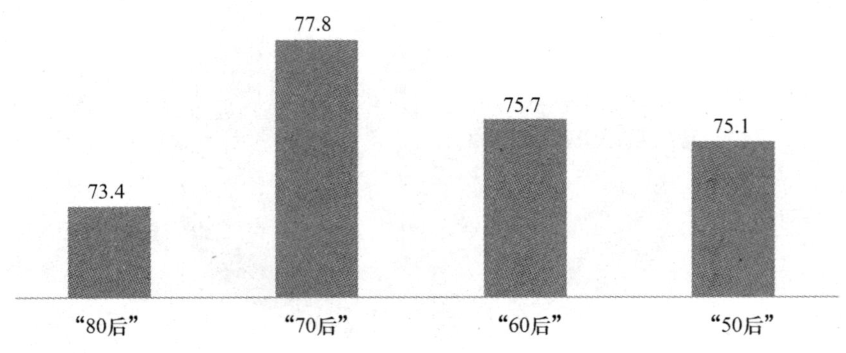

图15　不同年龄段的市民对遵守操作流程的赞同程度（%）

食品安全问题是公众十分关注的焦点，在这个问题与遵守质量标准的关系方面，83.1%的市民认同“食品安全问题的根本原因是没有严格遵守食品安全标准”的说法，仅有5.9%的反对比例。同样，针对“‘豆腐渣工程’的根本原因是没有严格执行建筑工程质量标准”这样一个判断，高达82%的市民表示认可，反对的人只占6.6%（参见图16）。

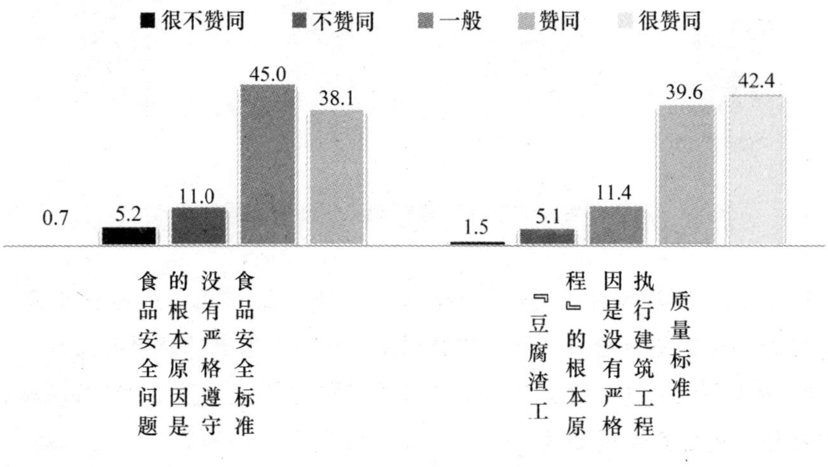

图16　首都市民对职业操作标准的关注程度（%）

二　首都市民职业价值观的基本特点和存在的主要问题

经过分析，课题组认为，本次调研中首都市民职业价值观的基本状况能够鲜明地体现出以下几个基本特点。

• 市民的职业理想主要倾向于个人经济利益和自我人生价值的实现，追求“物质价值”甚于“精神价值”，实用价值取向、兴趣取向胜于社会贡献取向的情况。首都市民在择业时最看重“报酬福利的多少”，然后是考虑“能否施展个人才华”、“社会贡献的大小”，再次是“社会地位的高低”。统计结果显示，以上 4 项因素的关注比重依次为 84.0%、68.7%、67.8%、67.4%。这说明，如今在人们眼中，市场经济条件下收入因素是择业的首要标准，过去我们曾一度单纯推崇“精神价值”，现已发生了向“精神价值”与“物质价值”并重的目标转化，既追求精神的高尚和激励，也要求物质上的利益满足，甚至后者处于首要地位。与此同时，通过职业活动回报社会的意愿和热情比较低。相对而言，年轻人更重视“报酬福利的多少”和“能否施展个人才华”，而随着年龄的增加，中年人更为重视“社会贡献的大小”。

• 当前首都市民总体上工作满意度及忠诚度较高，他们对自己从业状态的正面评价与安心于现有岗位的工作状态积极互动。对工作满意度的调查结果显示，一半以上的市民对当前所从事的工作表示满意，仅有近 10% 的市民感到并不满意。关于工作忠诚度的调查结果基本与此相吻合，共有超过 60% 的市民表示“想一直从事这份工作”或“没有意外会继续做下去”，由此可以推断出他们对现有工作单位的忠诚度也是比较高的。另外，对于是否“自己的收入与付出相匹配”，有七成以上的市民给予了肯定回答，这从侧面提供了印证。但是，在各个群体之中，外来务工人员、中低收入者群体对自己从事的工作评价较低。

• 首都市民崇尚开拓进取、锐意创新、乐于敬业的职业精神和态度，体现了改革开放新时期积极向上、忠于职守的从业观。有 82.5% 的市民赞同“无论在什么情况下，工作都应该尽职尽责”。79.5% 的市民认同“不断进取，有所创新”的职业精神和工作态度，认为这样“是工作的楷模”。相对而言，在机关企事业单位工作的市民特别是管理人员对敬业进取精神的认同表现得较为突出，而农业劳动者和外来务工人员则认同感较弱。

• 首都市民有着较为健全的职业行为认知，不仅在与自己职业身份相关的场合重视职业制度、操作规程等，也期盼着社会对安全质量标准的执行管理进一步改进。市民认同对职业法规制度应严格遵照执行，赞同“工作中应该执行严格的考勤制度”的市民比例为77.7%；市民普遍赞同遵照职业岗位责任的要求进行规范作业，关于“近年来，重大安全事故的根本原因是违反岗位要求”的说法，75.6%的市民表示赞同；市民广泛认为违背操作规程和标准将酿成责任事故，有75.3%的市民赞同“交通事故频发的根本原因是违背操作流程”，83.1%的市民认同“食品安全问题的根本原因是没有严格遵守食品安全标准”的说法，82%的市民认可“‘豆腐渣工程’的根本原因是没有严格执行建筑工程质量标准”这样一个判断。

通过调研，我们也发现了当前首都市民职业价值观存在的若干主要问题。

第一，市民注重个人经济利益和自我价值的实现，相对忽视职业的社会贡献。首都市民在择业时，对“社会贡献的大小”的重视程度排在4项因素的倒数第二位，关注比重仅为67.8%，与对收入报酬的关注度84%相比，低了近20个百分点。市场经济体制的确立，不仅使人们的社会经济生活发生了巨大的变化，也使人们的思维方式和价值观念发生了极大的变化，有积极的一面，但其消极因素也同样显现出来，使得部分市民产生了金钱至上、个人利益第一的择业观念。

第二，个体从业人员在社会贡献意识、敬业精神和进取精神、工作满意度和忠诚度等多个方面的指标均显著低于平均水平。在社会贡献问题上，仅有不到60%的个体从业人员表示会在择业时给予关注，远低于总体水平的71.7%这一比重。在敬业精神方面，个体从业人员的赞同率为84.7%，低于90.1%的平均水平；在创新进取职业态度的认同感方面，个体从业人员也呈现认同感较弱的现象。相比之下，个体从业人员对自己工作的满意率最低，仅为44.8%，大大低于总体的满意率62.4%；而该组的不满意率则高达11.4%，大大高于总体的不满意率6.7%。个体从业人员潜在的流动性也最大，有接近半数的人表示“如果有机会，会考虑其他选择”或“随时准备辞职”，打算“一直干下去”的只有14.3%，远低于总体的相应比率30.4%。又如，赞同“工作中应该执行严格的考勤制度”的比例为77.7%，而个体从业人员对这一提法的赞同率为

82.7%。当然，该群体的特殊职业价值观状况不完全是由他们自己的主观所造就的，他们职业精神缺失、满意度较低的原因往往与外界环境的变化有关。

第三，青年人对社会贡献的重视和对职业行为约束的关注水平较低。统计结果显示，年轻人受现代观念的影响更大，主体意识较强，他们重视“报酬福利的多少”和“能否施展个人才华”，但与中年人相比，较为忽视个人职业对社会贡献的大小。关于社会贡献的关注度，“80 后”年龄组的比率为66.6%，明显低于“60 后”、“70 后”两个年龄组对该项因素的关注比重68%、68.5%。另外，年龄较大的市民普遍在对待岗位责任要求的问题上态度更为严谨慎重，而青年人中对此不以为然的比重更高一些。

三　加强首都市民职业价值观的对策建议

职业价值观的塑造和建设是社会进步的重要方面，也是构建和谐社会、实现人的全面发展的重要内容。良好的职业态度、职业精神和职业素质的培养是一项社会系统工程，需要各行各业的通力合作，需要持之以恒、长期积累。

1. 通过开展对公共职业道德的研究，加强对首都市民的共同职业观教育

职业劳动的有效性不仅取决于劳动者的专业知识和技能素质，还取决于劳动者是否树立了正确的职业价值观，是否具有良好的职业道德素质，能否正确处理好从业者个人与服务对象利益以及行业集体利益，乃至公众利益与国家利益的关系。因此，只有加强首都的职业道德教育，才能培养市民们的社会责任感和奉献精神，才能帮助他们实现自我的社会价值，从而满足社会发展的需要。

在职业道德的研究和职业价值观的建设过程中，以往人们往往侧重于对各种行业道德的个别研究和行业建设，如重视财务、法律行业等从业人员的诚信建设。实际上，任何社会的职业道德虽然在形式上都表现为不同的行业道德，其间存在较大的差别，但必然都受到相同的文化尤其是社会中占主导地位的道德价值取向的制约，表现出共同的道德价值追求、具有共同的价值核心。因此，必须重视全社会各个职业的共同职业道德研究，以此推进首都各业共同职业价值观的建设。只有各行业的职业道德和风气

良好，才能使得整个社会秩序井然，各行业欣欣向荣，最终实现构建社会主义和谐社会“首善之区”的目标。

2. 切实维护外来务工人员的合法权益，有针对性地关心其思想状况，增强这部分首都建设者的社会贡献意识、敬业和进取精神、工作满意度和忠诚度

首都的建设者来自五湖四海，其中既有在机关企事业单位稳定就职的人员，也包括大量外来务工人员。外来务工人员已经成为我国产业工人的重要组成部分，他们同样是中国特色社会主义事业的建设者，但由于种种原因，这部分人员往往处于“二等公民”的尴尬境地，劳动安全问题堪忧，社会保险参保率低，劳动关系不规范，经济收入过低，在社会上受尊重、受关注的程度也比较低。这从客观环境上决定了他们在职业价值观的各个方面评价都不及平均水平。因此，对他们的合法权益必须给予切实维护，才能从根本上扭转这部分人员社会贡献意识薄弱、敬业和进取精神缺失、工作满意度和忠诚度不足的现实。

在照顾好外来务工人员经济利益的同时，特别要关注他们的思想状况，有针对性地帮助他们树立正确的职业价值观。外来务工人员希望有平等、友好的交流与沟通环境，希望得到社会尊重，承认其应有的社会地位，北京市可以通过加大宣传先进外来务工人员的力度、培训外来务工人员掌握交流沟通技巧、帮助他们树立良好的职业形象赢得平等尊重等多种途径，在提高他们自强自立程度的同时，也在首都广大市民中提高对外来务工人员的尊重和重视程度。工会组织要积极发挥作用，进一步探索会籍流动管理新机制，将进城务工人员吸收到工会组织中来。

3. 充实青年职业价值观教育的内容，完善青年职业价值观教育的保障机制，教育和引导青年确立适当的职业价值观

当代青年职业价值观现状，是我国社会转型期价值观变化特点的集中表现和反映，这个群体能否树立正确的职业价值观，也关系到今后职业关系的和谐性和职业劳动的有效性。针对一部分青年人中存在的功利主义倾向、个体至上倾向、职业规范意识淡漠等现象，应当进一步充实青年职业价值观教育的内容，同时完善职业价值观教育的保障机制。

对青年进行职业理想教育时，应注意做到坚持个人意愿与社会需要的统一，坚持立足现实与放眼未来的统一，坚持科学人生观与新型人才观的统一。对青年进行职业道德教育时，要指导青年在职业道德观念上树立敬

业意识、乐业意识、团结协作意识、职业规范意识，并培养诚信的品质。同时，还要建立全社会、全程监督保障体制，专门研究青年职业价值观教育，并对各个高校的工作进展进行指导与监督，指导青年人增强职业的责任感和时代的使命感。

第三节 首都市民公德价值观状况

社会公德是人们在长期共同生活中逐步形成的，为了维护社会公共生活，有效调节人与人、人与社会、人与环境之间的关系的基本准则和道德规范。它是公民道德的基础，是维护公共生活秩序最起码的道德要求，它作为一种无形的力量，约束着人们的行为。社会公德价值观是人们对社会公德基本准则和社会公德规范的理解和看法。社会公德水平的高低直接影响一个国家的社会秩序、风气和凝聚力，是一个社会文明程度的重要标志，因此，社会公德价值观在一定程度上成为影响和决定社会公德水平的主导因素。为此，课题组对首都市民的公德价值观展开调研，以便了解目前首都市民公德价值观的基本状况，为衡量社会的公德水平和文明程度提供重要依据。

一 首都市民公德价值观的基本特征

在现代社会，社会公德的内容非常广泛，它包括反映社会生活中人与人、人与社会、人与生态环境之间关系的规范。具体来说，主要包括公共交往道德、公共场所道德、环境道德等内容。为了解首都市民公德价值观的现状，课题组从市民的公共交往道德、公共场所道德和环境道德3个维度展开了相关调查研究。在对这3个维度的调查分析中，首都市民的社会公德观呈现出以下基本特征。

（一）首都市民的公共交往道德的基本特征

在复杂的社会道德体系中，公共交往道德是维护公共生活的基本道德要素。人们通过对社会生活和日常交往的不断反思与经验总结，逐渐认识到在社会交往中遵守公共道德的重要意义。同时，公共交往道德也成为人们在日常生活中约束自身道德行为的重要方式。在交往公德中，课题组主要从互助观念、正义感和信任感3个方面来对首都市民的交往道德进行调查研究。

1. 大多数市民具有助人为乐的意识，但知行脱节现象严重

从价值取向层面看，助人为乐、尊老爱幼、关心爱护他人是对人们互助意识和互助精神的基本要求，但它不能仅仅停留在纸面上或人们的脑海中，它需要付之行动。现实中，一个人的互助意识和互助精神，通常是从他处理公共生活领域中的平凡“小事”、“琐事”中表现出来的。一个人只有正确处理日常生活中的平凡“小事”、“琐事”，从点滴做起，才能客观地反映出公德修养的水平和境界。公交车上的人际关系是较典型的陌生人社会关系，在车上给老弱病残孕乘客让座是一种公共礼仪，是我国传统礼让之风在现代社会的具体表现，也是个人文明素养的具体体现。

在问卷调查中，课题组设计了“公共汽车上，怎样对待老弱病残孕乘客”和“公交车上不给老弱病残孕乘客让座的现象是否普遍”2 个题目，以考察首都市民对于助人为乐行为的认识和实际状况。调查结果显示：当市民被问及在公共汽车上自己是否会主动让座的时，85.7% 的市民认为他们会“主动让座”，3.6% 的市民认为“只有在售票员号召时，才会让座”，4.9% 的市民认为“如快到站了，就让座，路途较远，就不让”，还有 2.2% 的人选择“假装没看见”，2.5% 和 1.1% 的人选择“不知道”和“其他”。现在首都市民认为自己会主动让座的达 85.7%，与 2010 年 80.5% 的结果相比，提高了 5.2%。说明大多数首都市民具有助人为乐的意识，并且该意识呈现出逐年提升的趋势（参见图 1）。

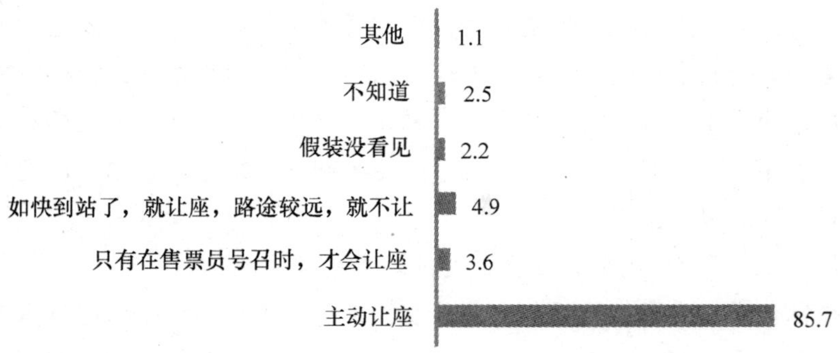

图 1 公共汽车上，怎样对待老弱病残孕乘客（%）

然而，当市民被问及“公交车上不给老弱病残孕乘客让座的现象是否普遍”时，5.9% 的市民表示“很赞同”，30% 的市民表示“赞同”，

34.1% 的市民表示“一般”，只有 25.5% 与 4.5% 的市民表示“不赞同”和“很不赞同”。在前一个问题中，认为自己会主动让座的市民比例高达 85.7%，这与后面将近 70% 市民认为不给老弱病残孕让座的现象很普遍形成了较大反差，出现了前后不一致的情况。由此，我们可以推论，大部分市民在问及个人感受时都表明自己具有公德互助意识，但是在现实中，当遇到具体问题时却很少有人能够如自己期望的那样去做。这种情况，客观地反映出市民对自身交往道德的认同与实际行为之间存在知行分离的现象（参见图 2）。

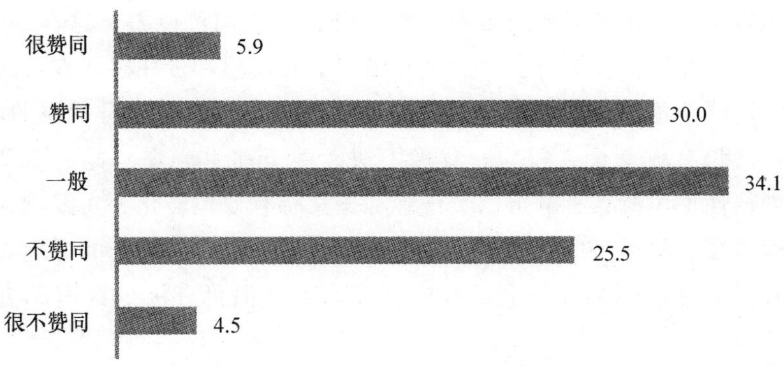

图 2　公交车上不给老弱病残孕乘客让座的现象是否普遍（%）

2. 市民具有较强的责任感和正义感，但实际选择中权衡个人得失倾向依然突出

公德意志是市民公德意识的能动反映。公德意志是人们为了实现维护社会公德的目的，面对困难时，自觉支配、调节其公德行为的心理过程。良好的交往公德需要公德意志作支撑。见义勇为需要具有强烈的正义感、责任感和坚强的公德意志为基础，只有这样人们才能在面临恐惧、不安甚至生命威胁时，依然能够挺身而出，维护正义。于是，课题组在问卷调查中设置了“假如您看到小偷在公交车上行窃，您会怎么做”和“小偷在公交车上行窃时，大部分人不会去阻止”两个题目来考察市民的见义勇为情况。

调查结果表明，当市民被问及看到小偷行窃采取什么措施时，5.6% 的市民表示会“上前阻止”，24.1% 的市民选择“设法报警”的方式，

48%的市民会“设法提醒被盗乘客”，12.9%的市民选择“先看周围人怎么做，再决定”，只有8.5%的市民选择“装作没看见，尽量躲开”，以及9%的市民赞同采用其他方式。这些数据反映了市民在面对公交车上小偷行窃的假设情形时，有77.1%的人会选择立即采取行动，具有很强的正义感和责任感。但是，当市民被问及人们不会阻止小偷行窃的现象是否普遍时，7.4%的市民表示“很赞同”，44.9%的市民表示“赞同”，31.1%的市民认为“一般”，只有14%的市民表示“不赞同”和2.5%的市民表示“很不赞同”。从总体上看，将近83.4%市民认同人们不会阻止小偷行窃。可见，在实际情形中大部分人还是很难做到见义勇为的。

通过上述两组题目的最终数据对比分析，我们可以得出这样的结论：大部分市民在维护社会公德方面具有强烈的正义感和责任感，在他人遇到困难时，能够量力而行，伸出援助之手。但是，当危害自身利益的时候，部分市民仍会权衡个人得失，犹豫不决，甚至袖手旁观、置之不理。为此，如何使市民所具有的道德责任感和正义感有效地转化为实践行为，改善人际冷漠、缺乏互信等问题，是课题组今后需要不断研究的课题。

3. 市民普遍认同集体利益高于个人利益，但仍有极少数市民更看重个人利益

集体是相对于个体而言的概念，集体是人们为了实现同一个目标或共同的利益而组织起来的一个团体，如一个民族，一个党派，一个团体。集体利益是各成员形成集体后的共同利益。当个人利益与集体利益发生冲突时，集体利益应当优先于个人利益。为了集体利益而放弃甚至牺牲个人利益，既是为了集体发展的需要，也是为维护大多数个人利益的客观要求。

因此，课题组在问卷中设置了“当个人利益与集体利益冲突时，优先考虑集体利益”的问题，以考察市民在处理集体利益与个人利益相互关系时所持的态度。调查结果显示，对集体利益优先于个人利益，53%的市民表示“赞同”，20%的市民选择了“很赞同”，只有4%与1%的市民表示“不赞同”和“很不赞同”。除去22%表示“一般”的市民外（我们将此部分人视为态度中立者），将近73%的市民认可“集体利益高于个人利益”的基本判断，表明市民大多数具有明确的集体主义观念，能够从保障和发展公共生活领域的共同利益思考和对待集体利益，愿意为了集体利益而舍弃个人利益。但是，也有极少数市民在面对个人利益和集体利益相冲突时，更看重自己的利益，把个人利益摆在集体利益之上，缺乏集体

主义意识，结果如图3所示。

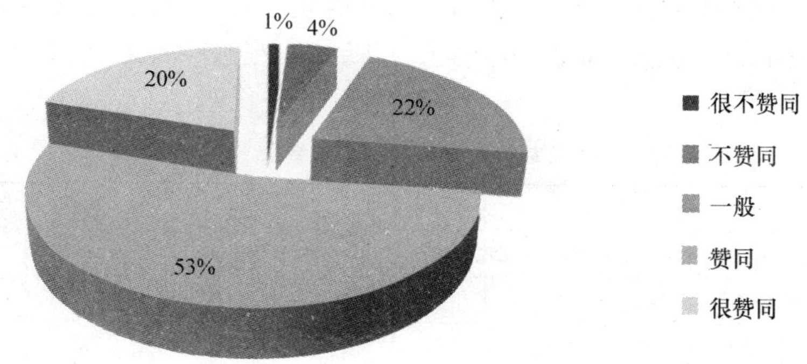

图3　当个人利益与集体利益冲突时，优先考虑集体利益

4. 市民在社会交往中信任感严重缺失，普遍具有防范、戒备心理

诚实守信是中华民族的传统美德，也是社会每一个成员使得公共秩序有效运转的道德底线。所谓诚实就是要实事求是、忠于事实，做到不隐瞒、不欺骗，不自欺、不欺人，对己忠实、对人诚信。这是一种既对人又对己的共同要求。守信是人们信守诺言、说到做到的一种道德准则。这是一种对个体言语和行为外置的要求，主要是针对个人对所允诺之事的一种遵守和践履而言的。对此，课题组在问卷中设置了“只有很少一些人我可以完全信任”、“网络上的交易，通常是不可靠的”和“即使同事和邻里之间也缺乏基本的信任”3个问题，以此来考察市民之间的交往心态和相互信任情况。调查结果显示，11.7%、46.1%市民很赞同和赞同“只有很少一些人我可以完全信任”，10.%、34.1%的市民对“网络上的交易，通常是不可靠的”表示很赞同和赞同，6.1%、38.6%的市民很赞同和赞同“即使同事和邻里之间也缺乏基本的信任”。三组数据反映出一个基本一致的结论：四成以上的市民在社会交往中彼此缺乏基本的信任感，人际互信危机现象突出。

这一现象，在有关市民的警惕心理和防范意识的调查数据中得到了进一步验证。问卷中，课题组设置了“陌生人的求助，得存点戒心”和“生活中，如果不小心，就会被人利用”的两个题目考察市民的防范心理。8.9%、44.7%的市民对“生活中，如果不小心，就会被人利用”表示“很赞同”、“赞同”，32.5%的市民选择了“一般”。除此之外，71.0%的市民认为“陌生人的求助，得存点戒心”，仅仅有4%的市民表示“不赞同”，5%的市民表示“很不赞同”。综合两道题目的调查结果，从总体上可以得出这样的结论：市民在人际交往中警惕心理和防范意识越来越强，普遍担心自己可能被“别有用心的人”利用，信任感严重缺失（见表1）。

表1　首都市民信任状况调查结果　单位：%

	很不赞同	不赞同	一般	赞同	很赞同
只有很少一些人我可以完全信任	1.3	10.6	30.3	46.1	11.7
网络上的交易，通常是不可靠的	1.3	14.9	39.7	34.1	10.0
即使同事和邻里之间也缺乏基本的信任	2.2	17.1	36.1	38.6	6.1
陌生人的求助，得存点戒心	5.0	4.0	24.6	58.5	12.5
生活中，如果不小心，就会被人利用	1.3	12.6	32.5	44.7	8.9

信任感不仅是评价和衡量一个国家社会风气和道德环境优劣的重要指标，也是社会信用体系建构的基本要素，更是衡量和评价市民幸福指数的核心要素。如果市民之间连起码的人际互信都建立不起来，人与人之间缺乏最起码的信任感，人与人之间势必因缺乏信任而产生不同程度的防范意识和焦虑感，最终，人际张力必然导致人们之间的情感对峙和人际冷漠，何谈心理安全感、生活愉悦感和人生幸福感呢？

从社会管理层面看，社会也必然会因为民众存在普遍的戒备心理而引发对社会管理人员、管理机构的不信任感，进而怀疑政府的执政能力，影响政府形象，使政府公信力不断受到质疑与挑战，进而增加社会管理的难度和管理成本。课题组自2008年、2010年到2012年连续3次大规模的调研结果，都不同程度地反映出这一问题的严重性。3次调查结果反映出一个带共性的问题：绝大多数市民对马克思主义、对党的领导、对建设有中国特色的社会主义充满信心，但对“工商执法人员”、“公检法人员”的信任度都比较低。这说明市委和市政府在社会管理方面还存在很多不完善的地方，并且引发了部分市民的不满，这种不满已经直接影响到市民对政府不满，使一些市民对政府的评价和认同度都呈现出低位水平。对政府管理人员来说，其素质和行为就是政府形象的直观反映，为此，提升政府管理部门和人员的整体素质，对推进良性人际互动关系的建立具有重要作用。

（二）首都市民的公共场所道德的基本特征

公众是指不同职业、性别、政治面貌的人，共同组成从事社会生活的流动群体。公共场所是提供人们休闲、娱乐、学习和满足部分生活需求所使用的一切公用建筑物、场所及其设施的总称。公共场所的道德协调是指通过道德手段协调和处理公众在陌生人关系中因公共设施和公共利益使用或享有上的冲突和矛盾，其核心体现在协调和处理人与公共物品的关系上。公共场所道德是反映一个国家、民族物质条件和精神文明的窗口。公共场所道德包括文明礼貌、爱护公物、保护公共卫生等内容。因此，在本次调查中，我们主要从文明礼貌公德、爱护公物公德和公共卫生公德 3 个维度来测评市民的公共场所公德。

1. 市民公共场所文明意识普遍较高，但是道德意识淡漠的现象依然存在

文明是人类创造财富的总和，是人与人、人与社会的一种精神风貌和道德修养，主要包括物质文明和精神文明。礼貌是人与人之间一种和谐相处的行为，在交流中以示友好和尊重的一种体现。总体来说，文明礼貌是社会公共生活中人与人之间和谐相处，举止文明并以礼相待的一种礼仪规范，也是处世做人最起码的要求。调查组通过设置“近年来，北京公共场所的纠纷明显降低”，“即使是上下班高峰，也要耐心地排队过地铁安检”和“看到游人刻画在名胜古迹的‘到此一游’很痛心”3 个题目，来考察市民在文明礼貌中的表现。调查结果显示，对在名胜古迹“到此一游”乱涂乱画的行为深表痛心，有 32.8% 的市民表示“很赞同”，49.9% 的市民表示“赞同”，仅有 1.8% 的市民表示“不赞同”。对在上下班高峰期间坚持排队安检的，有 36.4% 的市民表示“很赞同”，51.7% 的市民表示“赞同”，只有 7% 的市民表示“不赞同”。这说明首都市民在公共场所有较好的文明意识，大部分市民是愿意以礼相待、文明交往的。

公共场所的纠纷是日常生活中最常见、最普遍的问题。如果回答的结果和现实生活的感受基本一致，那么我们可以将此题作为测谎工具，对测量其他问题的可信度和真实性有一定的帮助，使结果尽量做到全面、准确。结果表明，调查数据所反映的结果与市民的总体评价是相一致的。当市民被问及“近年来，北京公共场所的纠纷明显降低”的问题时，12.2% 的市民表示“很赞同”，48.4% 的市民表示“赞同”，6.7% 的市民表示“不赞同”，9% 的市民表示“很不赞同”。所以，综合 3 个问题的数

据结果，我们认为市民公共场所文明意识普遍较高，但是道德意识淡漠的现象依然存在（见表2）。

表2　　首都市民公共场所文明意识调查结果　　单位：%

	很不赞同	不赞同	一般	赞同	很赞同
近年来，北京公共场所的纠纷明显降低	9.0	6.7	31.8	48.4	12.2
即使是上下班高峰，也要耐心地排队过地铁安检	4.0	7.0	10.9	51.7	36.4
看到游人刻画在名胜古迹的“到此一游”很痛心	1.0	1.8	14.5	49.9	32.8

2. 市民爱护公物，主人翁意识显著增强，但与社会要求尚有差距

爱护公物是人类文明的重要体现，是一个人道德修养的重要标志。爱护公物是社会公德的重要内容，特别是在公共场合，需要每一个市民把公物看作是自己的私有财产一样保护它、爱惜它，但不是据为己有。

对此，课题组在公德观问卷中设置了“近年来，北京公物损害现象减少了”和“市民对首都历史文化遗产的保护意识有所增强”两个题目，用来了解市民的公共意识。调查数据显示：针对“市民对首都历史文化遗产的保护意识有所增强”的反应，有16.5%的市民表示“很赞同”，55.8%的市民表示“赞同”，只有4.2%的市民表示“不赞同”，5%的市民表示“很不赞同”。而对“近年来，北京公物损害现象减少了”的结果表明，8.8%的市民表示“很赞同”，48.2%的市民表示“赞同”，仅有8.1%的市民表示“不赞同”，1.2%的市民表示“很不赞同”。由此可见，近几年首都市民损害公物的现象已经大为减少，对文化遗产的保护意识显著增强，显示出首都市民主人翁意识明显增强，发扬了爱护公物的传统美德。但是，市民的公德观与社会的要求依然还存在一定的差距，仍需进一步改进和提高。

3. 市民公共卫生意识明显改善，但是市民的自律意识有待提高

公共卫生是关系到一个国家、一个地区大众健康的公众事业。公共卫生意识是人们向往健康文明生活的一种根本看法和态度。市民对公共场所环境卫生维护关乎每一个人的身心健康，是每一个市民基本的一种公德

行为。

在调查中，课题组通过“近年来，北京的公共卫生条件有较大改善”和“目前，大部分人都能遵守北京市垃圾分类的规定”2 个问题了解市民对公共卫生的认识和实践情况。调查结果如图 4 所示：北京在近几年卫生条件的改善，14.5% 的市民表示“很赞同”，52.9% 的市民表示“赞同”，只有 4.7% 的市民表示“不赞同”，仅有 1.1% 的市民表示“很不赞同”。这说明通过政府和市民的共同努力，公共卫生条件得到了很大改善，也获得了市民的认可。然而，对“目前，大部分人都能遵守北京市垃圾分类的规定”的问题，12.7% 的市民表示“很赞同”，40.7% 的市民表示“赞同”，相对于市民对公共卫生条件中的成绩来说有所欠缺，还有 10.7% 的市民选择了“不赞同”，2.6% 的市民选择“很不赞同”，说明市民在实践行为中还有出现言行不一致的地方，一方面要求政府和市民改善公共卫生条件，另一方面在公共卫生的实践中出现知行脱节的现象。所以说，市民的自律意识有待提升。

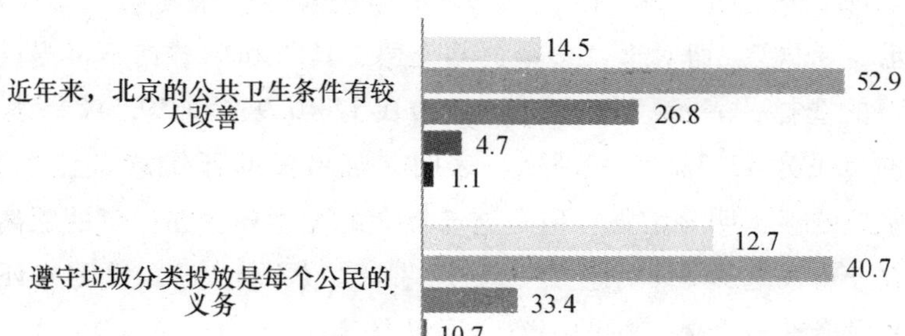

图 4　首都市民公共卫生意识调查结果（%）

（三）首都市民的环境道德的基本特征

恩格斯认为自然界是人的无机身体。人与自然界相互联系、相互作用，不是孤立存在的。在一定意义上说，环境道德也是社会的产物。随着工业革命的兴起，人类面对利益的驱逐，大肆掠夺自然界，导致生态环境严重恶化，给人类带来了严重的危害，使人类认识到环境道德的重要性。如北京市的沙尘暴天气，PM2.5 的不断上升等，使我们更加认识到，要重视合理利用资源，将资源环境的保护纳入公德规范，于是保护环境成为了每一个公民的日常行为准则。在调查中，我们在环境道德下设置了环保认识和环保行为两个维度来考察。

1. 市民环保意识日渐成熟，但是并未获得一致认可

意识是主体对客观实际的反映，是认识的一种表现形式。认识就是对事物的辨别、确认和知晓。随着生产和生活水平的提高，人类获得了巨大的发展，同时，人与社会的矛盾也在不断激化，大气污染、水污染、全球变暖等的影响，使人们认识到环境恶化带来的后果并不断反思自己的行为。

根据调查的实际情况，课题组分别设置了“对餐馆不再提供‘一次性筷子’的态度”，“遵守垃圾分类投放是每个公民的义务”，“对商场不再提供免费塑料袋的态度”，“为了缓解城市交通压力，市政府提倡市民出行多乘公共交通”4 个题目来了解市民环境的保护意识。从调查结果的数据分析发现，对“商场不再提供免费塑料袋”的认识，有 33.1% 的市民表示“很支持”，40.2% 的市民表示“支持”，还有 5.1% 的市民表示“不支持”，仅有 2.6% 的市民表示“很不支持”。当问及“遵守垃圾分类投放是每个公民的义务”时，36.3% 的市民表示“很赞同”，51.4% 的市民表示“赞同”。而对于“多乘公共交通工具”和“餐馆不再提供一次性筷子”的选择，表示“很支持”的市民有 40.9% 和 50.7%，表示“支持”的市民为 43.3% 和 17.8%，表明首都市民的环保意识已逐渐成熟，环境保护的意识明显增强。但是这与社会的发展还存在一定的距离，还有很大部分市民选择了“中立”“不支持”“很不支持”，说明在环保的意识上并没有获得全体市民的一致认可（见表 3）。

表 3　　首都市民环境意识调查结果　　单位：%

	很不支持	不支持	中立	支持	很支持
对商场不再提供免费塑料袋的态度	2.6	5.1	19.0	40.2	33.1
为了缓解城市交通压力，市政府提倡市民出行多乘公共交通	7.0	1.6	13.5	43.3	40.9
对餐馆不再提供“一次性筷子”的态度	2.8	6.0	22.7	17.8	50.7
遵守垃圾分类是每个公民的义务	0.3	0.4	11.7	51.4	36.3

2. 市民环保参与行为不断提高，但仍有部分市民存在认知和行为相脱节的现象

思想决定行为，行为是受到思想支配而表现出来的外在表现活动。近几年环境问题影响着人们的生产和生活，使人们对环境保护行为给予了更多的关注。如政府通过国家之间的联合制定了各种环保措施，普通市民中也出现了各种环保组织，全社会在不断提倡和宣传环境保护的重要性。

总的来说，环保行为的内容是多方面的。不仅政府在行动，还需要每一个市民从自身做起，包括节约用水、乘坐公共交通、购买环保产品等都是参与环境保护的行为。对于首都市民的环境保护行为，课题组主要根据市民参与环保行为的数据作分析，同时，设置了“每个在北京生活的市民都应当为北京的环境保护尽一份力”的题目来测评市民环保参与行为。对于市民环保参与行为中，有43.8%的市民“很赞同”应该为环境保护尽一份力，45.9%的市民选择了“赞同”。从数据中我们可以看出，市民对环保的意识和参与性是很强的，结合表3的显示，对于市民“很支持”超市不提供塑料袋的有33.1%，“很支持”乘坐公共交通工具的有40.9%，而50.7%的市民“很支持”餐馆不提供“一次性”筷子。课题组认为市民在积极参与环境保护行为并不断践行，但是部分市民认为环境保护是政府的事情，自己没有必要对环境保护尽一份力，存在环境保护漠视的态度。对环保的认知和行为出现相脱节的现象表明，部分市民的自我约束能力有待提高。

二　首都市民公德价值观现状群体差异性分析

对首都市民公德价值观基本特征的分析，为课题组深入具体地了解各个基本维度起到了重要指导作用。课题组认为，除了基本特征之外，还需要从个体的特征，如政治面貌、文化水平、经济收入、性别比例、年龄特征、婚姻状况等变量与公共场所道德、公共卫生道德和环境道德等多个二级维度来交叉分析得出结论，使首都市民公德价值观的课题研究更具有实效性和针对性。具体分析情况如下。

（一）政治面貌对市民社会公德起统领作用

课题组在调查中把政治面貌分为党员、共青团员、民主党派、无党派人士、群众5个基本类别。在问卷的22个问题中，政治面貌为“党员”的其积极作用相对表现突出，如“对商场不再提供免费塑料袋的态度”，38.6%的党员表示“很支持”；“为了缓解城市交通压力，市政府提倡市

民出行多乘公共交通”，45%的党员选择了“很支持”；“对餐馆不再提供“一次性筷子”的态度”，57.9%的党员表示“很支持”；还有问及“在公共汽车上，您是怎样对待老弱病残孕乘客的”的问题时，表示“主动让座”的党员占91.9%。这说明，党员在社会公德中一直保持先锋模范作用，虽然也存在一些不如意的现象，但是其主要作用不容置疑。

（二）性别变量体现了女性环境保护意识略高于男性

性别变量揭示了异性群体对社会公德的不同反应和态度。课题组在调查中发现：在环境保护公德方面男性和女性的选择有一定差异，女性的选择显得更加贴近社会公德的要求，还略高于男性。如问及“对商场不再提供免费塑料袋的态度”的问题时，有42.5%的女性选择“赞同”，38%的男性表示“赞同”；当问及“对餐馆不再提供‘一次性筷子’的态度”的问题时，有52.4%女性表示“很支持”，48.5%的男性选择“很支持”；当问及“每个在北京生活的市民都应当为北京的环境保护尽一份力”的问题时，有47.2%的女性表示“赞同”，44.4%的男性表示“赞同”。虽然男女差异不是特别明显，但在一定范围内女性的环境公德观略高于男性。

（三）受教育水平的层级决定了社会公德的高低

市民的受教育程度关系着整个社会的文明素养，一般来说，人们的受教育水平越高，文明程度就越高。课题组这次调查也把文化程度的高低纳入了社会公德的考察范围。调查把教育水平分为小学及以下、初中、高中（中专、技校）、大专、本科、研究生6个层次，在调查中发现，市民的文化程度越高，其社会公德也越高。如“在公共汽车上，您是怎样对待老弱病残孕乘客的”，研究生的主动让座率为90.3%，而小学文化程度的只有64.2%表示主动让座；问及“遵守垃圾分类投放是每个公民的义务”问题时，36%的研究生表示“很赞同”，受教育水平在小学文化程度及以下的表示“很赞同”的只有26.4%；问及“即使是上下班高峰，也要耐心地排队过地铁安检”时，表示“很赞同”的比例也是从研究生、本科生、大专、高中（中专、技校）及初中依次递减。调查再次表明，一个国家，一个社会教育程度的高低直接关系到一个民族基本道德素质，也再次证明了“要富强，教育是基础”的至理名言。

（四）经济收入的高低与社会公德的关系不明显

经济收入的高低与社会公德的关系是课题组调查的一个主要内容。调查组把经济收入分为自评收入和绝对收入两类。自评收入分为低、中、高收入水平3个层次，而绝对收入水平分为5000元及以上、4000~4999元、3000~3999元、2000~2999元、2000元以下5个等级。如问及“当个人利益与集体利益冲突时，优先考虑集体利益”时，收入水平在5000元及以上的23.5%的市民认为“很赞同”，52%的市民选择“赞同”，收入水平在2000元以下的18.3%的市民表示“很赞同”，56.3%的市民选择“赞同”；又如问及“每个在北京生活的市民应当为北京的环境保护尽一份力”的问题时，高收入者有59.1%选择“很赞同”，40.9%选择“赞同”，低收入者有44.1%表示“赞同”，45.6%选择“很赞同”；再如“对商场不再提供免费塑料袋的态度”，高收入者有27.3%选择“支持”，45.5%表示“很支持”，低收入者有39.4%选择“支持”，31.1%表示“很支持”。数据显示，如果我们只看其中某一个变量，的确是有所差异的，但是只要我们把“赞同”和“很赞同”两个变量综合，就会发现经济收入的高低与社会公德的关系并不明显。

（五）未婚市民互助、正义的交往公德略高于离异市民

交往公德是在日常生活中，依照互助友爱、助人为乐、诚实守信等道德规范约束自己的行为，彼此之间在相互尊敬、平等相处、和谐融洽的环境中生活。在调查中课题组根据婚姻状况，将其分为未婚、已婚、离婚和其他4个类别。调查显示：在交往公德中问到“在公共汽车上，您是怎样对待老弱病残孕乘客的”，未婚市民有85.6%的选择主动让座，离婚市民有77.1%选择主动让座；“假如您看到小偷在公交车上行窃，您会怎么做”的问题，未婚市民选择“设法提醒被盗乘客”的有48.1%，离婚市民占33.3%；“当个人利益与集体利益冲突时，优先考虑集体利益”的选择中表示“赞同”和“很赞同”的未婚市民的比例是47.2%、21.4%，离婚市民的比例是45.8%、10.4%；“即使同事和邻里之间也缺乏基本的信任”的问题时，选择“赞同的”未婚市民比例是38.1%，离婚市民的比例是60.4%。总的来说，未婚市民相对于离异的家庭来说社会阅历较浅，生活中面对感情的困惑和困难相对较少，但是，未婚市民显得更加阳光、积极，乐于助人为乐，伸张正义。所以，首都未婚市民互助、正义的交往公德略高于离异的市民。

（六）年龄的高低与公德意识基本成正比例关系

用年龄变量来衡量市民的公德观是课题组调查的一个主要难点。为了使年龄分类更加合理、全面、准确，课题组把年龄分为2类，第一类是按

照2010年年龄分类，在原来的标准上加2岁，把年龄分为20～29岁、30～39岁、40～49岁、50～59岁、60～64岁5个小类；第二类是按照年代分类，把年龄分为“80后”、“70后”、“60后”、“50后”4个大类。课题组以“遵守垃圾分类投放是每个公民的义务”的问题为例，此题中“80后”选择“赞同”和“很赞同”的百分比是47.8%、34.8%，而“50后”的百分比是49.5%、40.4%；在具体年龄的分类中20～29岁选择“赞同”和“很赞同”的比例分别是47.6%、32.9%，而60～64岁的比例是50.6%、38.3%。如“即使是上下班高峰，也要耐心地排队过地铁安检”的问题，“80后”选择“赞同”和“很赞同”的百分比是46.3%、36.3%，而“50后”的百分比是51.8%、38.6%；在具体年龄的分类中20～29岁选择“赞同”和“很赞同”的比例分别是46.3%、34.8%，60～64岁的比例是52.2%、38.5%。这里只是“以点代面”，虽然不能完全反映市民年龄与社会公德之间的关系，但是在问卷分析中，基本可以呈现出高年龄的相对于低年龄的社会公德意识更加全面和理性，所以我们得出年龄的高低与公德意识基本成正比例关系的结论。

（七）京籍市民和流动人口的社会公德基本持平

课题组把市民的构成情况分为京籍市民、流动人口两个因子来测评市民的公德意识。分析结果显示，在问卷中问及“近年来，北京的公共卫生条件有较大改善”的问题时，京籍市民表示“赞同”和“很赞同”的比例分别为53.0%、14.8%，流动人口的比例为52.6%、14.1%；当问及“当个人利益与集体利益冲突时，优先考虑集体利益”时，京籍市民表示“赞同”和“很赞同”的比例分别为52.5%、20.5%，流动人口的比例为54.0%、19.0%；问卷中问到“对餐馆不再提供‘一次性筷子’的态度”表示很支持的京籍市民占50.9%，流动人口为50.7%。可见，在社会公德的表现上，京内和京外的市民并没有存在很大的差异，京籍市民和流动人口的社会公德基本持平。

三　首都市民公德价值观的矫正与塑造

社会公德水平的高低直接影响一个国家的社会秩序、社会风气和社会凝聚力，是一个社会文明程度的重要标志。作为历代古都和现代文化名城，北京有着悠久的社会文明风尚传统和较为健全的公共秩序管理规范。尤其是近年来，随着人文奥运理念在市民中的普及和推广，广大市民的首都意识、首善意识不断增强，普遍重视社会公德，抵制不文明现象，讲文明、重礼仪的良好氛围逐步形成，在助人为乐、见义勇为、环境保护意识方面显示出较高的道德责任感。但是不文明、不道德的现象依然存在，不容忽视。所以，我们仍需继续努力，通过采取行之有效的措施和手段，矫正首都市民不良的公德意识和公德行为，重新塑造市民更高水平的公共道德观。

（一）加强家庭、学校和社会的有效衔接与有机配合，共同提高市民的公德意识

社会公德意识并不是人们生来就有的，也不是自发形成的。一个人的社会公德判断能力、评价能力和选择能力是以他所掌握的社会公德知识为基础的，有一个接受道德教育和培养的过程。所以，道德教育对于人们树立良好的社会公德意识有着十分重要的作用。而提高市民的公德意识是一项长期和艰巨的任务，需要家庭、学校和社会共同努力和配合才能实现。

首先，家庭教育是人生整个教育的起点和基础，是对人的一生影响最深的教育。家庭教育是学校教育和社会教育的前提，培养市民良好的社会公德意识，必须首先从家庭教育抓起。在家庭教育的过程中，家长应该学会在日常生活中，有意识地培养孩子树立高尚的道德情操，学会关爱他人、以礼待人，懂得应该做什么，不该做什么，养成良好的道德意识。同时，家长能够言传身教，以自身良好的道德行为影响孩子，使孩子能够在潜移默化中自觉养成遵守社会公德的好习惯。

其次，德育作为学校教育的重要组成部分，对学生的成长发展起着不容忽视的作用。学校应改变过去“重智育，轻德育”的教学理念，加强对学生的道德教育，通过理论与实际相结合的教学原则，有效地提高学生的道德意识。并且能够把教学重点放在社会实践活动中，教育学生能够从自我做起，从身边的小事做起，在一点一滴的行动中养成遵守公德的良好习惯。

最后，提高市民的公德意识，不仅需要良好的家庭教育、学校教育，还要通过社会各方面的共同努力才能实现。各级党政机关和行政组织，在日常的精神文明建设和思想政治工作中，需要加强对市民的社会公德教育。社区通过经常开展演讲会、报告会以及评选文明市民等活动，增强市民的公德意识等。

（二）充分发挥社会舆论在首都市民公德价值观中的导向作用

社会公德虽然也是一种社会规范，但它属于道德层面，不具有法律的强制性、规范性和权威性。社会公德的贯彻执行主要依靠人们的自觉性，

而人们的自觉性毕竟是有限的，还需要依靠社会的监督。社会舆论监督是社会监督的一个重要方面，它对于规范和约束市民的道德行为起着十分重要的作用。充分发挥社会舆论的导向作用，需要做好以下两个方面的工作。一方面，树立先进典型、宣扬真善美，用社会舆论弘扬正能量。充分利用报纸、电视、广播、宣传栏等宣传工具，积极宣传道德模范和先进集体，有效发挥榜样的示范作用，激发市民自觉遵守社会公德的文明意识，进而形成人人遵守社会公德的良好风气。另一方面，鞭挞丑恶现象，谴责不道德行为，用社会舆论压力约束人们的道德行为。社会舆论应加大对市民破坏公物、污染环境和缺乏诚信等失德行为的谴责力度，使市民迫于舆论压力而渐渐养成遵守社会公德的文明意识，规范自身日常的道德行为。

（三）有效发挥法律制度在首都市民公德价值观中的保障作用

由于市民的道德水平不尽相同，道德教育和社会舆论并不能对每个人都起到很好的作用，有时也会显得苍白无力。这就需要把社会公德规范与法制结合起来，充分依靠法律的强制约束力，有效保障社会良好道德风尚的形成、巩固和发展。

道德规范靠“自律”，依赖人们内在的自觉性，而法律规范是“他律”，以外在的强制制约为后盾。相比于道德规范，法律规范更能保障人们自觉遵守社会公德。所以，要把公德规范纳入法制轨道，制定出具有操作性和惩戒性的法律法规，对劝诫约束难以奏效、严重危害社会发展的失德行为进行严格的法律制裁，使人们因畏惧法律的权威而自觉约束自己的道德行为。但是，法制规范也不是万能的，它只是对市民的道德行为起到外在的约束作用，并不是长久之计。只有将道德教育、社会舆论和法制保障三者有效地结合起来，才能共同提升首都市民社会公德意识，养成市民自觉遵守社会公德的良好习惯，真正做到“以法彰德”、“以德辅法”。

综上所述，首都市民的道德建设是一项复杂的社会系统工程，需要多管齐下，采用多种途径，依靠教育培养机制、舆论导向机制和法律规范机制共同矫正和塑造首都市民的公德价值观。道德教育是根本，提高公众整体的道德水平主要依靠教育；社会舆论靠“他律”，可以引导在前、监督在中、谴责和表扬在后；法律制度是辅助，要严格执行各项规章制度和奖惩条款，确保法律法规及行政规章等在公共生活中得到切实落实。只有坚持不懈地将教育、舆论和法规同时并举、综合运用，才能在首都市民的脑海中真正树立起公德意识，形成整个社会的良好道德风尚。

第四节　首都市民生活价值观状况

生活价值观是指人们对社会生活及其意义的总评价和看法。它是一个立体全面的价值观体系，是价值观在生活领域的延伸和表现，是建立在生活这个大舞台之上的。一般而言，广义的生活涉及社会生活的方方面面，包括了人生观、职业观、婚恋观、公德观等内容。狭义的生活则主要指工作学习之外的社会活动和交往行为，其相应的生活价值观主要涉及人们对生活环境的评价、对生活意义的理解、业余生活安排等。本报告是从狭义上的生活角度来调查研究首都市民的生活价值观。本次调研的生活价值观主要包括幸福观、理财观、休闲观三个二级维度。每个二级维度的价值观中又包含着反映个人状况、社会状况和生存环境等内容的具体因子；理财观涉及理财意识、理财行为两个侧面，休闲观则涉及休闲意识和休闲方式两个三级维度。三级维度和二级维度之间层层递进，从不同的角度和层面立体地反映生活价值观。

一　市民幸福观的基本状况及社会属性分析

幸福是人们在实践活动中，由于目标和理想的实现而在心理上获得的满足感，即幸福观是人们的世界观、人生观的反映。实际生活中，人们的生活价值目标不同，其幸福观也就不同。课题组从个体状况、社会状况、生存状况等视角去分析时下首都市民的幸福观状况。

（一）市民普遍认同身体健康、家庭和睦、和相爱的人在一起是影响幸福的三大主要因素

在关于影响幸福的诸多因素的调查中，市民认为身体健康、家庭和睦、和相爱的人在一起是影响幸福的三大主要因素。在“下列幸福的各影响因素，您认为重要程度有多大”的调查中，认为家庭和睦“比较重要”和“非常重要”的分别占28.7%和66.8%；选择身体健康“比较重要”和“非常重要”的分别占24.7%和71.4%；在“您认为和相爱的人在一起对幸福的重要程度”这项调查中，认为“比较重要”和“非常重要”的分别占36.1%和56.8%。

在对自身的幸福指数进行评价的过程中，市民的自我评价系数不高。幸福感的一个重要特征就是主体的自我感知和评价，具有较强的主观性，但却是个体幸福度的直观反映。在“与周围人相比，您觉得自己的生活

处于何种水平”的调查中，1.3%的市民选择不知道，18.7%的市民选择下等水平，45.3%的市民选择中等偏下水平，31.2%的市民选择中等水平，3.2%选择中等偏上水平，仅有0.3%选择上等水平（参见图1）。

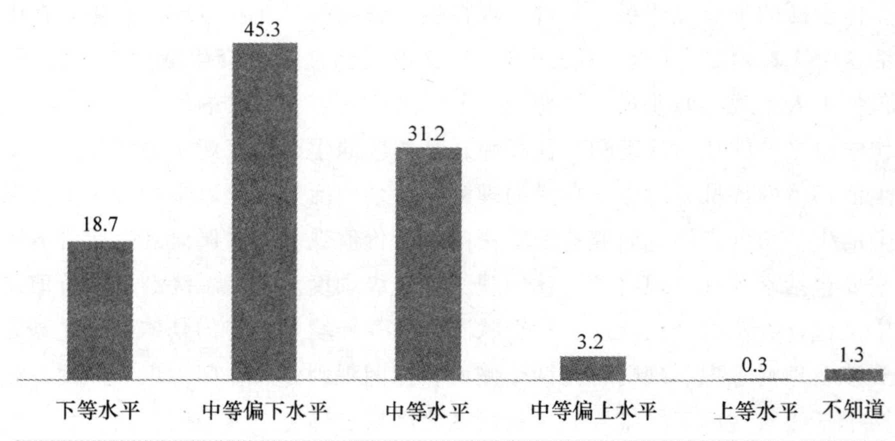

图1　市民自评生活水平分布（%）

这一结果说明，首都市民的整体幸福感并不高，选择中等偏下的居多。一般而言，理想与现实、期望与实际之间存在差距是正常现象，但对幸福的高期望值与对现实低水平的认同程度之间存在较大的反差，并且这种反差值如果长期得不到改善，必然导致个体对生活的失望，对自我生活状态出现负面评价，并引起不同程度的焦虑、抑郁等心理问题，进而影响到对社会和政府的不满和负面评价。影响市民幸福指数的主要原因，从本次调查数据中显示出如下因素。

第一，影响幸福的因素与婚姻状况有关。调查结果显示，从影响幸福的各因素中，选择“家庭和睦”、“带给别人快乐”等非常重要和比较重要的已婚和未婚人士远远高于离婚人士，而选择不太重要的受调查者中，离婚人士远远高于未婚和已婚人士。而“钱多得数不清”选择非常重要和比较重要的离婚人士高于未婚和已婚人士。

第二，幸福感也与性别角色相关。从对“与周围人相比，您觉得自己的生活处于何种水平”的回答来看，选择中等偏下和下等水平的女性要高于男性，而选择中等偏上和上等水平的男性要高于女性。可见，男性的幸福感要高于女性（参见图 2）。

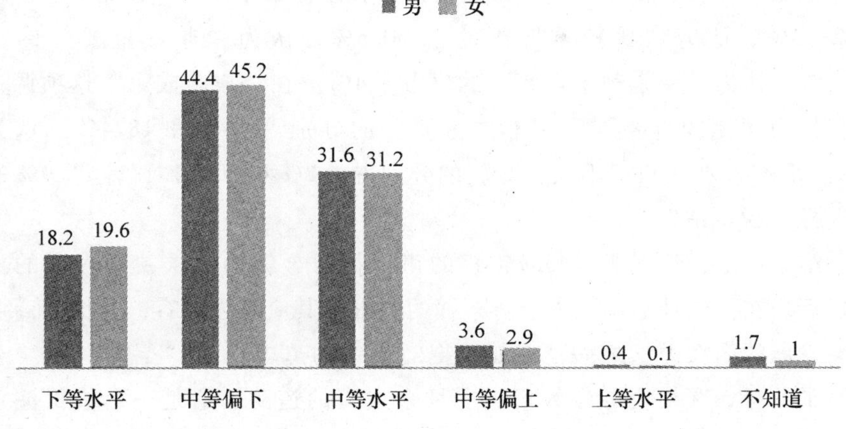

图 2 市民自评生活水平的性别差异（%）

另外，男性和女性对影响幸福的要素的看法也有不同。从成名成家对男性和女性的重要程度来看，认为“比较重要”和“非常重要”的男性都多于女性，有 36% 的男性认为“比较重要”，20% 的男性认为“非常重要”，而女性认为“比较重要”和“非常重要”的分别占 33.2% 和 17.3%（参见图 3）。

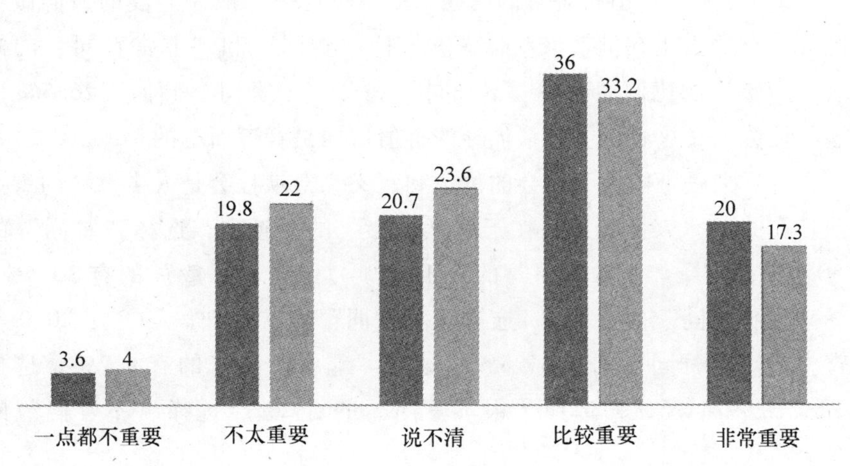

图 3 不同性别市民对成名成家重要程度的比较（%）

（二）近五成的市民对金钱和名利的追求愿望强烈

名与利是幸福观和价值观抉择中的两个重要因素，对人们的生活有着深刻的影响。在金钱观方面，市民认为“钱多得数不清”“不太重要”的占23.3%，认为“比较重要”的占30.3%，认为“非常重要”的占13.4%，认为“一点都不重要”的仅占3.4%。在“成名成家”这项调查中，认为“比较重要”和“非常重要”的分别占34%和18.4%，认为“一点都不重要”和“不太重要”的分别占3.8%和20.7%，有21.9%的人选择“说不清”。

结果显示，近五成（43.7%）的市民把对金钱的追求视为人生的主要目标。在商业社会中，人们对金钱的追求是其应有之内容，是推动商业社会发展的内在力量之一，但如果把对金钱的追求视为“至高”或“至上”的目标，无疑会导致人们走向拜金主义的道路。这是一个值得注意的问题。

（三）市民在人生目标选择上呈现出明显的多元特点

人生目标是价值主体对自己生活的规划，是对于自我人生的设计。人生的目标与个人的幸福观有着密切的联系，有着怎样的人生目标就有着什么样的幸福观，有人选择及时行乐，有人选择奉献一生，从此人生意义也就截然不同了。在关于“人生在世就该及时享乐”这个人生目标的调查中，选择“很不赞同”的有5.2%，选择“不赞同”的有21.3%，选择“一般”的有34.1%，选择“赞同”的有29.7%，选择“非常赞同”的有8.1%。这是一个值得警醒的问题，如果将持“一般”态度的人群做一个区分，对“人生在世就该及时享乐”持“赞同”和“非常赞同”的倾向（37.7%）的比例高于持“不赞同”和“很不赞同”倾向（26.5%），而这与社会主义核心价值体系倡导的价值取向是背道而驰的。

人生意义是个体之于社会的价值和意义，奉献社会是人生意义的重要体现。在关于“人生的意义在于奉献社会”的调查中，选择“赞同”的有50.7%，选择“非常赞同”的有14.6%，选择“一般”的有30.4%，选择“很不赞同”的有1%，选择“不赞同”的有3.3%。（注：2010年调查中选择“赞同”的有41.8%，选择“非常赞同”的有8.2%，选择“一般”的有41.5%，选择“很不赞同”的有2%，选择“不赞同”的有6.4%。）

二　市民理财观的基本状况及社会属性分析

理财泛指对财产的经营，包括有形财产和无形财产。本次调查中的理财观主要是指个体对于个人财产或家庭财产的管理和经营，即个人根据自己当前的实际经济状况，设定想要达成的经济目标，在一定的时期规划内采用一种或多种金融投资方式实现自己经济目标的计划、规划或者方法。理财观不仅是一个城市经济发展程度的表现，也是一个城市整体市民生活质量与生活能力的体现。通过调查显示，首都市民的理财观念具有如下特点。

（一）市民具有较强的理财意识，希望通过理财来提高生活质量和实现财富的有效运用

在理财意识方面，首都市民的理财意识普遍较高，在“家中若有余钱，您是否会用来投资”的调查中，20.8% 的市民选择“肯定会”，66.6% 的市民选择视情况而定，12.5% 的市民选择“肯定不会”。选择“肯定会”的要超过“肯定不会”的十多个百分点。在理财与生活水平的关系方面，大部分市民认为理财能够有效地提高生活水平。课题组通过“要提高生活水平，就要善于理财”的调查发现，选择“赞同”和“很赞同”这一观点的分别占 46.8% 和 23.9%，选择“很不赞同”和“不赞同”这一观点的分别占 0.7% 和 3.9%。也就是说，选择“赞同”和“很赞同”的比例（70.7%）远远超过了选择“很不赞同”和“不赞同”的比例（4.6%）。在理财意识方面，大部分市民认为理财能够增加财富，通过“理财有助于手中货币的增值”的调查，发现有 46.9% 和 19.6% 的人分别选择“赞同”和“很赞同”，而选择“很不赞同”和“不赞同”的人数较少，分别仅占 0.3% 和 3.3%。

如今市民的理财意识和理财观念，对解决温饱之后的生活质量和城市经济社会的发展具有重要作用。将已有的钱财用于什么地方，流向何处；是用于消费，还是用于投资；是投资教育，还是仅为升值……所有这些现象，不仅反映着市民的生活价值观念，也反映着市民的文明素养，对进一步推进社会的全面进步具有重要的影响。

（二）具有一定的理财风险意识，理财方式保守

在理财的方式上，对高风险、高利润的投资理财方式市民的接受度并不高，整体上趋向于保守的投资方式。在“家庭中若有余钱，优先考虑

下列哪一投资方式”的调查中，有 54.3% 的市民选择储蓄，选择保险的市民有 11%，选择基金的有 10.2%，选择股票的有 5.9%，选择权证的有 18.5%。这次调查与 2010 年的调查相比，对于股票和权证的选择出现了明显的变化。2010 年的调查结果显示，选择股票的有 11.3%，选择权证的有 9%。显然，选择股票的比例明显减少，而选择权证的比例明显增高，这与股票和权证的市场变化有关（参见图 4）。

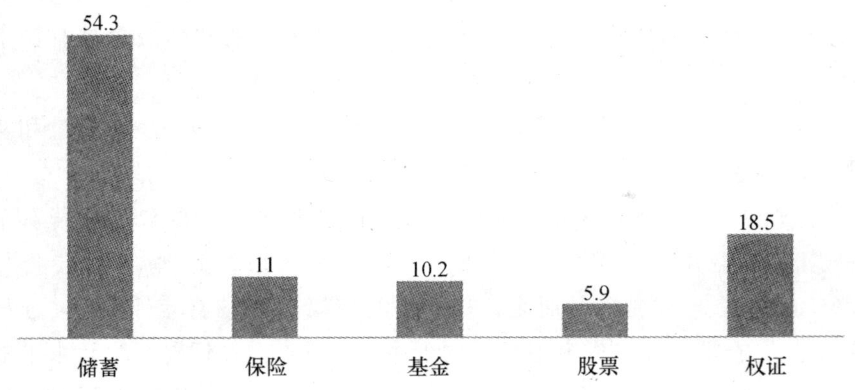

图 4　家庭中若有余钱，首都市民优先考虑选择的投资方式（%）

在理财的风险意识方面，大部分市民认为理财存在着一定的风险。在“目前，绝大部分理财产品存在着风险”的调查中，选择“赞同”和“很赞同”的分别占 52.7% 和 21.6%，其中有 23.4% 的市民对这一观点持中立态度选择“一般”，选择“很不赞同”和“不赞同”的分别占 2.1% 和 0.2%（参见图 5）。

在理财方式选择中，市民对“高风险高回报”的态度是保守的。在“高风险高回报的理财产品是首选”的调查中，选择“赞同”和“很赞同”的分别占 16.5% 和 7%，选择“一般”的占 38.8%，“不赞同”的占 30.9%，还有 6.1% 的人选择“很不赞同”。2010 年的调查中，选择“赞同”和“很赞同”的分别占 26.9% 和 8.8%，选择“一般”的占 37.8%，“不赞同”的占 23.1%，还有 3.5% 的人选择“很不赞同”。与 2010 年的调查相比，选择“赞同”和“很赞同”的比例都有下降，而选择“不赞同”和“很不赞同”的比例都有增长。这说明，市民对“高风险高回报”的认同度下降（参见图 6）。

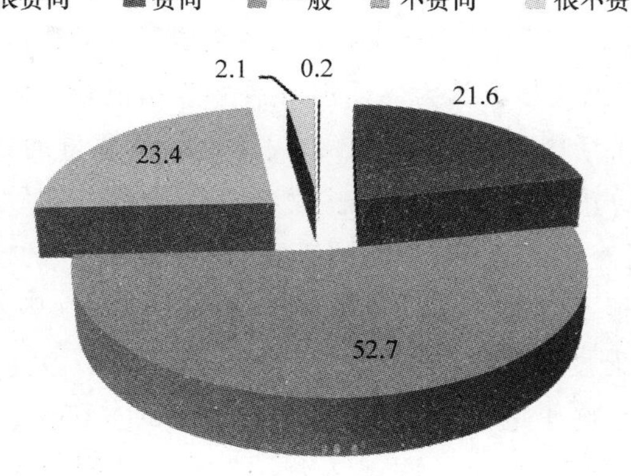

图5 市民对“目前，绝大部分理财产品存在着风险”的态度（%）

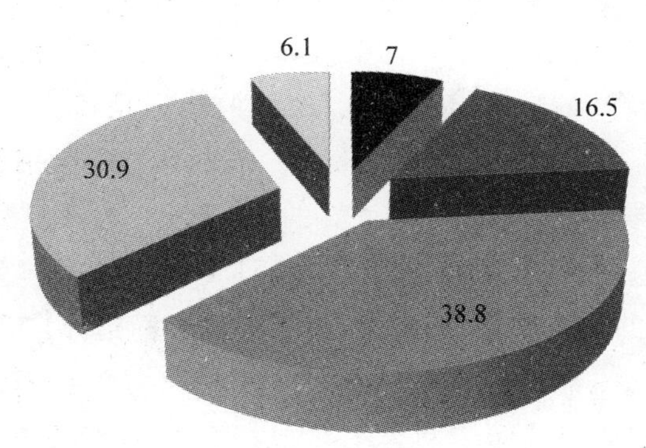

图6 市民对“高风险高回报的理财产品是首选”的赞同程度（%）

这一结果与市民在“家庭中若有余钱，优先考虑下列哪一种投资方式”的调查中选择“储蓄”的比例（54.3%）存在明显差异。说明市民对“高风险高回报”的心理预期与实际操作之间存在较大差异，求稳倾向明显。

三 市民休闲观的基本状况及社会属性分析

休闲是指在非劳动及非工作时间内以各种“玩”的方式求得身心的调节

与放松，达到生命保健、体能恢复、身心愉悦目的的一种业余生活。一个社会、一个国家的休闲水平，不仅体现着社会生产力发展的水平，而且也代表着这个国家和社会对市民的生命活动目的和对终极关怀的认识程度。

（一）休闲意识较强，认为休闲能够改善生活质量

休闲时间的生活内容是一个城市市民休闲生活质量的直接表现。调查结果显示，大部分市民认为休闲能够改善生活质量。在“休闲能够改善生活质量”的调查中，选择“赞同”和“很赞同”的分别占50%和20.5%，选择“很不赞同”和“不赞同”的分别占0.4%和3.7%，此外有25.4%的市民态度不明显，选择“一般”。这说明，大多数的人认为休闲对生活质量的影响还是很大的。与2010年的调查相比，人们对休闲的认同度略有上升。（2010年的调查结果：选择“赞同”和“很赞同”的分别占41.3%和18%，选择“很不赞同”和“不赞同”的分别占8%和7.3%，此外有32.5%的市民态度不明显，选择“一般”。）

在业余时间的安排方面，目前大部分市民将自己的业余时间花费在了简单的娱乐或者普通事务当中，选择主动性的活动较少。在“您的业余时间主要用于哪些活动”的调查中发现，61.6%的市民业余时间选择“看电视、上网”等传统的、静态的、被动的娱乐项目，“充电学习”的有36.9%，选择“参观旅游”的38.5%，选择“阅读书籍或报刊”的49.9%，选择“参加社会公益活动”的24.5%，选择“第二职业”的14.4%，选择“做家务、教育子女”的51.6%，选择“参加健身”的39.7%（2010年的调查结果：54%的市民业余时间选择“看电视、上网”等传统的、静态的、被动的娱乐项目，“充电学习”的有31.3%，选择“参观旅游”的21%，选择“阅读书籍或报刊”的37.3%，选择“参加社会公益活动”的14%，选择“第二职业”的16.3%，选择“做家务、教育子女”的32.8%，选择“参加健身”的31.8%）。选择“参观旅游”的比上次增长了17个百分点，增长的幅度较大，选择“做家务、教育子女”的增加的最多，接近20个百分点。而选择“第二职业”的有所减少。

课题组对上述结果进行深入分析后发现，市民对休闲娱乐方式的选择与以下因素有关。

第一，收入高低影响休闲方式。从调查来看，选择“充电学习”、“参观旅游”、“做第二职业”、“参加社会公益活动”、“参加健身方式”的比例与收入水平的高低成正相关关系。这里以“充电学习”为例，低收入水平、中等收入水平和高等收入水平的被调查者分别有 36.5%、38.7%、45.5% 的选择了“充电学习”，比例逐渐提高。而选择“看电视、上网”的恰恰相反，收入越高选择“看电视、上网”的越少；收入越低，选择“看电视、上网”的越多（参见图 7）。

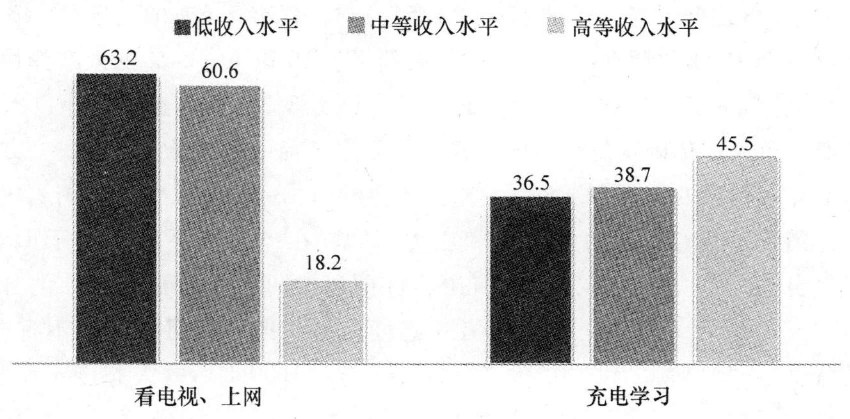

图 7　不同收入水平的市民在休闲方式上的比较

第二，受教育程度也影响休闲方式。从图 8 中可以看出，受教育程度越高，业余时间用来充电学习、阅读书籍或报刊的越多。

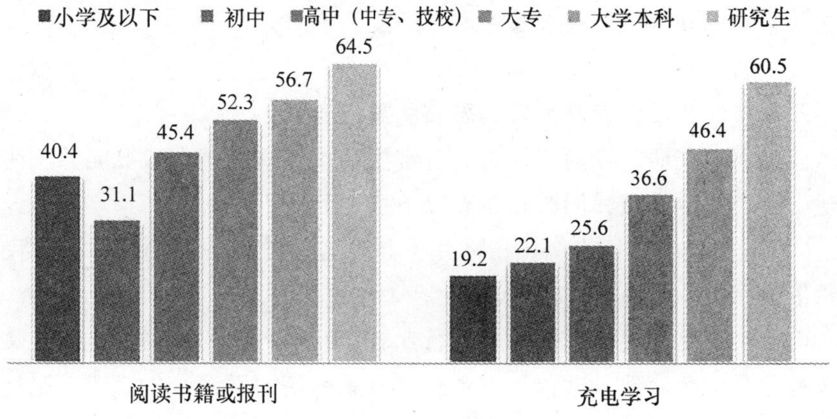

图 8　不同文化程度的市民在休闲方式上的比较（%）

第三，性别对休闲方式的选择也有影响。男性和女性也存在区别。选择“做家务、教育子女”的女性为58.9%，而男性为44%，女性明显要高于男性。

（二）首都市民在休闲形式与休闲定位两方面存在一定的矛盾心态

在对财富的分配方面，首都市民花费在休闲娱乐上的费用占总收入的比例并不高。课题组在“您每个月在休闲娱乐方面花的钱大约占您月收入的多少”调查中，其中43.4%的人选择1/10以下，30.9%的人选择1/10～1/5之间，16.3%的人选择1/5～1/3，仅有7.6%的人选择1/3以上（在2010年的调查中，50.2%的人选择1/10以下，24%的人选择1/10～1/5之间，17.5%的人选择1/5～1/3，仅有8.3%的人选择1/3以上）。同时，市民在休闲定位和休闲形式两方面存在着一定的矛盾。市民一方面认为休闲的目的主要在于放松，形式不重要，另一方面又认为休闲属于奢侈品消费，有着一定的负担感和压力。如，在“休闲不应拘泥于形式，只要自己感到放松就行”的调查中，选择“赞同”和“很赞同”的分别占“48%”和“33.1%”，而持反对态度认为“很不赞同”和“不赞同”的分别占“0.3%”和“0.9%”，另外还有“16.7%”的人态度不明显，选择“一般”。而在休闲的定位上，更多的市民将休闲定位为一种奢侈品，认为花费较大。在“休闲仍然是一种奢侈品，需要的花费太多”调查中，认可这一观点、选择“赞同”和“很赞同”的分别占“36.5%”和“16.3%”，而选择“很不赞同”和“不赞同”的分别仅占“1.4%”和“11.9%”，另外有“33.5%”的人选择“一般”。这说明，市民对休闲生活的定位和理解还存在着矛盾心态。

四 市民生活价值观培育的思路和重点

通过本次调研，课题组认为，首都生活价值观的基本状况能够鲜明地体现出5个基本特点，同时存在着以下主要问题。

（一）市民的整体幸福感指数并不高，增强社会人文关怀，注重民生问题依然是重点

市民主要是通过与周围的人进行比较而获得自己的幸福感受的。从心理学和社会学角度看，幸福与主观感受有着密切的联系，生活于一定社会环境的个体往往能够通过与他人的对比获知自己的存在价值和社会定位。调查显示，有18.7%的市民认为与周围市民相比自己的生活处于下等水

平；有 45.3% 的市民认为自己处于中等偏下水平，有 31.2% 的市民认为自己处于中等水平，选择中等偏上的仅有 3.2%，选择上等水平的有 0.3%。从结果看，选择中等偏下的居多，这说明，市民的整体幸福感并不高。选择上等水平的人比上次调查明显减少。

（二）市民的价值观呈现多元化趋势，奉献精神和享乐意识并存，事业心与功利心并重

调查显示，尽管有 65.3% 的市民认为“人生的意义在于奉献社会”；但是也有 37.7% 的市民“赞同”或“非常赞同”“人生在世就该及时享乐”。这说明，市民在明确人生意义的同时也更加注重自我生活的享受，自我意识不断增强。如果社会不能对这种享乐意识进行有效的引导，便容易导致极端的享乐主义。同时，调查发现，市民的事业心与功利心并重。市民希望通过在事业上的成功来证明和实现自身的价值，对名利的追求很在意。调查显示，82.9% 的人认为“事业成功”很重要，53% 的人认为“成名成家”很重要。这样的价值取向值得鼓励，同时有必要进行深入引导，以免受功利主义的驱使而走向“唯利是图”或“唯名是图”。

（三）对幸福感的获得呈现出多元化趋势，既注重对物质金钱的追求也愿意给他人带去快乐

调查发现，相当一部分市民对金钱的追逐愿望强烈，但它并未导致市民一味地追求金钱而忽略身边他人的感受。调查显示，43.7% 的人认为“钱多得数不清”很重要，而 84% 的人选择“给别人带去快乐”很重要。这说明，市民对幸福的理解既存在盲目感性的成分，其中也包含着客观理性的成分。如何看待和评价这样的矛盾现象，并对此进行有效的引导，是一个值得深入探讨的问题。

（四）不断增强的理财意识与实际理财方式保守的矛盾明显

理财意识是一个人对自己经济状况的全面认识、评估和把握的能力，它决定着人们的理财行为。如今，随着经济的发展和生活水平的提高，人们手中的富余财富逐渐增多，人们开始思考如何运用它们来实现财富的增值，人们的理财意识开始增强，对有关理财知识的渴望更加强烈。调查显示，87.4% 的人选择会考虑运用家中余钱来进行投资。这表明人们的理财投资欲望是很强烈的。同时，人们开始意识到理财的重要性，并期待通过理财提高生活质量，实现财富的增值。调查显示，有 70.7% 的市民认为“要提高生活水平，就要善于理财”；有 67.2% 的人认为“理财有助于手

中货币的增值”。但在理财方式的选择上，大多数人选择的是相对保守的方式，即54.3%的人选择储蓄方式来进行理财，而对股票和权证等方式则选择较少，选择股票的仅有5.9%。但仍然有74.3%的人认为“目前，绝大部分理财产品存在着风险”。理财知识的缺乏严重影响了人们的理财方式的选择。调查显示，在首选投资方式中有54.3%的人选择储蓄，仅有23.3%的人将高风险高回报理财产品作为投资理财的首选。这反映了一方面市民的理财意识在增强，另一方面市民缺乏应有的基本理财知识和理财能力，对新型的理财方式缺乏足够的理解和驾驭能力，不能较好地实现对自身财富的有效管理，尚不能形成积极主动的理财能力。加强理财教育培训成为市民价值观教育中的一项重要内容。

（五）休闲意识与休闲费用支出能力之间存在明显差距，健康意识和实际行动之间存在差距

调查显示，有70.5%的市民认为“休闲能够改善生活质量”，但同时有52.8%的人认为“休闲仍然是一种奢侈品，需要的花费太多”。休闲尚未成为人们业余生活的主要旋律，有一半的市民只能将自己总收入的1/10以下用于休闲生活。这说明，高质量的休闲生活不仅需要一定的富余时间，还需要有一定的经济承受能力。从目前首都市民的收入水平、工作和生活节奏来看，尽管人们意识到休闲能够改善生活，但是并不能拥有足够的时间和经济实力来享受高质量的休闲生活，以致市民休闲意识的增强和休闲承受能力相对较弱形成鲜明对比。

虽然现在人们的生活水平和生活质量有了很大的提高，但是由于生活方式的不健康、生活环境的恶化，现代大城市的超负荷运转所导致的城市病越来越多，人们开始意识到健康的重要性。调查显示，有96.1%的人认为身体健康很重要，但是仅有39.9%的人选择在业余时间参加健身。这表明，市民的健康意识较强烈，但是在休闲项目中健身意识和活动并不与之相匹配。究其原因，这不仅与市民的健康意识有关，还与社会经济发展水平和社会生活压力有关。

第五节 首都市民法制价值观状况

法制价值观就是人们对法律价值的基本看法，或者说它是人们关于法律与主体之间的价值关系的基本看法。公民的法律价值观在一定程度上记

录着社会法制现代化进程、水平，也折射出社会转型的进程和水平。在《2012 年首都市民价值观状况》的问卷调查中，课题组从法律认知、法律实践、法律评价 3 个维度考察了市民的法制价值观，本节所用数据全部来自于此次调查。

一　市民法律认知状况

掌握正确的法律知识是遵守法律的基本前提，公民法律知识的普及程度是社会法制化进程的衡量指标之一。在法律价值观的考察中，市民的“法律认知”意在考察人们对法律知识的掌握情况，在我们的调查中，主要从“学法”、“知法”两个方面去了解市民的法律认知状况。“学法”意在测量市民学习法律知识的积极性，“知法”意在测量市民对基本法律常识的正确把握程度。

（一）学法。首都市民学法的积极性较高，突出表现为观看法制节目的频次较高；市民普遍认同“学习法律知识可以避免因为无知而犯法”这一目的；此外，年龄、受教育程度、收入水平以及是否流动人口等特征显著影响市民学法的积极性。

为了推进首都法治社会的建设进程，“十一五”期间，北京全面实施“五五”普法规划，深入开展形式多样的法制宣传教育活动，广泛开展法制宣传教育进机关、进乡村、进社区、进学校、进企业、进单位等活动，不断增强广大群众的法制观念和治安防范意识，努力提高全体市民的法律素质。在“十二五”时期，北京继续推进“六五”普法工作。

其中，“法制类电视节目”是法制宣传教育工作的重要媒介。在我们的调查问卷中，询问了人们“观看法制节目的频次”，从图 1 来看，“每天都看”的选择比例最高，达到 40.1%；“每周看两三次”的比例为 28%，“每周约一次”的比例是 17.9%，“每月一两次”的比例是 11.2%，“从来不看”的比例是 2.7%。如果把“观看法制节目频次”看作是人们学习法律知识积极性的指标，那么，“每天都看”和“每周看两三次”的比例有 68.1%。这表明市民学习法律知识的积极性非常高。

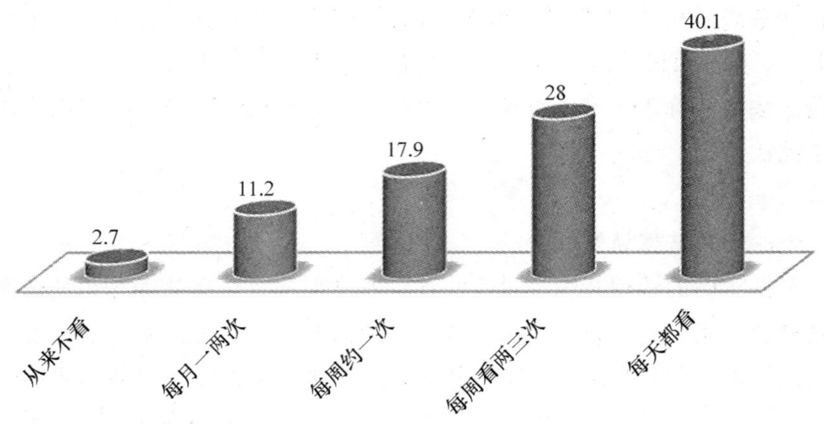

图1　首都市民观看法制节目的程度（%）

更进一步地分析，我们将被访市民的个体特征与观看法制节目的频率进行交叉，发现年龄、受教育程度、收入以及是否为流动人口等特征对市民观看法制节目的频率有显著影响。

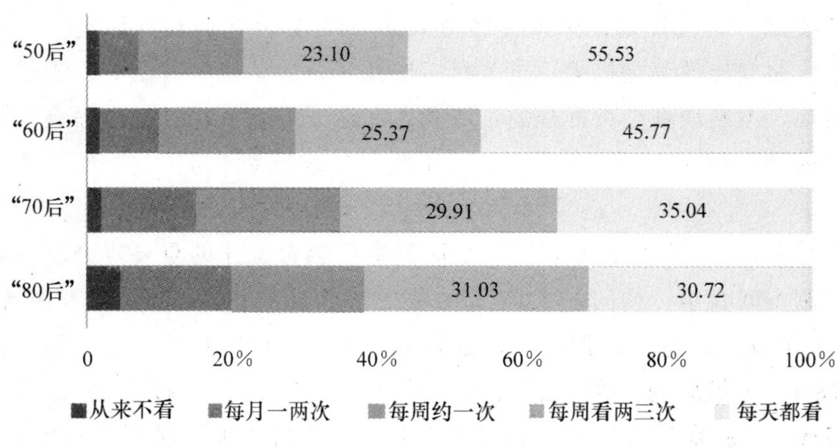

图2　不同年龄代的市民观看法制节目的程度（%）

我们根据被访市民的年龄划分了"80后"、"70后"、"60后"和"50后"四代人，被访市民中，"80后"年龄代的人表示"每天看"法制节目的比例最低，为30.72%；随着年龄代的上升，"每天看"法制节目的比例依次上升，最高比例为“50 后”的被访市民。这说明，仅就通过收看法制节目来学习法律知识而言，年龄越大，对此种学习方式越认可（$\chi^2 = 95.325$，$p < 0.001$）。当然，我们绝不能说，“年龄越大者，学习法律的意识越强，学习的积极性越高”，这其中涉及学习方式的问题，不同年龄段的市民“青睐”的学习方式不一样（参见图 2）。

另一个对市民收看“法制节目”频率有显著影响的因素是受教育程度（$\chi^2 = 88.374$，$p < 0.001$），从图 3 的结果可以看到，研究生文化程度的市民选择“每天都看”的比例是最低的（23.58%），大学本科文化程度的市民“每天都看”的比例也不高（33.43%），相对而言，文化程度较低的市民选择“每天观看法制节目”的比例都维持在 45% 左右，均高于文化程度较高的市民。这种现象可以有以下解释：文化程度较低的市民相对缺乏法律知识，因而收看法制节目的热情要高；此外，文化程度上的差异，还可能与不同文化程度的市民法律知识的获得渠道存在差异有关，具有大学本科以上学历的市民以互联网为主要信息来源，相对而言，文化程度较低的市民则以传统的电视媒介为主要信息源。这些假设有待进一步证实。

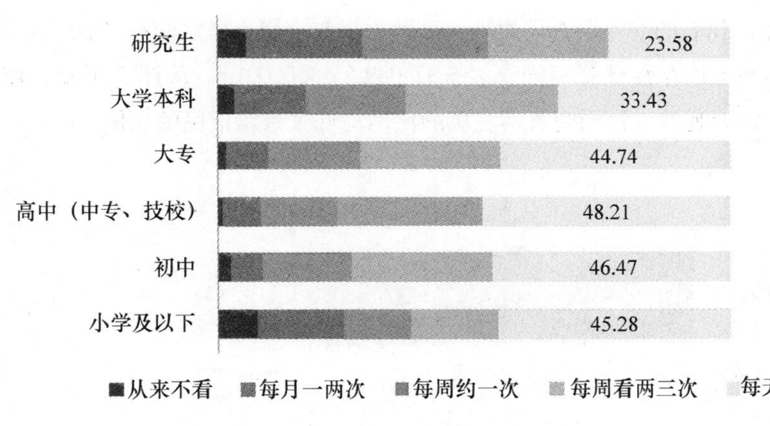

图 3　不同受教育程度的市民观看法制节目的程度（%）

收入水平也是影响市民观看法制节目频率的显著因素之一，根据市民在 2012 年问卷中回答的月收入，我们将市民的收入分为 5 个水平，卡方检验的结果显示收入水平对市民选择“每天观看法制节目”的频率有显著影响（$\chi^2 = 95.325$，$p < 0.001$），呈现收入水平越低，观看法制节目频

率越高的趋势。具体而言，月收入2000元以下的市民，每天观看法制节目的比例是49.38%，月收入在2000～2999元、3000～3999元的市民每天观看法制节目的比例分别是41.68%、44.9%，而月收入水平在4000～4999元的市民每天观看法制节目的比例下降到32.19%，月收入5000元及以上的市民这一比例更是下降到30%以下（见图4）。

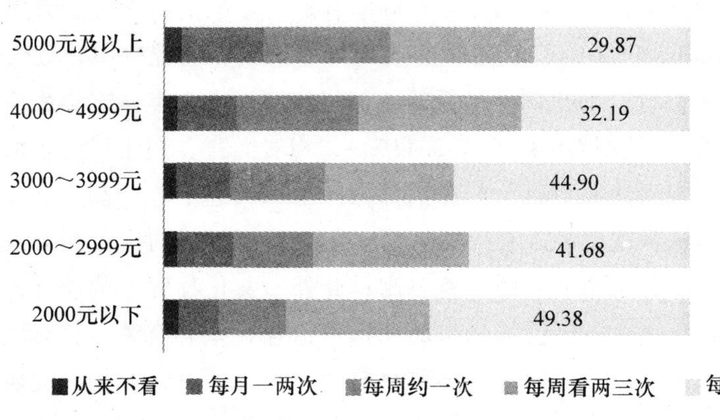

图4 不同收入水平的市民观看法制节目的程度（%）

此外，我们的问卷调查还发现，流动人口与京籍市民之间在“法制节目”的观看频率上也存在显著不同（$\chi^2=32.989$，$p<0.001$）。从图5可知，流动人口中，每天观看、每周观看两三次的比例均低于京籍市民的比例。

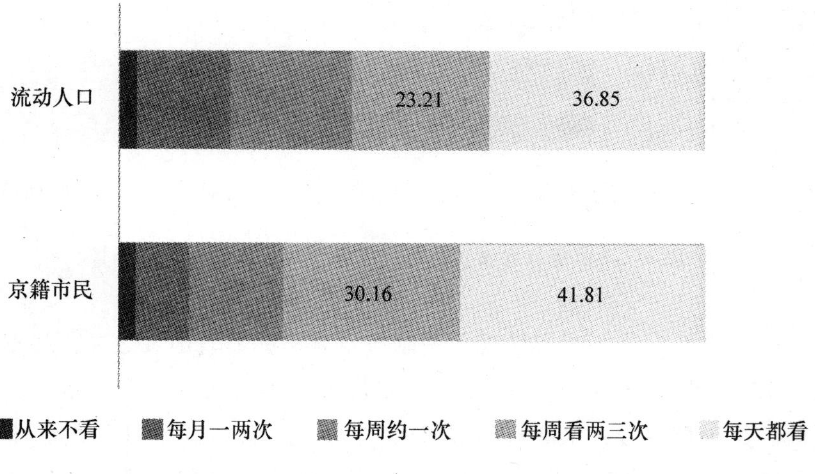

图5 京籍市民与流动人口观看法制节目频次的比较（%）

总体而言，从上述调查结果来看，年龄较大、受教育程度较低、收入较低的市民“每天观看法制节目”的频率较高，此外，是否为流动人口也对观看法制节目的频率有显著影响。至于学法的目的，课题组之前做过的两次市民价值观调查中，都涉及这一问题。

在课题组 2008 年的调查中，我们发现“知法守法，以免因为无知而犯法”是大多数市民（59.5%）学习法律知识的目的之一。因此，在 2010 年的调查中，我们直接询问市民对“学习法律知识可以避免因为无知而犯法”这一目的的赞同程度。从调查结果来看，26% 的被访市民表示“很赞同”、53.7% 的被访市民表示“赞同”，两者合计的比例近 80%。

2012 年的调查问卷中设置了三个关于学法目的的问题，分别是“避免因为无知而犯法”、“更好地维护自己的合法权益”、“作为首都市民，应该具有较高的法律素养”，从最新调查结果看来，对于“学习法律知识可以避免因为无知而犯法”这一目的表示“赞同”或“很赞同”的比例达到 86.78%，对于“学习法律知识为了更好地维护自己的合法权益”这一目的表示“赞同”或“很赞同”的比例达到 87.69%；“作为首都市民，应该具有较高的法律素养”这一问题，也获得了较高的认同比例，有 32% 的被访市民表示“很赞同”，有 53.38% 的被访市民表示“赞同”。这说明首都市民在法律方面具有很高的自觉意识，积极主动地通过学习法律知识来维护自己的权益（参见图 6）。

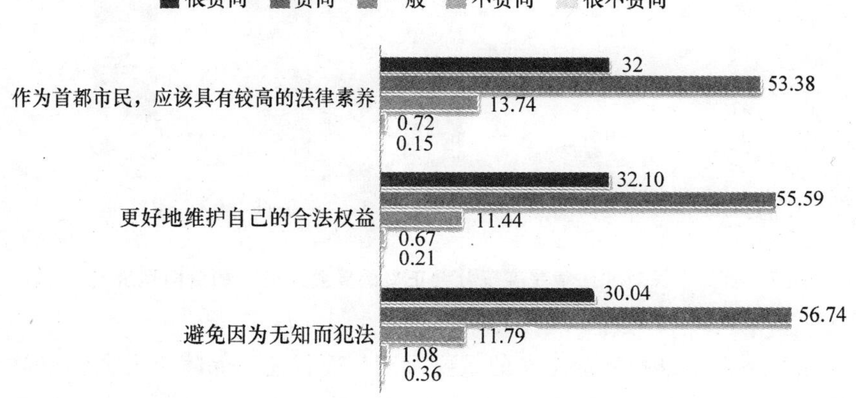

图 6　首都市民“学法”目的（%）

（二）知法。首都市民对法律的功能有积极的评价，突出表现为普遍赞同“法律是实现社会正义的重要保证”这一观点。此外，当个人合法权益受到侵害时，多数市民将“法律”作为维护个人权益的武器，表示应该去抗争；更为重要的是，亲朋好友触犯法律时，市民普遍赞同“应该举报亲戚朋友”，这些都反映出市民较高的法律意识水平。

法的价值包括法的外在价值与内在价值，即法促进哪些价值和法本身具有哪些价值。法律的作用与功能体现法律的外在价值，它是人们法律价值观的首要内容，换句话说，人们对法律的需要及法律本身以何种方式满足人们的需要，首先就集中体现为法律的作用与功能。因此，首都市民法律价值观的重要内容之一体现为他们对法律功能价值的认知程度，以及由此反映的法律意识水平。

在调查问卷中，课题组设立了“法律是实现社会正义的重要保证”，要求被访市民回答自己的赞同程度。从调查结果来看，有32.94%的人表示“很赞同”，51.77%的人表示“赞同”，14.16%的人表示一般，0.92%和0.21%的人表示“不赞同”或“很不赞同”。由此可见，绝大部分被访市民（84.71%）是认同“法律是实现社会正义的重要保证”这一观点的（参见图7）。

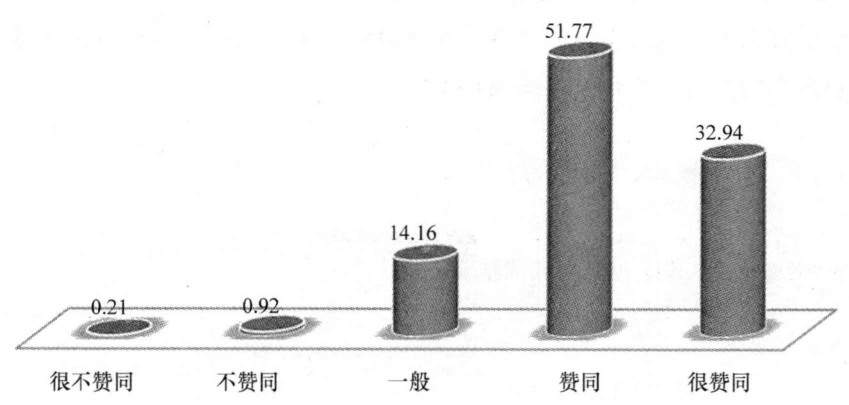

图7　首都市民对“法律是实现社会正义的重要保证”的赞同程度（%）

法律不但是维护社会正义的重要保证，而且还是保障个人合法权益的重要手段。在一个现代社会，“知法”的另一个重要特征是：法律赋予个人维权的意识。对一个熟知法律常识的市民来讲，法律知识的增长带来个人“自主性、主体性”精神的增强：一方面，当个人合法权益受到侵害时，法律是首选武器；另一方面，在政府面前，他们也会表现得不卑不亢。因此，我们在问卷中，还设置了“个人合法权益受到侵害时，法律是首选武器”、“当政府严重侵犯自己合法权益时，应该抗争”这样两个问题，用以测量人们的“维权”意识，从而间接获得市民“知法”的程度。

从图8来看，在“当个人合法权益受到侵害时，法律是首选武器”这一问题上被访市民中表示“很赞同”的比例是32.91%，表示“赞同”的比例是51.75%，表示“不赞同”的比例是1.39%，表示“很不赞同”的比例是0.1%，未置可否的“一般”比例是13.86%。其中，“很赞同”与“赞同”合并为84.66%。在“当政府严重侵犯自己合法权益时，应该抗争”这一问题上被访市民中表示“很赞同”的比例是25.15%，表示“赞同”的比例是49.74%，表示“不赞同”的比例是3.7%，表示“很不赞同”的比例是0.36%，未置可否的“一般”比例是21.05%。其中，“很赞同”与“赞同”合并为74.89%。

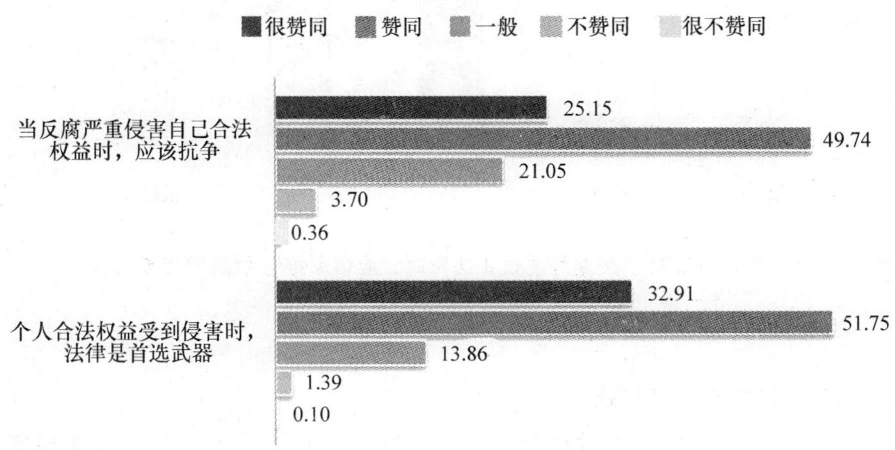

图8　首都市民在“知法”问题上的表现（%）

上述调查结果说明，大部分市民具有较高的自主性、主体性，当个人合法权益受到侵害时，将法律作为首要武器，在政府严重侵犯自己合法权益时，知道可以与政府抗争。这从侧面反映了首都市民的知法程度。

面对个人的合法权益受到侵害时，选择诉诸法律武器、选择抗争的方式，反映了市民对法律知识的正面认知：法律是用来保护个人合法权益的。另外，法律在对社会正义的维护过程中，离不开对违法行为的禁止和惩处。"亲朋好友触犯法律时，应该举报"这一问题揭示的内容更深刻，相对上述两道问题的回答而言，它更能全面、准确地反映市民"知法"的程度。

从调查结果来看，被访市民中对"亲朋好友触犯法律时，应该举报"观点表示"很赞同"的比例是 17.51%，表示"赞同"的比例是 50.46%，表示"不赞同"的比例是 2.63%，表示"很不赞同"的比例是 0.36%，未置可否的"一般"比例是 29.03%。其中，"很赞同"与"赞同"合并为 67.97%（参见图 9）。

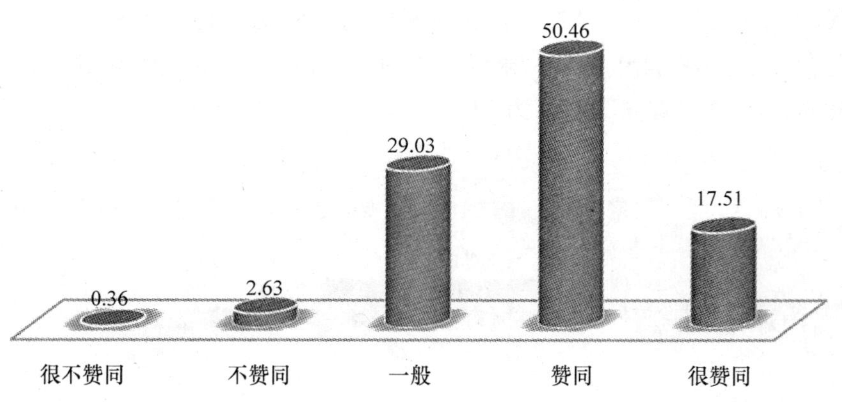

图 9　首都市民对"亲朋好友触犯法律时，应该举报"的赞同程度（%）

二　市民的法律实践

"法律认知"是法律价值观的基础层面，反映的是市民对客观法律知识的掌握情况。当这些法律知识内化为人们的思想观念，成为指导人们言行的准则时，就会涉及人们的"法律实践"问题。所谓法律实践，主要是指人们在社会实践生活中，如何使用法律、遵守法律的情况。一定程度上，它测量的是法律知识内化的程度。

（一）用法。首都市民普遍赞同使用法律武器维护自身权益，相对而言，年龄较大、教育程度较高、职业地位较高以及收入水平较高的市民“用法”意识更强烈。

协调、规范各类社会关系和行为是法律的功能之一。人们使用法律可以保障个体利益，通过法律可以规范社会秩序。其中，“个人与政府”关系最能反映人们对法律的应用意识。我们在问卷中设置了“如果政府的某项政策在具体执行中侵犯了公民个人的合法权益，对于下列方式，您的赞同程度”这一组问题。我们提供的反应方式包括“被迫服从”、“等其他人提出时再响应”、“主动联合其他人共同想办法”、“向媒体反映或在网络上发帖”、“向政府相关部门反映”、“找社会组织帮助维权”、“到法院起诉”7 种方式。

“被迫服从”、“等其他人提出时再响应”代表了一种消极的应对态度，从问卷调查的结果来看，支持这两种反映方式的比例是最低的，分别是 23.8%、29.1%，特别是选择“很赞同”的比例分别只有 4.6%、5%。其他 5 种反映方式都具有“积极主动”的属性，它们的支持率均在 50% 以上。这说明，首都市民在面对“政府政策侵犯自己权益”的情形下，大部分不会选择沉默、消极的方式。

“主动联合其他人共同想办法”、“向媒体反映或在网络上发帖”体现的是一种“民间”的、“自发”的自我救助方式，其选择是否能达至效果具有很大的不稳定性。它们的支持率分别是 53.4%、50.9%（详见图 10）。

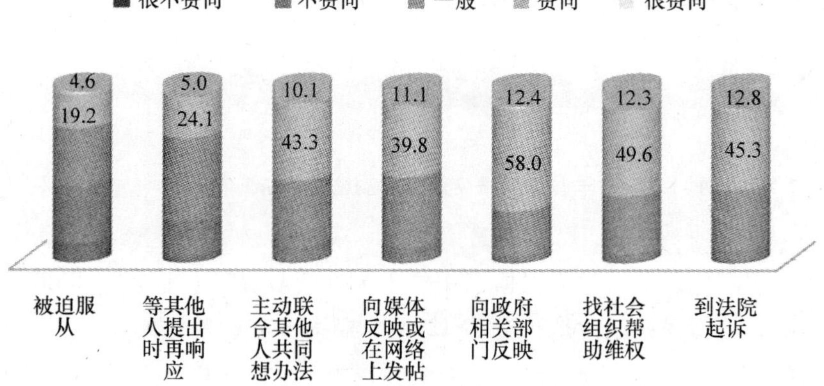

图 10　首都市民在“政府政策侵犯自己合法权益”时的反应（%）

相对上述两种反应方式，“向政府相关部门反映”、“找社会组织帮助维权”、“到法院起诉”代表了更为积极、有效的方式，体现了回答者较强的法律维权意识。它们的支持率均接近或超过 60%。这说明，首都市民“用法”的意识较强，在自身权益受损的情况下，更倾向于采取法律解决的途径。

进一步的分析发现，年龄、职业地位、教育程度等因素对市民“用法”有显著影响。图 11 显示，“50 后”、“60 后”、“70 后”选择“到法院起诉”的比例逐步上升，这说明法制化进程中，越年轻的一代法律意识越强。然而，这一代际上用法意识上升的趋势没能延续，调查结果显示，“80 后”市民选择“赞同”和“很赞同”的合计比例是四代人中最低的（51.79%），卡方检验的结果（$\chi^2 = 32.018$，$p < 0.001$）表明这一代际差异具有统计学上的显著性。

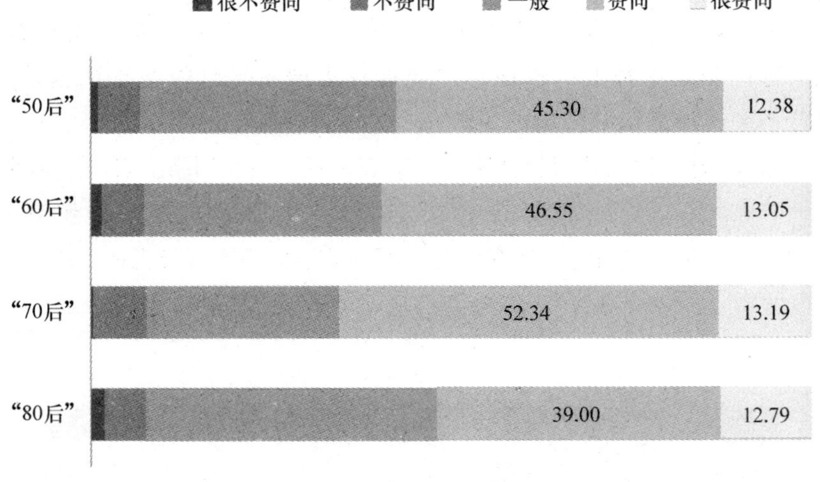

图 11　不同年龄代的市民选择“到法院起诉”的比例（%）

在职业地位上，我们根据《中国十大社会阶层》（陆学艺，2001）中的标准，将市民的职业地位分为 12 类，根据卡方检验的结果，职业地位对人们选择“到法院起诉”具有显著影响（$\chi^2 = 103.309$，$p < 0.001$）。具体而言，属于上层社会地位的职业，诸如“机关、企事业单位的管理者”、“企业经理人员”在“政府政策侵犯自己权益”时选择“到法院起

诉”的比例都在60%以上；属于中间阶层的职业，诸如“专业技术人员”、“企事业单位职员、办事员”的选择比例在50%左右；而属于下层阶层的职业，诸如“无业、失业、半失业状态”的市民，其选择比例为45.9%。

此外，教育程度也是影响市民选择“到法院起诉”的重要因素之一。相对而言，小学及以下教育程度的市民选择“到法院起诉”的比例（40.74%）是最低的，其他教育程度的市民这一比例均在60%左右，这说明教育程度低的市民用法的意识相对淡薄（$\chi^2=31.516$，$p<0.005$）。

（二）守法。总体而言，市民守法意识较强，其中，年龄和受教育程度等因素对市民守法观念具有显著影响。

如果说上面“用法”揭示的是市民在一个“非常态”的情景中对法律的使用情况，那么，“守法”揭示的则是在一个“常态”的生活环境中市民如何使用法律的问题。在常态生活中，“遵守法律”、按照法律法规的规范行事，也是一种广义的“用法”。

“法律”规范的行为和关系，一般来说具有非常明确的“是非”判断，直接去询问人们是否遵守某些法律条文，很难获得真实的回答。因此，在我们的调查问卷中，课题组并未直接询问人们是否遵守法律，而是通过日常的行为选择去测量人们对“规则”的遵守程度，以此来间接考察人们“守法”的情况。我们在问卷中设置了“过马路时遇上红灯，但周围并没有车辆，行人可以通过”、“即使在税务机关不知情的情况下，也应该主动纳税”两道题。

“过马路时遇上红灯，但周围并没有车辆，行人可以通过”，对此观点持“很不赞同”的比例是16.04%、“不赞同”的比例是37.67%，18.86%表示“赞同”、7.18%表示“很赞同”。从这个结果来看，有53.71%被访市民能够严格遵守交通规则。尽管这一比例不是很高，但联想到近期社会舆论广为关注的“中国式过马路”现象，课题组认为这一调查结果与我们现实生活的感受是一致的：过马路时遇上红灯，但周围并没有车辆，有相当比例的市民会选择通过。因此，一定程度上说，被访市民的回答具有很高的可信度（参见图12）。

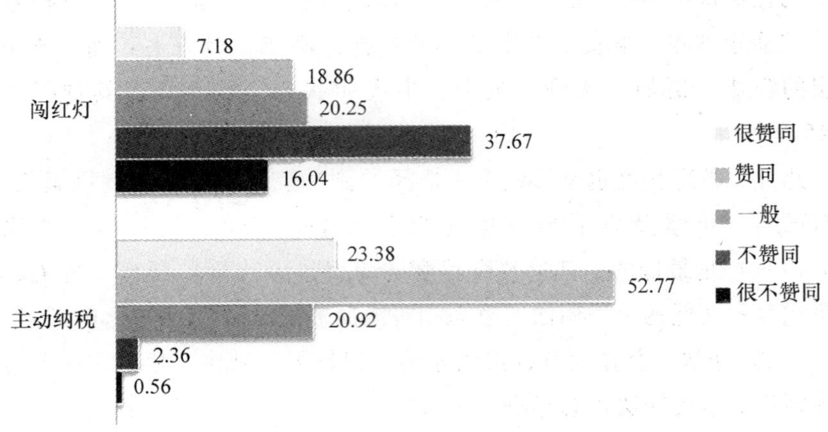

图 12　市民对“主动纳税”、“闯红灯”的赞同程度（%）

在“即使在税务机关不知情的情况下，也应该主动纳税”这道题上的回答中，有 23.38% 的市民表示“很赞同”、52.77% 表示“赞同”，而持“不赞同”、“很不赞同”的比例只有 2.92%。这说明，大部分市民都遵守主动纳税的法律义务，首都市民的守法意识较高。

进一步的分析发现，教育程度、年龄、职业地位等显著影响市民在“即使在税务机关不知情的情况下，也应该主动纳税”这一问题上的选择。具体而言，小学及以下教育程度的市民“很赞同”或“赞同”“即使在税务机关不知情的情况下，也应该主动纳税”的比例最低，而教育程度高的市民选择“很赞同”或“赞同”的比例相对较高（参见图 13），卡方检验的结果显示，教育程度的影响是显著的（$\chi^2 = 42.136$，$p < 0.005$）。

不同出生年代的市民对“即使在税务机关不知情的情况下，也应该主动纳税”这一观点的认同上也存在显著差异（$\chi^2 = 33.374$，$p < 0.001$）。具体来说，“80 后”市民认同的比例最低，“70 后”、“60 后”、“50 后”认同的比例都在 80% 左右。

其他一些因素，诸如性别、政治面貌、收入水平等因素对人们守法情况没有显著影响，即不同性别、不同政治面貌、不同收入水平的市民在履行纳税义务、遵守法律法规上的意见一致。

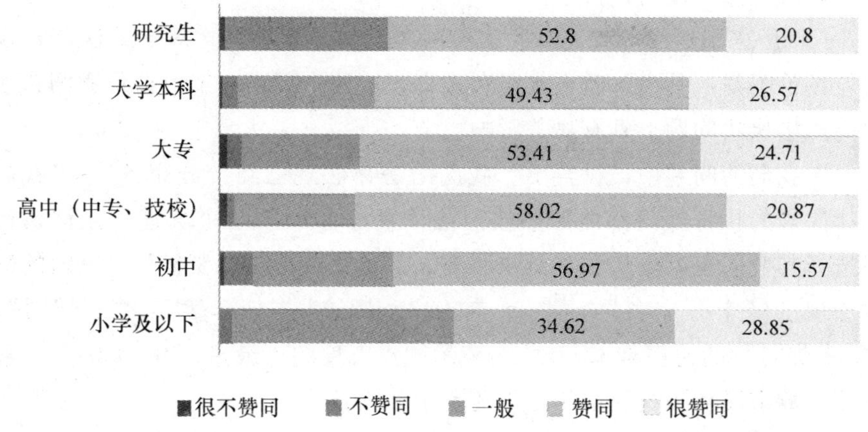

图13　不同教育程度的市民对“主动纳税”的赞同程度（%）

三　市民对法律的评价

2011年，中国社会主义经济建设、政治建设、文化建设、社会建设以及生态文明建设都取得了新的成绩，实现了“十二五”时期的良好开局。这一年，中国的法治建设围绕科学发展这个主题和加快转变经济发展方式这条主线，服务国家工作大局，促进了经济持续增长与社会和谐稳定；加强立法工作，提高立法质量，中国特色社会主义法律体系进一步完善；继续推进依法行政，深化司法体制和工作机制改革，法治政府建设和公正廉洁执法取得了新的成效；法制宣传、法学教育和法学研究创新发展，全社会的法律意识和法治观念进一步增强。

同一时期，北京进一步加强城乡统筹方面的立法，促进城乡一体化发展；加强公共安全和社会治安方面的立法，维护首都社会安全稳定；加强城市运行管理方面的立法，确保城市运行顺畅有序；加强保障和改善民生方面的立法，使发展成果惠及广大人民群众。

北京法制建设不断发展的一个突出表现就是市民法律意识和法治观念的增强，本调查报告的前述部分已经证明了这一点。另外，伴随法制化程度的提高，市民对法制化社会有了更高预期。因此，市民对法制化建设的广泛认同，是衡量法制化程度的重要指标。

在《2012年首都市民价值观问卷调查》中，课题组从“法制建设”、“执法效果”两个方面设置了相关问题，用来测量市民对我国法制建设、地方政府依法行政的评价。

（一）法制建设。市民对我国法制建设的预期较高，对当前法制建设成就评价不高。其中，收入水平和教育程度两个因素在市民评价我国执法部门严格执法问题上具有显著影响。

在我们的问卷中，设置了“我国的法律法规已经十分完备”、“我国法律法规的执行部门都能严格按照法律程序办事”两个陈述，让被访市民选择其赞同程度。从调查结果来看，“很赞同”或“赞同”“我国的法律法规已经十分完备”这一观点的比例是27.21%，表示“不赞同”、“很不赞同”的比例是32.75%，表示中立态度的人最多，有40.04%。这说明多数市民认为我国法律法规还不十分完备。

在“我国法律法规的执行部门都能严格按照法律程序办事”这一观点上，有7.19%的被访市民表示“很赞同”，27.9%的被访市民表示“赞同”；表示“不赞同”或“很不赞同”的比例分别是18.19%、7.14%；表示中立态度的人也是最多的，有39.57%。这说明，多数首都市民不认同“我国法律法规的执行部门都能严格按照法律程序办事”这一观点（参见图14）。

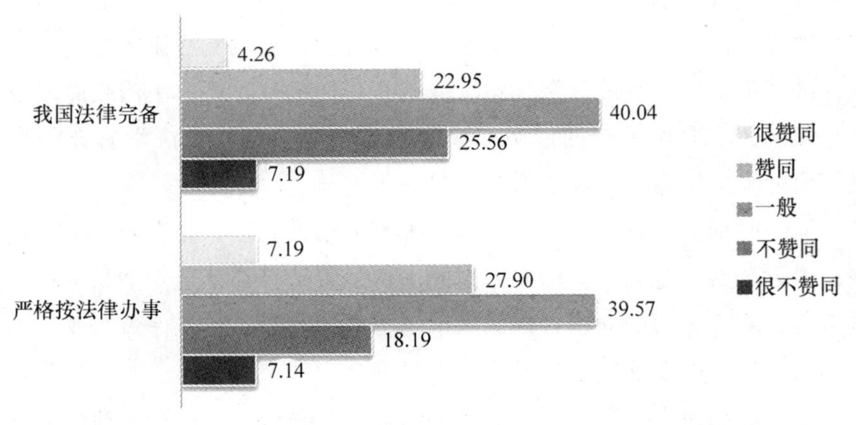

图14　市民对我国法制建设的赞同程度

综合市民对上述两个观点的评价，可以感知首都市民对我国法制建设的满意程度不高，他们对我国法制建设的完备性、法规的严格执行性有更高的预期，我国法制建设的任务依然艰巨。

进一步分析中，我们按照政治面貌、收入水平、文化程度、年龄段对市民的回答进行考察。其中，在“我国的法律法规已经十分完备”这一问题的回答上，各社会特征的市民其选择的差异不明显，这说明，首都市民对我国法律完备情况的评价较为统一。

卡方检验显示，自评收入水平、教育程度在对“我国法律法规的执行部门都能严格按照法律程序办事”这一观点的评价上存在显著差异。具体而言，自评“高等收入”水平的被访市民中表示“很赞同”和“赞同”比例合计为50%，自评“中等收入”水平的被访市民中表示“很赞同”和“赞同”比例合计为41.56%，自评“低等收入”水平的被访市民中表示“很赞同”和“赞同”比例合计为28.87%（参见图15）。卡方检验（$\chi^2=59.058$，$p<0.001$）说明，不同收入水平的市民对我国法律法规的执行部门严格按照法律程序办事的评价存在显著差异。自评高等收入水平的市民中给予法律法规执行部门更高的正面评价，自评中等收入、自评低等收入的市民在此问题上的正面评价依次降低。

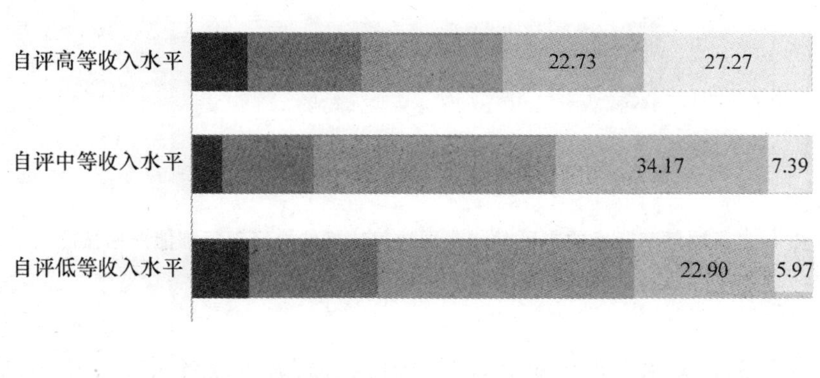

图15　不同收入水平的市民对“我国法律法规的执行部门都能严格按照法律程序办事”的赞同程度（%）

不同教育程度的市民，对“我国法律法规的执行部门都能严格按照法律程序办事”评价的差异，主要体现为：教育程度越高，表示“很不赞同”或“不赞同”“我国法律法规的执行部门都能严格按照法律程序办事”的比例越高。具体而言，“小学及以下”、“初中”和“高中（中专、技校)”等文化程度较低的市民，“很不赞同”或“不赞同”“我国法律法规的执行部门都能严格按照法律程序办事”的比例维持在20%左右，而“大专”、“大学本科”和“研究生”等文化程度较高的市民，表示“很不赞同”或“不赞同”的比例分别是25.9%、28.2%、34.4%，并且呈现逐渐增加的趋势。相应的，“研究生”文化程度的市民表示“赞同”和“很赞同”“我国法律法规的执行部门都能严格按照法律程序办事”的比例最低（28.8%）。卡方检验（$\chi^2=42.373$，$p<0.005$）说明，不同教育程度的市民对我国法律执行部门严格执法评价的差异是显著的（参见图16）。

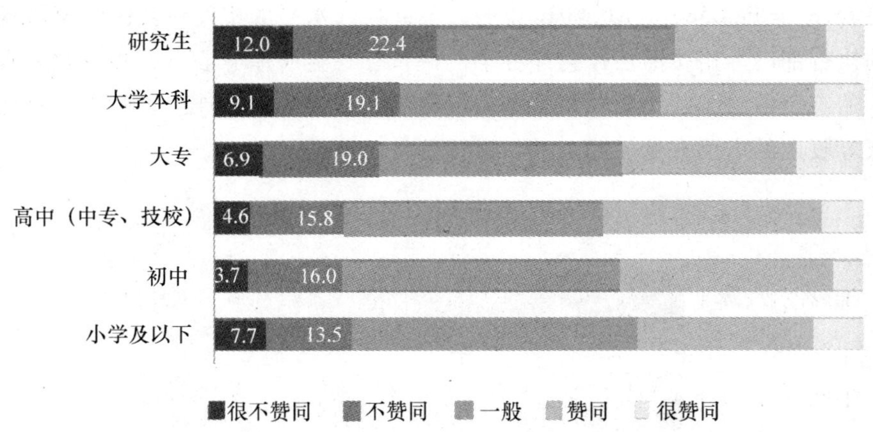

图16　不同教育程度的市民对“我国法律法规的执行部门都能严格按照法律程序办事”的赞同程度（%）

（二）执法效果。市民对北京市政府依法行政、政务公开评价不高，这可能源于市民对行政执法人员的信任较低。此外，不同收入水平的市民在政府“依法行政”的评价上存在显著差异。

执法效果主要是用来测量市民对整个社会的法制环境的评价。在我们的调查问卷中，设置了两方面问题：一个是市民对政府依法行政、政务公开的评价；另一个是市民对政府行政执法人员的信任程度。

在对政府“依法行政”、“政务公开”的评价中，被访市民要求做出“很好”、“比较好”、“一般”、“比较差”、“非常差”等评价。从调查结果来看，认为北京市政府“依法行政”水平“很好”的比例是13.59%、认为“比较好”的比例是 38.92%；而认为“一般”的比例是 40.72%，认为“比较差”的比例是 5.28%、认为“非常差”的比例是 1.49%。

在“政务公开”的评价中，市民的评价结果类似于对“依法行政”的评价。认为北京市政府“政务公开”水平“很好”的比例是 13.9%、认为“比较好”的比例是 37.69%；而认为“一般”的比例是 39.5%，认为“比较差”的比例是 6.44%、认为“非常差”的比例是 2.47%（参见图 17）。

与 2010 年的调查相比，2012 年被调查市民对北京市政府在“依法行政”、“政务公开”上的正面评价略有提高，然而，总体评价水平与两年前相差不大。即市民对“依法行政”的正面评价（“很好”与“比较好”的比例合计 52.51%）多于负面评价（“非常差”与“比较差”的比例合计 6.77%）；市民对“政务公开”的正面评价（即“很好”与“比较好”的比例合计 51.59%）多于负面评价（“非常差”与“比较差”的比例合计 8.91%）（参见图 17）。这一方面揭示了政府相关工作确实获得了进步，得到了市民更多的肯定，但另一方面，市民的正面评价比例仍不算太高，而且仍有近半数的市民评价为“一般”，这说明我们的市政府仍然要在“依法行政”、“政务公开”等方面加倍努力。

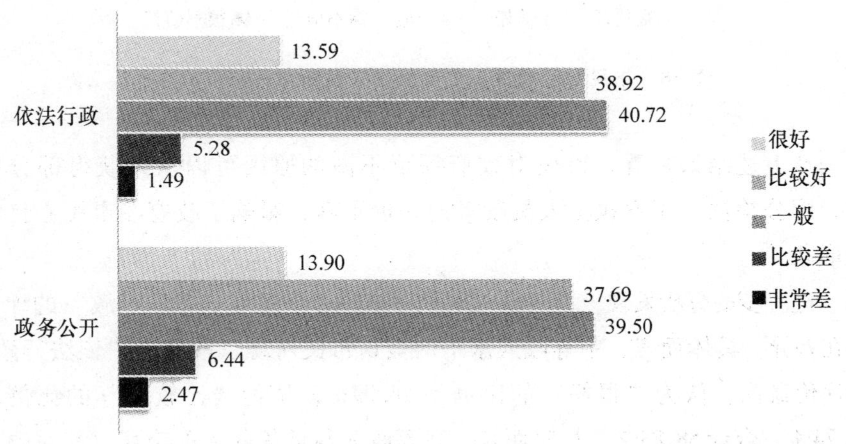

图 17　市民对北京市政府“依法行政”、“政务公开”的评价（%）

“依法行政”、“政务公开”是对政府的评价，我们在调查问卷中还设置对政府行政执法人员的评价。从调查结果来看，市民对“公检法人员”的评价中，表示“信任”公检法人员的比例是42.29%，“很信任”公检法人员的比例是9.44%，两者合计51.73%。在对“工商执法人员”的评价中表示“信任”工商执法人员的比例是38.56%，“很信任”工商执法人员的比例是8.93%，两者合计47.49%。由此可见，市民对政府行政执法人员的信任度都没有过半（参见图18）。

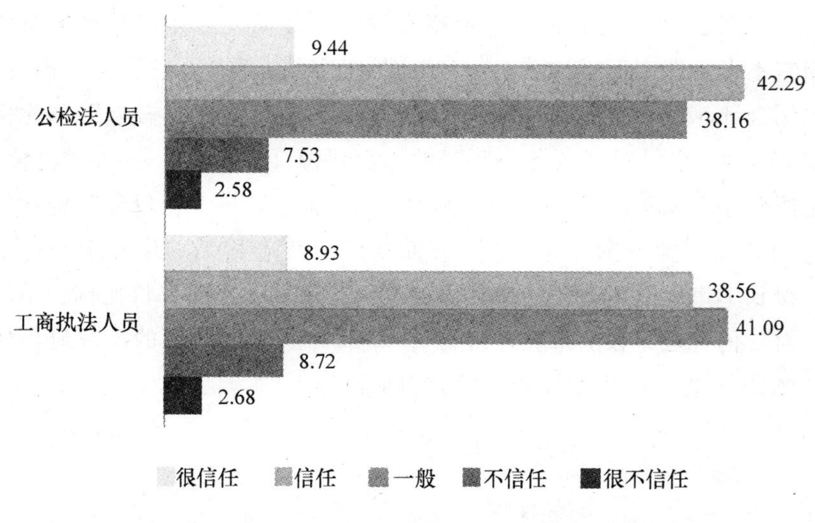

图18　市民对公检法、工商执法人员的信任程度（%）

从上述结果来看，市民对政府评价不高的原因可以从中获得部分解释，即公检法、工商执法人员获得的评价不高，影响了政府在市民心目中的形象。

进一步的分析发现，不同收入水平的市民，在政府“依法行政”的评价存在差异。具体而言，中等收入水平的被访市民对北京市政府“依法行政”的评价最高，认为“很好”的比例是16.09%，认为“比较好”的比例是42.74%，合计58.83%。相对而言，高等收入与低等收入的市民，其对政府“依法行政”的评价偏低：高等收入水平的市民认为“很好”的比例是13.64%，认为“比较好”的比例是31.82%，合计45.46%；低等收入水平的市民认为“很好”的比例是11.98%，认为“比较好”的比例是35.32%，合计 47.3%。卡方检验（$\chi^2 = 34.404$，$p < 0.001$）的结果说明，不同收入水平的市民对政府“依法行政”的评价存在显著差异，即中等收入水平市民对“依法行政”的评价最高（参见图 19）。

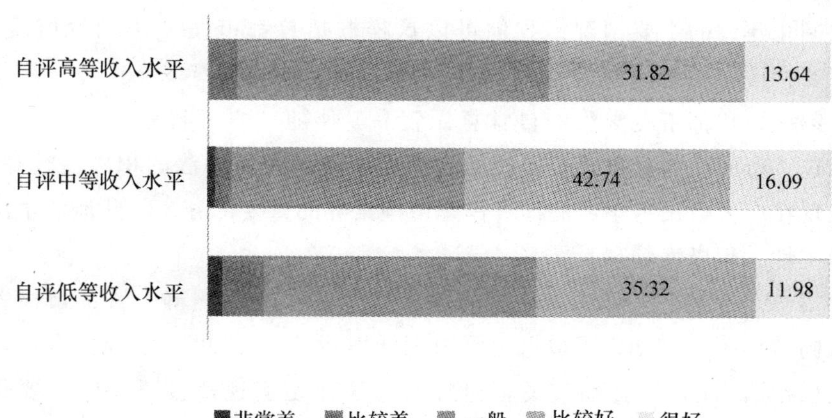

图 19　不同收入水平的市民对北京市政府“依法行政”的评价（%）

四　市民法制价值观调查结果及启示

2011 年“六五普法”以来，北京市大力开展中国特色社会主义法律体系宣传教育工作，确立了 7 项主要任务。一是深入学习宣传宪法、中国特色社会主义法律体系和国家基本法律制度，推进依法治国方略在本市的落实。二是深入学习宣传国家经济法律制度，营造首都经济平稳较快发展的法治环境。三是深入学习宣传保障和改善民生法律法规，维护首都社会和谐稳定。四是深入学习宣传社会管理法律法规，推进城市管理和服务的法治化。五是积极推进社会主义法治文化建设，丰富“人文北京”法治内涵。六是继续深化“法律进机关、进乡村、进社区、进学校、进企业、进单位”主题活动，提高法制宣传教育的针对性和实效性。七是全面开展法治创建活动，加快法治城市建设步伐。

通过深入扎实的法制宣传教育和法治实践，深入宣传中国特色社会主义法律体系，广泛传播法律知识，大力弘扬社会主义法治精神，进一步提高行政机关工作人员依法行政的意识和能力，进一步提高全体市民法律意识和法律素质，进一步提高城市法治化管理水平，进一步促进社会主义法治文化建设，推动形成自觉学法、遵法、守法、用法的社会环境。

首都市民的法律价值观就是在这样一个社会背景下形成的，把握这一背景是我们梳理、总结、理解当前首都市民法律价值观特点的重要切入点。

基于2012年市民法律价值观数据的分析，结合“六五普法”以来首都法制化建设的主要情况，我们可以这样概括首都市民“法制价值观”的主要特征：

第一，首都市民学法的自觉意识较高。伴随“六五普法”工作的逐步推进，市民法律意识逐步提高。这不但表现为市民学法的积极性较高，还表现在广大市民将学习法律看作是市民素养的重要部分，因此他们学法的自主性、积极性较高。

第二，首都市民对法律功能的理解（知法）较为明确。首都市民普遍认同“学习法律知识可以避免因为无知而犯法”、“更好地维护自己的合法权益”。此外，首都市民普遍赞同“法律是实现社会正义的重要保证”这一观点，当个人合法权益受到侵害时，多数市民将“法律”作为维护个人权益的武器，表示应该去抗争；更为重要的是，亲朋好友触犯法律时，市民普遍赞同“应该举报亲戚朋友”，这些都反映出市民较高的法律知识水平。

第三，首都市民在法律实践（用法和守法）上的表现也比较好。一方面，首都市民的用法意识较高，在“政府侵犯个人合法权益”的这一假设情景下，多数市民选择了“向政府相关部门反映”、“找社会组织帮助维权”、“到法院起诉”等积极的应对方式。另一方面，首都市民的守法意识较高。在以“主动纳税”、“闯红灯”等表征守法自觉程度的指标测度上，大部分市民做出了正确选择。

第四，市民对法制建设抱有很高的期望。2011年以来，在“五五普法”成就的基础上，北京市又开始推动“六五普法”工作，法制建设取得了阶段性的成就，营造了健康和谐的法律秩序，有力地保障了首都经济社会健康有序的发展，市民的合法权益受到越来越完善的保护。然而，本次调查结果显示，首都市民在肯定北京法制建设成就的同时，也对法制建设提出了更高的预期。这说明：法制建设本身增强了市民的法律意识，而法律意识增强的市民，反过来对首都法制建设提出了更高的要求。

第五，“执法”环节影响市民对法制建设的过低评价。调查显示，市民赞同“我国法律法规的执行部门都能严格按照法律程序办事”这一提法的不足33%。此外，在对各类行政执法人员的评价中，市民的信任程度总体偏低。这样的结果说明，我国法制建设过程中，要重视制度文本的完善，但是更重要的是，要将法制建设落在“行动”上，加强执法队伍的建设，更能让广大市民感到我国法制建设的进程。

当然，首都市民是一个多元总体，他们在法律价值观上并非是一个统一体，而是存在一定差异的。诸如年龄、收入、职业身份、是否流动人口等特征都可能对市民的法律价值观产生显著影响，相关的调查结果值得反思。

首先，“80后”青年市民的法律价值观值得关注。

总体而言，以“80后”为代表的青年市民法律意识较低。在“学法”上，被访市民中，“80后”市民表示“每天都看”法制节目的比例最低。在“用法”上，“80后”选择“到法院起诉”的比例是四代人中最低的。此外，在“守法”上，“80后”市民对“即使在税务机关不知情的情况下，也应该主动纳税”这一观点的认同比例也是最低。如果说我们在测度市民学法积极性时，选择“观看法制电视节目的频次”具有一定的片面性，因为覆盖“80后”青年市民的主流媒体不是电视。然而，在用法、守法的测度上，问卷中假设的情景对所有市民则不存在这种偏见。因此，“80后”青年市民法律意识的提高，可能不仅仅是一个如何选择恰当媒体的问题，甚至不主要是传播媒体的选择问题。如何提高“80后”青年市民的法律意识，培养他们正确的法律价值观，将是今后法制宣传工作的一个重点，也是市民价值观建设中的一个难题。

其次，教育程度对市民法律之价值观有显著影响，法制化宣传工作应依据教育程度的高低差别化地展开。

教育程度高的市民，他们掌握了较多法律知识，因此，他们“学法”的积极性相对不高，“收看法制节目”比例较低即从一个侧面印证了这一观点。另外，教育程度越高的市民对“我国法律法规的执行部门都能严格按照法律程序办事”的负面评价也越高，这是他们在较高法律知识基础上做出的判断，因此具有一定的客观性；此外，教育程度高的市民，对法制建设的预期也较高，因此他们用来评价我国执法部门的标准也较高，由此不难理解他们较高的负面评价。

此外，对于教育程度低的市民，根据调研结果，我们需要做的是向其提供更多的法律知识，以满足其“学法”的积极性。同时，不断提高其法律意识，推动他们将学习到的法律知识内化为外部行为，成为真正的“守法者”。

最后，自评收入水平显著影响市民对我国法制化的评价。

本次调查一个有意义的发现是，市民自评的收入水平相对绝对的水平而言，对市民法律价值观的影响更明显。所谓自评收入水平，是请被访市民主观判断一下“与周围大多数人相比，收入处于哪个层次”。而绝对收入水平则是用被访市民每月的真实收入来代表。我们认为，法律价值观就本质而言是一种主观判断，它植根于人们对自身的社会定位，即人们认为自己是怎样一类人，总是按照这类人的标准去思考问题。因此，自评收入水平表征的是市民对自己的一种定位或归类，从自评收入水平的差异去揭示人们在法律价值观上的差异更合理。因此，在进行法律宣传教育、法制化建设过程中，与其根据人们的绝对收入划分工作对象，不如根据人们的自评收入水平去划分工作对象。

第六节　首都市民婚育与性价值观状况

婚姻是男女两性结合的社会形式，生育是实现人类繁衍的自身生产，而性行为则是男女两性结合的自然形式，是实现人类自身生产的前提。婚育观和性价值观就是人们对婚姻、生育、性行为的理解和看法，它是人们价值观结构中的一项重要内容。为了了解当前首都市民婚育观和性价值观的基本状况，我们分别从择偶观、婚姻观、生育观和性价值观 4 个维度进行了较为全面的调查研究。

一　市民的择偶观状况

择偶是个人对对方的要求，也是对自己未来婚姻生活的设计。它不仅是婚姻缔结的前提，而且直接影响婚姻的质量，因此它是婚姻过程中一个十分重要的环节。择偶观是婚姻观的一个缩影，是个体婚姻意愿的一种表现，其核心内容是对理想配偶的评价和选择标准。因此，对婚育观的考察离不开对择偶观基本状况的了解。

（一）首都市民择偶的目的基本实现了从以满足家长（或家族）的意愿为主，向以满足择偶者本人要求为主的转变

曾几何时，无论在东方社会还是西方社会里，择偶都关系着整个大家

庭（或家族）的命运。除了考虑传宗接代外，它更主要的是考虑整个家庭财产的维系和增值。因此，在择偶过程中起决定作用的往往是家族的利益而不是个人的意愿。随着北京进入后工业化经济发展阶段[①]，首都市民的择偶目的已经不仅仅是为了满足家长或家族的意愿，而是更多地以满足择偶者本人的要求为主。

在调查中，我们选用“是否赞同‘感情’是维系恋爱关系的前提”、“是否赞同宁愿找一个爱自己的人”来对人们的择偶目的进行测评。2012年调查结果显示：在“是否赞同‘感情’是维系恋爱关系的前提”一题中，81.6%的被调查者选择了“赞同”或“很赞同”，15.5%的被调查者选择了“一般”，仅有3%的被调查者表示反对。在“是否赞同宁愿找一个爱自己的人”一题中，57.7%的被调查者选择了“赞同”或“很赞同”，33.7%的被调查者选择了“一般”，8.5%的被调查者表示反对。这说明，越来越多的人追求以相互爱慕为基础的婚姻，在择偶过程中起决定作用的不再是家族的利益，而是择偶者个人的意愿。

同样基于“是否赞同‘感情’是维系恋爱关系的前提”和“是否赞同宁愿找一个爱自己的人”两题的调查，我们对被调查者进行了群体的性别差异性比较分析。结果显示，对于“‘感情’是维系恋爱关系的前提”一题，选择“赞同”和“很赞同”的女性比男性高出2.6个百分点，而对于“宁愿找一个爱自己的人”一题，选择“赞同”和“很赞同”的女性比男性高出5.2个百分点。这说明，相较于男性，女性更看重情感基础因素。

（二）“父母之命，媒妁之言”的传统择偶方式迅速被自主、多元的现代择偶方式所取代

择偶方式的自主。受几千年封建婚姻家庭制度和传统婚姻观念的影响，“父母之命，媒妁之言”曾经是青年择偶的主要方式。随着时代的变迁，青年择偶越来越冲破重重的束缚，自主择偶的比重逐渐增加。1949年以前，父母包办婚姻的比例占到41.24%，自由恋爱的婚姻仅占10%。[②] 2012年的调查结果显示：有78%的被调查者对“选择配偶是自己的事，

① 进入21世纪以来，北京以科学发展观为指导，走高端、高效、高辐射力的产业发展之路。在此基础上，北京大力发展以生产性服务业和文化创意产业为主的第三产业，到2006年，北京第三产业比重已经超过70%，领先于全国其他地区进入后工业化经济发展阶段。

② 宣兆凯：《中国社会价值观现状及演变趋势》，人民出版社2011年版，第220页。

应该自己做主”表示“赞同”和“很赞同”，仅有6.2%的被调查者对此表示反对。这说明青年择偶的自主意识不断增强。值得注意的是，选择“赞同”和“很赞同”的女性比男性仅仅高出0.8个百分点，说明对择偶自主性的认同这一点，没有明显的性别差异。

择偶方式的多元。在婚姻介绍中，择偶媒介呈现出从亲缘关系到业缘关系的转变。亲缘关系是指当事人双方是亲属或由父母包办、介绍以及由长辈亲属、兄弟姐妹等平辈亲属介绍。业缘关系是指当事人双方是同学、师生、同事、同行、朋友或由同学、同事、朋友等介绍。1966年以前，亲缘关系所占的比例为46.1%，1987年至1996年降至27.2%；而业缘关系所占的比例则从1966年前的27.1%上升到1987年至1996年的56.2%。[①] 近年来，网络择偶也悄悄地从无到有，从小渐大，逐步被人们所接受。据统计，目前中国网民达2.1亿，其中未婚群体占55%，而青年超过八成。互联网实验室和国家统计局联合发布的《2008年4月份中国交友婚恋网站市场份额统计报告》显示，“珍爱网”注册会员已超过1000万，并保持着每天新注册3万会员的惊人增长速度。可见，网络交友、网上聊天等网络择偶方式的迅速兴起，促使当代青年择偶的网络与空间不断增大，这无疑与现代化进程中人们生活节奏日益加快，生活方式更加自主相适应。当然，网络交友的安全问题也同样引起了社会的广泛关注。

（三）择偶标准经历了从“门当户对”到注重政治条件，再到物质、心理需求并重的变迁

择偶标准即为男女选择结婚对象的条件或者要求。“议婚必择门第”[②]，这是传统中国社会的择偶标准，且这一择偶标准已经固化为一种风俗习惯。随着时代的发展与进步，青年人的择偶标准发生了明显的变化。“门当户对”这一传统的择偶观念的影响力正在日益减弱，择偶标准多元化的趋势随着时间的推移日益明显。总的来说，现代中国择偶标准的变迁大致分为两个阶段：第一阶段为20世纪50年代至70年代中期，其主要特点是青年人在选择配偶时非常注重对方的政治背景，因而择偶对象的“本人成分”、“家庭出身”以及“社会关系”等成了择偶时需要考虑

---

① 徐安琪：《世纪之交中国人的爱情和婚姻》，中国社会科学出版社1997年版，第72页。

② 孙秀艳：《青年择偶标准的历史演变和现实思考》，载《社会》2002年第4期。

的主要因素。第二阶段为1978年以后至今，择偶标准的主要特点是“政治条件”重要度递减，“能力”、“住房”、“收入”等经济社会因素和爱情因素日益升值。其原因在于，改革开放以后，市场机制运作中的利益获取和财富拥有已经不再依赖于政治面貌、家庭出身等外在条件，而更多地与学历、职业、能力等个人素质条件相联系，而这些因素对择偶标准的确定具有直接的导向作用。

据1984年的一项调查结果显示[①]，被调查的525名北京青年人就19条择偶因素中“选择对象考虑的第一因素是什么”的回答，排在前3位的是“人品好”、“文化水平高”和“相貌风度好”；最后3位的是“本人政治条件好”、“家庭政治地位高”和“家庭人口简单”。另据1985年对北京504名工人择偶条件的调查，由多到少的排列顺序是：（1）人品好；（2）性格好；（3）能体贴人；（4）志趣相投；（5）有上进心；（6）文化水平高。说明越来越多的年轻人在选择配偶时把恋爱对象本身的人品、素质条件放在了首位。

在2008年的调查问卷中，我们设计了“您认为在选择配偶时最应关注的是什么”的问题。结果显示，在9条择偶因素中，按多到少的排列顺序是：（1）人品；（2）健康状况；（3）个人能力；（4）性格气质；（5）经济实力；（6）外貌；（7）学历；（8）家庭条件；（9）兴趣爱好。“人品”、“性格气质”是一个人的内在素质。“个人能力”往往被看作是潜在的经济实力，个人能力越强，未来拥有经济实力的可能性就越大，也就是人们俗称的“潜力股”。如果说“经济实力”、“个人能力”满足的是人的物质需求的话，那么“人品”、“性格气质”满足的就是人的心理需求。这说明人们的择偶标准已从以政治、家庭背景优先转向以物质、心理需求为重。

通过调查，我们还发现，两性在择偶标准方面略有差异，男性更关注“性格气质”，而女性更看重“个人能力”。男性组选择“性格气质”作为择偶时最应关注的条件的比女性高出了4.03个百分点，而女性组选择“个人能力”作为择偶时最应关注的条件的比男性高出了5.32个百分点。这说明男性比女性对婚配对象的个性要求更高，而女性比男性对婚配对象的社会经济资源的期待更高。此外，不同文化程度，择偶观也略有差异，

① 单光鼎：《中国青年婚恋观的变化趋势》，载《青年研究》1986年第7期。

文化程度较高的群体更看重“学历”，而文化程度较低的群体则更看重“家庭条件”。在文化程度较高的群体中，选择“学历”作为择偶最应关注要素的比文化程度较低的群体高出 5.73 个百分点；在文化程度较低的群体中，选择“家庭条件”作为择偶最应关注要素的比文化程度较高的群体高出 5.73 个百分点。这说明，文化程度高的群体对未来婚姻有着更高的目标要求，具有更强的独立意识和进取意识。

在 2012 年的调查中，为了考量物质和经济利益在择偶过程中所占的比重，我们设计了“是否有房、有车是当今择偶的基本条件”的问题。因为有房、有车是时下经济实力最为直接的表现，择偶时对车子、房子的关注也就是对物质和经济利益的直接关注。结果显示，在“是否有房、有车是当今择偶的基本条件”选择上，人们存在着较大的分歧。其中，38%的被调查者选择了“赞同”，22.7%的被调查者选择“反对”，还有 39.3%的被调查者选择了“一般”，即不表示赞同也不表示反对。这说明人们仍向往纯真的爱情，但在面对物质诱惑和现实生活压力时又显得很无奈。为了考察人们的文化程度是否会对择偶标准产生影响，我们还对此做了卡方检验。卡方检验结果表明，“不同文化程度的人”在对“是否有房、有车是当今择偶的基本条件”的认识上存在显著差异（$\chi^2 = 45.240$，$p < 0.001$），这说明人们的文化程度越高，在择偶方面越不看重物质条件。

综合 2008 年、2010 年和 2012 年的调查来看，我们不难发现，在过去相当长的一段时间里存在的将“重爱情”与“重社会地位、经济收入”绝对对立起来的状况已经结束。现在人们的择偶标准主要是对对方进行经济因素与情感因素的综合考量。

二　市民的婚姻观状况

婚姻观是人们的价值观在婚姻问题上的体现。婚姻是人生发展轨迹中一个重要的环节，其成败直接关系到个体一生的幸福。同时，婚姻还是人们群居的基本生活单位和基本的社会关系，是社会安定的重要因素。正因如此，婚姻观一直是社会普遍关注的问题。为了了解当前首都市民婚姻观的状况，2008 年、2010 年和 2012 年，课题组围绕婚姻动机、夫妻关系和婚姻责任 3 个维度，先后 3 次展开了调查研究。

（一）婚姻观上出现多元化的倾向，但多数人仍然向往稳定的婚姻

人们对婚姻的看法，在过去的十几年间正悄悄发生着变化，非婚同

居、试婚、独身等行为渐渐为人们所接受。2012 年调查结果显示，41.5% 的被调查者对“恋爱未必结婚”持“赞同”意见，29.2% 的被调查者对此表示反对，还有 29.3% 的被调查者态度保持中立，既不赞同也不反对。这说明，人们的婚姻观已经出现了多元化的倾向。但尽管如此，大多数人仍然向往稳定的婚姻，这一点可以从人们的择偶观上得以窥见。2008 年的调查结果显示，“人品”和“健康状况”是人们在择偶时最为关注的两项要素，而这两项要素均与保持婚姻的稳定密切相关。其中，“人品”是稳定婚姻的主观保障，“健康状况”则是稳定婚姻的客观条件，它们都体现了人们对婚姻生活稳定性的追求、渴望和向往。

（二）婚姻目的不再是为了传宗接代，而是为了追求个人幸福

《礼记·昏义》中将婚姻的目的描述为“上以事宗庙，下以继后世也”。可见在中国传统社会中，婚姻的目的就在于它联系了两个家族，根本目的在于传宗接代，即世代的“香火”延续。因此，传统婚姻的主体不是夫妻双方个体，而是家庭及家族。夫妻双方的感情如何是无所谓的，因为男女双方的结合不是为了他们自身的幸福和感情的满足，而是为了“广家族，繁子孙”。

随着社会的现代化进程，现代婚姻的目的已由传统的生儿育女、养老育幼、生活和生产，逐渐向对个人幸福的追求、个人情感需要和精神生活需求的满足转变。调查中，我们选用对“结婚之后生个小孩比较好”的看法和对“一般而言，已婚者比独身者快乐”的说法是否赞同两道题目，对人们的婚姻目的进行测评。调查结果显示：在对“结婚之后生个小孩比较好”的看法中，74.9% 的被调查者 74.9% 表示“赞同”。对比 1989 年、1996 年的调查数据，可以明显看出近 20 年来，“生育子女”这一传统的婚姻目的已开始弱化了。而在对“一般而言，已婚者比独身者快乐”的说法是否赞同一题中，2012 年的调查结果显示：45.9% 的被调查者表示“赞同”或“很赞同”。这说明，人们对婚姻能够带给人们幸福感给予了充分的肯定。

（三）情爱与性爱的结合成为构成当代婚姻美满的基本要素

在传统的婚姻价值观中，享受性快乐、追求性快乐往往被看成淫恶邪念而受到抑制。自 20 世纪 80 年代以来，随着西方性解放思想的传入，人们的婚姻价值观也发生了改变。性成为调节婚姻关系的一个重要因素，性生活质量成为衡量婚姻质量的重要标准。一项对北京市 1217 名已婚男女

的调查发现，性生活和谐的夫妻，有 92% 和 96% 认为婚姻也是美满的；性生活不和谐的夫妻，有 31% 和 38% 认为婚姻不美满。[①] 另据一项关于人们对婚姻美满因素和离婚因素评价的调查结果显示，在 15 项婚姻美满因素中，排在前 5 项的依次为“忠诚”，“相互欣赏、尊重”，“相互理解、相互忍让”，“共同承担家务”和“性生活和谐”。而在离婚原因评价中，超过半数的人（54.6%）认为造成离婚的重要原因是性生活不和谐。[②] 2012 年，我们在问卷中设计了是否赞同“性和谐是美满婚姻的条件”这样一道题目来考察人们对性在婚姻重要性的认识。结果发现，62% 的被调查者承认性和谐是美满婚姻的条件，仅有 4.9% 的被调查者对此表示反对，33.1% 的人态度保持中立。这充分说明，追求情爱与性爱的结合已经成为当代婚姻美满的基本要素。此外，通过相关分析，我们还发现人们对性在婚姻关系中的重要性认识存在群体差异性。受教育程度在大专以上的被调查者对“性和谐是美满婚姻的条件”的认同度明显高于受教育程度在大专以下的群体，这说明文化程度较高的群体更看重性在美好婚姻关系中所起的作用。

（四）民主、平等的夫妻关系得以确立

夫妻关系是婚姻关系的重要内容。在中国传统社会，夫妻之间的关系是一种附属式依赖关系。这种附属式依赖关系的特点是，在家庭中，妻子完全依附于丈夫，没有独立的人格。这是因为在传统的分工模式下，女性的主要职责就是生养孩子、侍奉老人、照顾丈夫。这种社会分工使女性失去经济地位和社会地位，在家庭中成为男子的附属品。进入现代社会后，随着女性独立经济地位的确立，婚姻家庭中民主平等意识得到不断地强化，夫妻关系从传统的依附关系转变为民主、平等的夫妻关系。

1996 年调查结果显示：人们将忠诚，欣赏、尊重，相互理解、忍让，看作是婚姻美满的基础和首要条件。[③] 这说明在婚姻家庭价值观上，人们更重视双方感情的满足，夫妻关系平等意识增强了。2008 年，我们在问卷中设计了“在家庭生活中，您认为最不能容忍的事是什么”这样一道题目来考察人们婚姻观的基本状况。调查结果显示：就配偶之间的关系而

① 潘绥铭：《当代中国的性存在》，载《社会学研究》1993 年第 2 期。

② 卢淑华：《婚姻观的统计分析与变迁研究》，载《社会学研究》1997 年第 2 期。

③ 同上。

言，“在家庭生活中，您认为最不能容忍的事”选择最为集中的依次是“不尊敬不赡养老人”、“家庭暴力”和“婚外恋”。这说明夫妻关系中的忠诚与平等是人们婚姻观的基本取向。通过调查，我们还发现不同文化程度的市民对影响夫妻关系和睦诸因素重要程度的认识也略有差异，文化程度较高的群体将“家庭暴力”和“性格志趣不和”看作影响夫妻关系的主要因素，比文化程度较低的群体分别高出 5.27 和 4.45 个百分点。这说明，文化程度较高的群体对婚姻的期望值更高，他们渴望夫妻关系不仅平等和睦，还要达到琴瑟和谐的境界。

同时，现代社会的发展，为女性提供了比较自由的职业空间，使女性能够比较广泛地参与社会实践，与男性一起创造财富。女性认识到了在家庭之外，事业对女性发展的重要意义。大多数女性不再满足于替代性成就感，即以丈夫的事业繁荣为骄傲，而是追求自己的事业。有了独立的事业，女性就实现了真正意义上的经济独立。女性经济地位的上升导致女性家庭地位的上升。2012 年，我们在问卷中设计了“女人应该以家庭为重，男人应该以事业为重”这样一道题目来考察女性的婚姻家庭观。调查结果显示：60.4% 的女性被调查者对这一说法表示“很不赞同”、“不赞同”或“一般”，比男性高 9.5 个百分点。为了考察不同文化程度的女性对“女人应该以家庭为重，男人应该以事业为重”的看法是否有差异，我们进行了卡方检验。从卡方检验结果（$\chi^2 = 37.850$，$p < 0.01$）来看，女性的文化程度越低，选择“赞同”和“很赞同”的比例越高。其中，“小学及以下”支持“女人应该以家庭为重，男人应该以事业为重”这一观点的比例最高（“赞同”与“很赞同”合计比例 65.4%）；相对而言，“研究生”文化程度的被访女性市民支持这一观点的比例最低（“赞同”与“很赞同”合计比例 27.5%）。这说明女性的受教育程度越高，参与社会工作的机会越多，因此也越容易对传统社会赋予女性的角色提出异议和反对。另据徐安琪的一项调查结果显示，女性青年肯定“女性结婚后应以丈夫和孩子为中心安排生活”的仅占 19.3%。这说明，随着现代化的进程，“男主外女主内”的传统社会分工已经越来越失去其存在的土壤，女性的主体意识获得了发展，有了独立性人格价值观。

（五）自由的离婚观逐渐被人们特别是女性所接受

在传统的婚姻价值观中，人们对离婚始终是持一种保守的态度。如今，这一点已发生了改变。现在多数人不再认同“离婚丢人”的看法，人们不再一味隐忍不和谐的婚姻，认为只要夫妻感情不和，用离婚来结束婚姻是很正常的事情。2012 年，我们在问卷中设计了“当夫妻不能有效解决婚姻问题时，离婚是最好的办法”这样一道题目来测评首都市民的离婚观。调查结果显示：35.3% 的被调查者对此表示赞同，32.1% 的人表示反对，32.7% 的人保持中立。在赞同“当夫妻不能有效解决婚姻问题时，离婚是最好的办法”的群体中，女性组与男性组并没有明显差异（男性组为 36%，女性组为 34.6%）。这说明，随着社会的发展，女性不再拘泥于婚姻和家庭，不再把家庭视为安身立命的唯一场所，婚姻价值在整个女性价值中的地位有所下降。这一点还可以从另一方面得到佐证：20 世纪 80 年代以来，经法院审理的全国离婚案件中，由女方提出离婚的约占全部离婚案件的 70% 左右。这一离婚主角位置的倒置，说明男子在传统婚姻关系中独有的特权已不复存在。这也正印证了我们前面的结论，即在现代婚姻家庭中，夫妻关系是民主、平等的。当然，我们还应该看到自由的离婚观是一柄“双刃剑”：它一方面使人的个体价值得到尊重，另一方面也减弱了人们对婚姻的责任意识。

（六）婚姻责任意识有所弱化

在现代社会中，人们有了更多的自由去设计自己的人生，选择自己的幸福。人们在婚姻家庭生活中越来越追求独立性，每个人都希望在婚姻家庭中充分展现和满足自己的个性。但与此同时，过分的个性化也使家庭中的人们难以互相协调，表现在婚姻的责任意识越来越缺乏。

由于价值观念不同，生活习惯的差异，性别角色的期待以及对理想婚姻的期望不同，夫妻之间时常会出现矛盾，乃至冲突。据北京市婚姻家庭研究会对北京市区已婚人口进行的抽样调查，夫妻经常争吵的占 4.11%，有时争吵的占 36.59%，偶尔争吵的占 41.12%，从不争吵的占 14.83%，没有回答的占 3.35%[①]。虽说“清官难断家务事”，但事实和经验都证明了，夫妻间不同程度的矛盾冲突与人们在婚姻家庭生活中相互沟通、互相协调、耐心的磨合等密不可分。如果人们在婚姻生活中缺乏责任意识和自觉主动的调适能力，那么婚姻关系就会变得脆弱不堪。事实上，近 30 年来离婚率的激增正是证明了这一点：从 1979 年到 1993 年，离婚率平均每

① 闫玉：《当代中国婚姻伦理的演变与合理导向研究》，吉林文史出版社 2009 年版，第 136 页。

年增长7.8%，之后更以每年10%以上的速度递增，2002年达到13%，并且仍呈不断上升的趋势。[①] 2006年北京共有24952对夫妻办理离婚登记，其中有1/3在结婚5年内离婚，有1/5的婚姻关系维持不到3年，结婚不到1年就离婚的有970对，有52对离婚的夫妻结婚还不到1个月。[②] 离婚率的不断攀升，使得人们寄希望于用法律手段对离婚行为加以约束。根据1996年的一项调查结果显示[③]，59.7%的被调查者同意"离婚法还是定得严些好"。

三　市民的生育观状况

生育观一般是指人们（包括个体和群体）在一定的经济社会文化环境中形成的对生育现象的看法与见解，是人们关于生育行为的价值取向、行为准则、风俗习惯等思维模式的总和。[④] 一般情况下，人们的生育观会随着所处的社会经济状况改变而变化。为此，我们主要围绕生育的目的和培育的目的这两个主要维度进行了调查研究。

（一）生育目的已由家族本位转向以个人本位

在传统的生育观中，生儿育女从来就不是一个简单的个人问题，而是关系到宗祠香火的家族大事，所以中国历来有"不孝有三，无后为大"的训诫。随着改革开放的深化，人们的生活环境、生活方式乃至生活观念都发生了巨大的变化，人们的生育观也开始由以"传宗接代"为目的的家族本位，逐渐转向以"充实家庭生活"为目的的个人本位。"生育是为保持家庭的稳定，维系夫妻情感"以及"生育是为了生活更有情趣，自己老年生活有精神寄托"。这正是个体本位价值观的一种体现。

在2008年的调查中，我们选取了"您对'为了传宗接代，至少要生一个儿子'和'结婚后不一定要有孩子'的看法"两道题目，对首都市民生育观的基本状况进行考察。结果表明，有71.9%的市民不赞同"为了传宗接代，至少要生一个儿子"。进行年龄差异性群体比较分析的结果

---

① 闫玉：《当代中国婚姻伦理的演变与合理导向研究》，吉林文史出版社2009年版，第131页。

② 同上。

③ 卢淑华：《婚姻观的统计分析与变迁研究》，载《社会学研究》1997年第2期。

④ 李晓娥、赵红宽、王萌：《论城市化对生育观的影响》，载《法制与经济》2009年第10期。

显示：在29岁以下年龄组中，不赞同“为了传宗接代，至少要生一个儿子”说法的人占74%；在30~60岁年龄组中，不赞同此观点的人占72%；在60~64岁年龄组中，不赞同此观点的人占62%。在“您对‘结婚后不一定要有孩子’的看法”中，有55.6%的市民表示赞同，年龄差异性群体比较分析结果显示：60~64岁以上的年龄组中，对“结婚后不一定要有孩子”的看法表示赞同的人占42.8%；30~59岁年龄组中，对此表示赞同的人占52.5%；29岁以下年龄组中，对此表示赞同的人达到63.5%。这说明年轻人更多视生育为一种个人的自愿选择，更关注孩子对家庭的横向意义，因此重男轻女的意识已经弱化。而年纪越大的人越看重孩子对家族血统的纵向意义，因此重男轻女的观念也越强。这一点还可以从对“丁克家庭”（选择婚后不要孩子的家庭）态度的改变上得到佐证。1995年的调查结果显示，仅有13.1%的被调查者认为这些选择终身不孕的夫妇“生活得很幸福、自由自在”，但大多数人对“丁克家庭”持否定态度。“2001年北京青年发展状况”调查显示，仍有五成多的青年认为有孩子的家庭比没有孩子的家庭更幸福，不赞成“丁克家庭”。但随着青年生育观的转变，拒绝孩子的“丁克家庭”正在不断增加。在2008年的调查中，有55.6%的被调查者赞同“结婚后不一定要有孩子”。对“丁克家庭”看法的转变，说明人们在生育问题上更加注重个人感受，认同生育意愿根据个人感受的需要由自己支配。

（二）“多子多福”的传统生育观已被“少生优生”的生育观取代

在决定生育观的诸多因素中，经济因素是最根本的。在自然经济时代，子女是一种财富，也是一种晚年的保障，在“传宗接代”、“养儿防老”观念的支配下，多子多福的观念深入人心，多子女家庭大量存在。随着经济的发展，人们的生育观念已经发生了从追求孩子的数量型向追求孩子的质量型转变。如今，“少生优生”的观念已经被大多数家庭所接受。20世纪80年代初期，北京城区女青年婚后不希望要孩子的占8.76%，要一个孩子的占65.29%，要两个孩子的占24.99%，只有0.32%的女青年希望多子女。① 进入21世纪后，在大城市生活的人们面临越来越大的生存与竞争压力（住房、失业等），80%左右的人只生一个

① 闫玉：《当代中国婚姻伦理的演变与合理导向研究》，吉林文史出版社2009年版，第129页。

孩子，想多生的几乎消失。

（三）“生男生女一个样”，没有明显的生育性别偏好

由于传统中国社会实行父权家长制，因而家庭奉行男性继嗣，认为只有男孩才能作为家庭“香火”延续的轴线，只有生男孩才能够实现“传宗接代”、维系一个家族的传承和发展，才能够保障年老之后的生活。因此，长期以来形成了重男轻女的观念。然而，2012 年我们选取了“您对‘生个男孩更好’的看法”一题，来考察首都市民的生育性别偏好。

调查结果显示，有 26.2% 的市民对此表示赞同，36.2% 的市民表示反对，另有 37.6% 的市民持中立态度。说明当前首都市民在生育子女方面并没有太强的性别偏好。而目前城市居民重男轻女的生育观念上的这种转变，无疑与 1976 年以来实行的独生子女政策有着重大的关系，可以毫不夸张地说，独生子女政策对实际性地破除重男轻女观念起到了重要的推动作用。为了考察人们的文化程度是否会对人们的性别倾向产生影响，我们还对此做了卡方检验。卡方检验的结果显示，“不同文化程度的人”在“生个男孩更好”上存在显著差异（$\chi^2 = 71.260$，$p < 0.001$）。也就是说人们的文化程度越低，越认为生个男孩更好（参见图 1）。

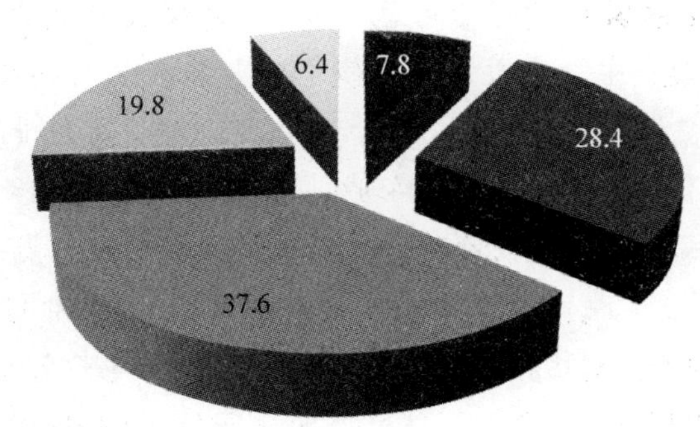

图 1　从对“生个男孩更好”的回答中反映出市民的性别偏好（%）

（四）女性生育年龄提高，年轻群体生育意愿呈下降趋势

现代职业女性，特别是具有较高文化程度的职业女性，独立性较强，事业心较重，她们害怕生育会影响个人的发展，而成为“缓生一族”。

“缓生”并不是不要孩子，而是觉得生孩子要考虑工作、经济条件、自己的健康状况等因素。据一项调查表明，在广州、上海、北京等城市，女性生育年龄正在逐年提高。[①] 对比1979年和2008年的调查结果，我们可以明显地看到，首都年轻群体生育意愿呈下降趋势。在1979年的调查中，希望不要孩子的男青年仅占5.86%，女青年仅占8.76%；2008年调查结果显示，60~64岁的年龄组中，对“结婚后不一定要有孩子”的看法表示赞同的人占42.8%；30~59岁年龄组中，对此表示赞同的人占52.5%；20~29岁年龄组中，对此表示赞同的人高达63.5%。说明首都市民中的年轻群体生育意愿已经明显降低。

（五）父母对子女的教育期望更加趋于理性

随着生活水平的提高和家庭民主精神的增强，人们对子女的教育期望也在悄然发生着改变。过去那种把子女看作“私人财产”，教养子女要“光耀门庭”的思想在如今大部分父母的教养观念中已然不复存在。我们2008年问卷的调查结果正印证了这一点：有82.7%的家长“不指望孩子将来出人头地，只要正常生活就可以了”。

在培养子女成才的诸多要素中，过去那种将孩子的智力教育放在首位，崇尚“分数决定论”的观念已经逐渐被重视孩子德、智、体全面均衡发展，尤以孩子人格健全为重的理性教育观所代替。根据2001年的一项调查显示，对“孩子有健康的身体、良好的情绪比学习还重要”这一观点，仅有5%的家长“完全同意”，32%的家长“完全反对”[②]。而在2008年的一项调查中，认为“培养孩子树立健全的人格是教育成功的关键”的人占了被调查者的绝大多数，高达97.5%，不赞同“孩子学习成绩不好，就谈不上是成功的教育”这一观点的人达64.4%。这说明，绝大多数首都市民对子女的教育期望是比较理性的。这一点在2012年的调查中也有明显的体现：28.7%的市民认为“孩子的学习成绩是第一位的”，35.1%的市民对此表示反对，36.2%的市民持中立态度。而市民对“孩子的健康成长是第一位的”认同度明显偏高，89.4%的市民对此表示赞同，仅有1.6%的市民表示反对，9%的市民持中立态度。

① 康恺：《嬗变中的生育观》，载《百姓》2009年第3期。

② 苏敏：《中国少年儿童素质状况调查报告》，载《中国青年报》2001年7月7日。

四　市民性价值观状况

作为意识形态领域的性价值观（以下简称性观念），是人类社会实践活动的产物，同时它又深刻地影响着人类社会实践活动。特定社会的性观念一般来说总会与一定时期的政治、经济、文化和习俗相适应。无论过去的性观念在今天看来多么的不合时宜，应当说，在那时是具有存在的合理性的。随着社会的发展，旧的性观念逐渐被新的性观念所取代，新的性文化建设必须以新的性观念为先导。这也正是我们考察首都市民性观念的意义所在。

（一）性活动目的由传统的生育后代转向多元化

早在人类的原始阶段，人们基本上不认为男人和女人的性交与生殖具有因果关系，他们之所以从事性活动是因为性的愉悦功能的缘故。性活动的愉悦目的是人类首先自觉或不自觉寻求的目的。但进入农业社会后，由于产生了私有制和人类认识到性交的生殖功能，性活动的愉悦目的逐渐被人们淡化，乃至被非理性地压抑，形成“性即生殖，生殖即性”的性观念。进入现代社会后，当人们重新审视性活动的目的时，发现“性在不同层次上几乎涉及人类生活的方方面面，但在与性相关联的无数事物中，有四个领域是特别重要的，那就是：生殖、愉悦、性别联系和情爱”①。据一项关于人们对性交目的的认识的调查结果显示，男性组认为性交目的是发展爱情→追求感官快乐→满足对方需求→组织家庭和生育后代；女性组认为性交目的是发展爱情→追求感官快乐→组织家庭和生育后代→满足对方需求。但无论是男性组还是女性组，认为“性交目的是发展爱情”的人都占多数（男性组 46.7%，女性组 49.7%）；选择“性交目的是组织家庭和生育后代”的人都占少数（男性组 7.5%，女性组 10.1%）。② 这说明“性即生殖”的传统性观念已逐渐被淡化，人们性活动的目的更趋向多元。

（二）对非婚性行为的看法趋向开放但未出现偏离

婚前性行为是反映性观念发展变化的重要指标之一。对比 1982 年、

① 彭晓辉：《性观念辨析》，载《中国性科学》2002 年第 2 期。

② 叶立红、高亚兵、骆伯巍：《当代大学生的性观念研究》，载《中国心理卫生杂志》2001 年第 15 卷第 3 期。

2008 年和 2012 年首都市民对婚前性行为的态度，结果表明，30 年来，人们对婚前性行为的宽容度明显增强，且代际观念存在差异。如图 2 所示，1982 年，不赞同“情侣同居，即使没有结婚的打算也没什么关系”的，在 56 岁以上年龄组比 35 岁以下年龄组高出 22.9 个百分点；2008 年，关于此问题 56 岁以上年龄组比 35 岁以下年龄组高出了 27 个百分点；2012 年，关于此问题 56 岁以上年龄组比 35 岁以下年龄组高出了 22.3 个百分点。这说明，在对待婚前性行为的态度上，代际观念的差异一直存在，年轻人对婚前性行为的宽容度明显高于中老年人。但尽管如此，从 2012 年的最新调查结果看，赞同婚前性行为的年轻人占 21.3%，这说明年轻人对婚前性行为的态度日趋开放但未出现偏离。

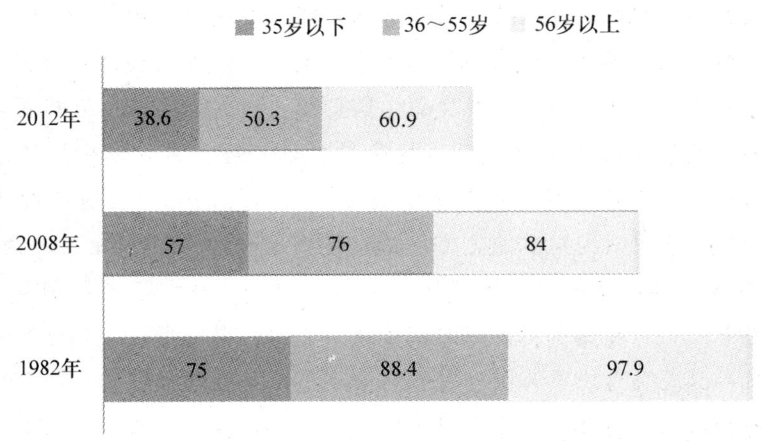

图 2　市民对婚前性行为持反对态度的比例变化（%）

注：1982 年问卷为：在未确定婚姻关系之前，认为不能过性生活的百分数。

对比 1989 年和 2010 年首都市民对婚外性行为的态度，结果表明，20 年来，人们对婚外性行为的宽容度稍有提高，但总体上仍持反对态度。

根据李银河在 1989 年所做的一项北京市随机抽样调查①，有九成以上的被调查者对婚外性行为持反对态度。而且还发现，人们对有爱的婚外性关系比对无爱的婚外性关系容忍度稍大一些；对于男性的婚外性关系比对女性的婚外性关系容忍度稍大一些。

① 李银河：《性的问题》，内蒙古大学出版社 2009 年版，第 115 页。

2010 年调查结果显示，有 88.3% 的被调查者不赞同“结婚以后也可以与别人保持性关系（婚外性行为）”，其中，女性不赞同的比率高于男性，达到了 91.9%，比男性被调查者高出 5.8 个百分点。这说明首都市民对婚外性行为的宽容度较 20 年前稍有提高，但绝大多数人仍不认同婚外性行为，女性尤其居多。当首都市民被问及是否“应该惩罚结了婚仍然与别人有性关系的人”时，2012 年调查结果显示，半数以上（62.5%）的被调查者对此表示赞同。说明大部分市民对婚外性行为的态度是非常严厉的（参见图 3）。

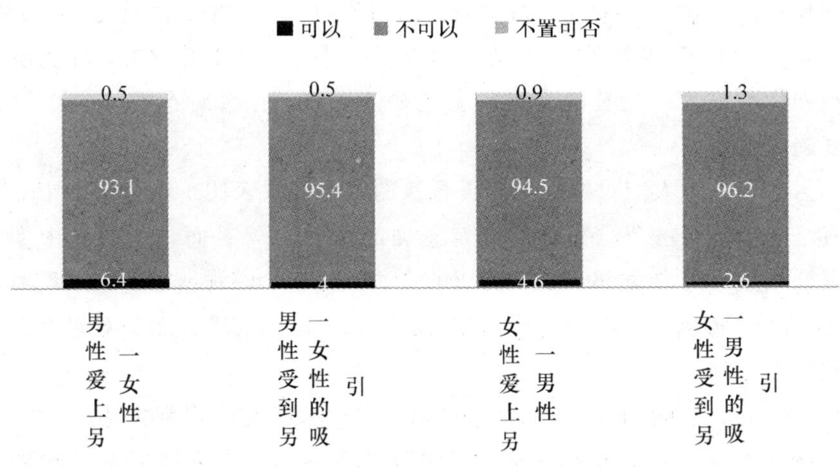

图 3 市民对婚外性关系的容忍程度（%）

通过 2010 年的调查，我们还发现有 31.3% 的被调查者认为“情侣同居，即使没有结婚的打算也没有关系”；11.7% 的被调查者认为“结婚以后也可以与别人保持性关系”。这说明人们对婚前性行为的宽容度比婚外性行为的宽容度大，可见人们更为重视婚后感情与性生活的专一。

（三）传统的贞操观念已被男女贞操对等的观念所取代

贞操观念是传统的两性道德关系中最重要的价值尺度之一。传统的贞操观念是随着人类私有制和单偶婚制（一夫多妻或一夫一妻）这两种社会形态而形成的唯独针对妇女婚前保持童贞、婚后从一而终的操守。这种观念的形成源于私有制经济体制中，男子是财产的所有者和支配者，其财产的继承自然被高度重视，于是认定自己血统子女成为男人头等关注的大事，而女子的贞操便成为保证男子自己血统子女的前提。男女贞操对等的观念是一种新的贞操观，它意味着在两性交往的各个阶段，无论在婚前还是婚后，都要平等相待、相互尊重、忠于爱情、共守贞洁。我们从两个方面来了解人们对贞操的看法，一是对婚前童贞的看法；二是婚姻中的忠贞。

著名性社会学家潘绥铭在1991年、1995年、1997年和2001年所做的随机抽样调查表明：北京市男大学生认为无论什么原因都不能容忍新娘“失贞”的人数，1991年时占18.5%；到1995年已经下降到14.2%；以后一直保持在这个水平左右。而认为只要新娘现在真心爱自己，就根本不在乎什么“贞操”的男性，1991年时占34.4%；到1995年时已经上升到40.1%；到1997年和2001年则达到将近一半。[①] 这说明，在中国传统社会被列为“妇道”之首的贞操观念逐渐被打破，社会对女性“失贞”的态度趋向宽容。

另一项关于人们对婚姻中忠贞看法的调查结果表明，认为婚姻中双方都应坚守贞操的占79.6%，持否定态度的占19.8%；而认为婚姻中妻子的贞操最重要的占28.8%，不赞成的占70.3%。[②] 说明现在多数人反对贞操要求的双重标准，认为贞操不仅仅是针对女性的要求，而是对男女双方的共同要求。

（四）女性的性自主意识开始自觉，但远未出现性方面的男女平等

性自主指的是在性活动的“无伤”前提下，个人有按照自己的意愿处理自我的性表现、性关系和性行为等方面的事物。“无伤”的定义在此是一种象征性的表述，它的范围小及个人，大及社会，即对人身不造成任何身心损害就是“无伤”，对社会不引起负面效应就是“无伤”。由于历史和文化方面的各种原因，在“男性性话语”基础上建立起来的传统性观念中，基本上都忽视了女性的性自主权。这种观念反映在现实生活中表现为：一是女性的性仅仅是为了男性服务，而不是双方共同享受性的快乐；二是女性只是被动地接受男性的性活动，而不会主动地去寻求性活动。当前，伴随社会进步而发生的女性的性自主意识的自觉，使女性不再

① 潘绥铭等：《当代中国人的性行为与性关系》，社会科学文献出版社2004年版，第109、297页。

② 叶丽红、高亚兵、骆泊巍：《当代大学生的性观念研究》，载《中国心理卫生杂志》2001年第3期。

认为性生活的主动权绝对掌握在丈夫手中，妻子只能被动地服从，充当丈夫的性工具，她们开始认识到追求正当的性的享乐是一种正当权利。1997年的调查结果显示：60.2%的青年女性认为“妻子可以拒绝丈夫的性要求”①。说明大多数女性认识到自己在婚内性生活中是有主动权的。然而，另一项调查也表明，40.4%的妻子“为了满足对方而勉强地过性生活”，而在丈夫中却只占25.2%；23.6%的妻子在性生活中曾经被丈夫强迫做一些自己不愿意做的事情，相反，妻子强迫丈夫的情况仅为12.1%。这些情况说明，中国女性仍处于一种“性屈从”的地位之中，性方面的男女平等仍然远未出现。

（五）对同性恋的理解与宽容较以往有所增强，且与文化程度呈正相关

1998年以前，同性恋这种特殊的性关系模式还被认为是一种心理异常的病态行为，时至今日，同性恋已经越来越多地被理解为是一种个人性取向和对性生活方式的自由选择。2012年的调查结果就证明了这一点：当被问及对同性恋的态度时，有42.5%的市民认为“同性恋是一种个人选择”。另外，通过对教育程度差异人群做的相关性检测，结果显示，教育程度越高的人越赞同“同性恋是一种个人选择”。这说明，人们对同性恋的理解与宽容度，与人们对同性恋心理行为知识的认知呈正相关性。

（六）对艾滋病有了进一步的认识，对艾滋病者的关爱意识有所提高

就在十几年前，人们对艾滋病的了解还是极度匮乏的，所以人们对艾滋病的普遍反应是“谈病色变”，对艾滋病患者的态度普遍是冷漠、歧视，缺乏关爱。我国第一位被公开真实姓名的艾滋病患者宋鹏飞的遭遇就是实例。年仅16岁的宋鹏飞因输血感染上艾滋病，病情公开后，在家乡受到了驱逐，到北京后的住处也一度成为“空楼”。随着近些年来政府和社会对艾滋病的宣传和教育力度的加强，首都市民对艾滋病有了进一步的认识，对艾滋病患者的态度也开始有所转变。这一点可以在2012年的调查结果中得到印证。我们在2012年的调查问卷中设计了“艾滋病是由于生活不检点所导致的”和“如果同事得了艾滋病，我仍然愿意与他（她）共事”两个题目，分别考察首都市民对艾滋病的认知和对艾滋病患者的

① 闫玉：《当代中国婚姻伦理的演变与合理导向研究》，吉林文史出版社2009年版，第124页。

态度。结果显示：有29.3%的被调查者不赞同“艾滋病是由于生活不检点所导致的”这一说法，有35%的被调查者表示愿意与艾滋病患者共事。这说明多年来首都各界发起的关爱艾滋病人的行动，使广大市民对艾滋病患者的宽容度和理解度明显增强，对艾滋病患者的歧视有所减弱，关爱意识有所提高。

五 市民婚育与性价值观调查结果及启示

在本次调研中，首都市民婚育与性价值观的基本状况能够鲜明地体现出以下三个基本特点。

第一，人们不论是选择配偶，还是缔结婚姻、组成家庭、生育子女，其目的不再是满足家长或家族的意愿，而是为了满足自身的需要，追求个人的幸福。因此，择偶标准经历了从“门当户对”到注重经济因素与情感因素综合考量的变迁；夫妻关系也从附属式依赖关系向民主、平等的夫妻关系转变；“多子多福”的传统生育观也被“少生优生”的现代生育观取代。

第二，拥有美满、幸福、稳定的婚姻仍然是多数人的向往，但不同时代对美满婚姻的评价标准却不尽相同。传统婚姻观中，人们将子孙满堂视为婚姻美满的主要评价标准，而在现代婚姻观念中，情爱与性爱的结合成为构成当代婚姻美满的基本要素。有62%的市民承认性和谐是美满婚姻的条件，仅有7.1%的被调查者对此表示反对。

第三，性价值观受传统思想的影响明显减弱，市民对性行为的看法趋向开放但未出现偏离。主要表现为性活动目的由传统的生育后代转向多元化；传统的贞操观念逐渐被打破，社会对女性“失贞”的态度趋向宽容；对婚前性行为、婚外性行为、同性恋行为更多地表现出理解与宽容。

此次调查，使我们对首都市民婚育与性价值观的基本状况和基本特点有了较为全面的了解，并对其今后的发展和演进带来了一些启示。

（一）调整传统社会分工，完善两性生存的经济基础

一切观念领域的变革都源于生产力和生产方式的变革，生产力的发展是彻底变革价值观的条件。传统社会中女性无独立的经济地位，对男性经济上的依存是导致女性地位低落的根本原因。当前，随着信息化时代的到来，社会化大生产对智力因素的依赖和高科技含量的依赖明显提高，这就大大降低了生产过程对人体力的依赖，从而在提高女性就业机会的同时也

为提高女性的职业地位奠定了基础，整体性地提高了女性的社会地位。因此，只有大力发展社会生产力，加快经济结构和经济增长方式的调整，不断调整传统的社会分工模式，不断拓展生产领域，不断增加女性的就业机会，才能从根本上提高女性的经济与社会地位，真正实现两性的和谐。当然，实现家务劳动的社会化同样是女性摆脱困境的根本出路。一方面，家务劳动社会化使妇女走出狭隘的家庭领域，参与广泛的社会领域，获得身心的自由；另一方面，有助于女性摆脱传统社会性别文化对女性家庭角色的刻板定型，形成独立、自主的人格。

（二）利用社会舆论导向，弘扬正确的婚姻道德观和性规范

社会舆论是指在一定社会或集团中，相当数量有组织或无组织的人们，对社会生活中某一事件、行为、现象或人物所发表的意见或议论。社会舆论直接引导人们价值观念的形成，直接影响着婚姻伦理的内容。社会舆论产生影响的最主要的方式是大众传媒。要想发挥大众传媒的正面功能，避免负面功能，必须对大众传媒进行积极的引导和调控。

（三）培养先进的社会性别文化，将性别平等意识纳入政治决策主流

政府虽然一直在大力推行性别平等政策，但是那些经过几千年发展的传统观念作为一种大众意识和文化心态，仍有相当的市场。20 世纪 80 年代初，关于“妇女回家”的争论日益激烈和公开化，各方人士对妇女是否应回到家庭发表了种种看法，一时间颇有男权文化东山再起之势。曾以“妇女能顶半边天”感到骄傲的中国妇女，在“回家”的呼声中感到彷徨和失落。当前，充斥在广告、电影、文学作品等传媒中的男权文化强化着“男主外，女主内”的传统性别角色分工和传统女性形象，深刻地影响着人们的价值观念。这些足见其中国传统性别文化的顽固性。因此，要清除传统性别文化的影响，就要培育与社会发展相适应的先进性别文化。这种性别文化以男女平等为其核心理念，在尊重男女两性差异的基础上，承认男女人格、权利、机会、价值、责任的平等。政府不仅要继续推行性别平等政策，还要将性别平等意识纳入政治决策主流，形成性别敏感政策模式。性别敏感政策模式也叫社会性别意识政策，这类政策认识到男女性别的社会差异，并将这些差异与社会性别结构联系到一起。它认识到社会规范导致的男女两性不同角色和期望，从而积极推动在家庭、工作、社区及整个社会中消除性别歧视的根源，推进两性的均衡发展。其实质是将性别意识纳入决策程序的一种政策模式。性别敏感政策模式要求政府在对政

策、方案、项目做出决定之前要进行性别分析，分别研究它们对两性的影响，避免做出不利于任何一方的决定；提高女性参与社会政策和战略制定的机会，改变男性垄断政治权利的局面，使决策体现女性的政治诉求；提高决策者的社会性别意识和社会成员的性别意识，以保证体现性别倾向政策的贯彻实施。

（四）通过优化社区环境，促进婚姻伦理道德建设

墨子把人性比作“素丝”，“染于苍则苍，染于黄则黄”；荀则说“蓬生麻中，不扶而直；白沙在涅，与之俱黑”。这些都说明社会环境对人的价值观念的形成有着巨大的影响。社会环境是环绕在人的周围并给人以某种影响的客观现实。它既包括社会的物质环境又包括社会的精神环境。社会环境对婚姻伦理建构具有一定的影响。社会与社区是整体和部分的关系。社会是由一个个社区组成的整体，只有在作为部分的社区家庭中，婚姻美德成为占主导地位的婚姻伦理，才会在作为整体的社会中形成占主导地位的婚姻伦理体系。社区是由居住在一个特定地域内的家庭建立的一种社会文化体系。社区在长期交流和融合中形成的文化传统，社区的社会风气，社区中长期形成的并带有该社区特点的婚姻伦理、规范习俗等，都对社区的每一个成员产生影响。社区的风气如何，不但直接影响到每个家庭，也影响到整个社会大环境。因此，通过优化社区环境来促进婚姻伦理建设可以取得良好的效果。

第五章　首都市民培育社会主义核心价值观的路径研究

社会主义核心价值观是当代社会主义意识形态的核心和灵魂，建设社会主义核心价值观并在此过程中积极推进、充实、提高和发展社会主义核心价值观，是我国当前意识形态领域和现代化建设中面临的重大课题。

第一节　首都市民社会主义价值观状况的总体评价

社会主义核心价值观建设重在实践。要使社会主义核心价值观深入人心，就必须使人们自觉践行，在践行中把对社会主义核心价值观从心理上的认同升华为内心的信仰。北京市长期在全市范围内深入开展文明家庭、文明单位等精神文明创建活动，开展群众性文化活动，倡导文明健康的生活方式，建设社区文化，为首都市民社会主义核心价值观建设注入了活力。

社会主义核心价值观反映的是人们的思想观念、道德标准和价值取向，带有很强的主观性。正因如此，社会主义核心价值观的建设效果一般难以衡量，需要一个较长时间的考察。我们这里通过对首都市民社会主义核心价值观的考察，来衡量社会主义核心价值观的建设成效。

一　首都市民具有较高的政治关注度、政治认同度和政治参与热情，爱国主义观念牢固

一直以来，民主、自由、平等、公正、法治这些价值都是人类追求的目标，我们现在倡导的社会主义和谐社会的构建，正反映了这样的政治价值标准。作为身处中国政治中心的首都市民，关心政治不仅具有得天独厚的优势，也是其生活方式的重要组成部分，他们热衷于政治新闻的特点对

此是一个很好的注脚。本次调查结果显示，有 38.4% 的市民表示“最常看、最关注的是时政新闻”。政治认同是现代民主的一个重要理念，是人们从内心深处产生的一种对所属政治系统情感上的归属感。首都市民具有较高的政治认同度，这一点可以从首都市民对基本政治制度、对共产党的执政能力、对改革开放成就等多个方面的认同体现出来：有 63% 的市民表示“认同目前人大代表的选举方式”；有 75.7% 的市民对共产党的执政能力表示认同；有 78.1% 的被访市民认为“改革开放以来，百姓的生活有了显著的改善”。国家利益是国际政治关系的核心问题，对中国与周边国家关系的关注，一定程度上反映出首都市民对国家利益的关注。本次调查结果显示，有 73.6% 的市民表示“关注”和“非常关注”中国与周边国家的关系。这说明，首都市民具有高度的爱国热情，非常关心涉及国家重大利益的事件。

政治参与是民主政治的核心内容，扩大公民有序的政治参与，引导人民群众依法管理自己的事情是民主政治的重要任务。目前，人们的政治参与热情较以往有很大提高。以首都市民为例，超过半数的被调查市民加入了政治性组织或团体（中国共产党、共产主义青年团、民主党派、无党派人士）；多数市民（82.3%）认为应积极行使自己的选举权和被选举权；积极向政府建言献策为多数市民（79.1%）所支持；特别重要的一点是，通过网络参与政治在首都市民中已经较为普遍。在政治参与度的比较中，党员的政治参与热情最高，在“公民应积极行使选举权和被选举权”的认识上最高；除此之外，在“公民应积极向政府建言献策”这一问题的回答上，党员具有相对较高的政治参与热情再一次被证实，他们比团员和群众更愿积极向政府建言献策。与 2008 年、2010 年调查结果比较，党员和群众“建言献策”的积极性呈提高的态势。

二　首都市民普遍具有学习法律的主动性和遵守法律的自觉性，依法维权意识有所提高

公民的法律价值观在一定程度上反映了社会法治现代化的进程和水平。伴随着我国经济社会的全面发展和进步，我国社会主义法制化进程不断推进，这就促进了人们法制意识的提高。调查显示，40.1% 的市民“每天都看”、28% 的市民“每周看两三次”法制节目。2008 年，课题组调查发现“知法守法，以免因为无知而犯法”是多数市民（59.5%）学

习法律知识的目的之一；2010 年调查就直接询问市民对“学习法律知识可以避免因为无知而犯法”这一目的的赞同程度，结果有 79.7% 被访市民表示“赞同”。2012 年调查中，课题组设置了 3 个关于学法目的的问题，分别是“避免因为无知而犯法”、“更好地维护自己的合法权益”和“作为首都市民应该具有较高的法律素养”，调查结果显示，3 个问题的“赞同”比例分别为 86.78%、87.69% 和 85.38%。在市民的守法意识方面，有 76.15% 的市民对“即使在税务机关不知情的情况下，也应该主动纳税”表示赞同，仅有 2.92% 的市民对此表示反对。由此可以看出，大部分市民对法律知识的知晓程度较高，能够掌握正确的法律知识，懂得用法律武器维护自身的合法权益。更为重要的是，大部分市民能够正确选择符合法律规范的行为。

三　首都市民树立了正确的社会公德观，公德意识明显增强，自觉维护社会公德的良好环境正在逐步形成

社会公德水平的高低直接影响着社会风气的良性发展与社会凝聚力的增强，同时它也是一个社会文明程度的外部标志。社会公德的范围包括 3 个方面：一是社会交往公德，二是公共场所道德，三是环境道德。北京作为历代古都与现代文化名城，有着悠久的社会文明风尚传统和较为健全的公共秩序管理规范。尤其是近年来，随着人文奥运、世界城市等理念在市民中的普及和推广，广大市民的社会公德意识不断增强，良好的道德环境意识正在逐步形成：（1）大多数人能够意识到在公共场所的所作所为要考虑到他人的利益，公共场所文明意识普遍有所提高。本次调查显示：85.7% 的市民选择“在公共汽车上对待老弱病残孕乘客”会“主动让座”，这一结果与 2010 年 80.5% 的结果相比，提高了 5.2%。有 88.1% 的市民表示支持在上下班高峰期间坚持排队安检，这说明首都市民在公共场所有较好的文明意识。（2）具有较强的主人翁意识，乐于向陌生人提供帮助，对破坏公物的失德行为深恶痛绝，特别是对历史文化遗产的保护意识有所增强。本次调查结果显示：有 77.1% 的市民在面对公交车上有小偷行窃的情形时会选择立即采取行动，其中 48% 的市民认同“设法提醒被盗乘客”的方式；有 82.7% 的市民对在名胜古迹“到此一游”乱涂乱画的行为深表痛心。（3）有较为强烈的环保意识。尤其是奥运会后，首都市民对环境保护的参与意识有所增强。有 89.7% 的市民认为“应当为

北京的环境保护尽一份力”；有87.7%的市民对“遵守垃圾分类投放是每个公民的义务”表示赞同。维护公共秩序，讲究公共场所礼仪，已成为广大市民的共识，且大多数首都市民具有互助意识和环保意识以及很强的正义感和责任感，良好的社会道德风尚在北京已经基本养成。

四　首都市民崇尚不断创新、乐于敬业的职业精神和职业态度，体现出不断进取的从业观

职业态度是指人们对待自己所从事职业的主观工作状态，它不仅直接影响到人们的择业和从业行为，而且也影响并反映着一个人的人生理念和生活态度。当前，不断创新、乐于敬业的职业态度得到大部分人的认同。这是由于市场经济将人们置于活动主体、创造主体、利益主体和价值主体的位置上，人们开始对传统的“当一天和尚撞一天钟”的从业观进行扬弃，对“中庸主义”功过观进行扬弃，这使得进取、创新、发展等意识深入人心。本次调查结果显示，有90.1%的市民赞同“无论在什么情况下，工作都应该尽职尽责”；79.5%的市民认同“不断进取，有所创新”的职业精神和工作态度，认为这样“是工作的楷模”。事业进取观也是职业价值观的一个重要方面。在本次调查中，我们从市民心目中获取事业成功的主要途径的角度出发，设计了“在您看来，以下各因素对个人事业成功的影响如何”这样一个问题来考察市民是否具有进取精神以及他们进取的努力方向。结果显示，市民所认可的对事业成功具有决定性的各种因素中，排在前三位的依次为“个人的努力进取”、“教育程度”和“个人品德”，分别都占85%以上，这些因素基本上是反映个人的综合素质和努力程度，由此我们认为，首都市民普遍崇尚个人的后天努力对事业成功的重要性，体现出较强的进取精神。

五　多数首都市民持有积极的人生态度，对幸福有着理性的认识

人生态度，是指人们通过生活实践形成的人生问题的一种稳定的心理倾向和基本意愿。它作为人生观的主要内容，是人生观最直接的表现和反映。通过对首都市民“人生目标”的调查来看，选择“人生的意义在于奉献社会”的市民最多，占65.3%，仅有8.1%的市民非常赞同“人生在世就该及时享乐”。这说明，大多数首都市民持有较为积极的人生态度，将对“精神价值”的追求作为自己的人生目标。

追求幸福是人类生活的永恒主题和社会发展的强大动力。幸福观是人生观系统中有关人生幸福的认识，是人们对什么是幸福以及如何追求幸福等问题所持态度的系统观念。在2012年的调查中，我们请被调查者就影响幸福的七项因素，即“身体健康”、“家庭和睦”、“和相爱的人在一起”、“事业成功”、“带给别人快乐”、“成名成家”和“钱多得数不清”分别做出重要程度判断，调查结果显示，市民认为对幸福影响最大的三大因素（排在前三项）为“身体健康”、“家庭和睦”、“和相爱的人在一起”，其次为“带给别人快乐”和“事业成功”，重要程度排在最后两项的是“成名成家”和“钱多得数不清”。由此可见，市民并不认为追求名利等物质利益可以使人获得幸福，相反，精神上的满足更能够带给人幸福的感受。这说明，首都市民对什么是幸福有着理性的认知。

六　首都市民消费观正由传统向现代转型，理财和文化休闲意识显著增强

人们的消费观念总是一定社会经济发展状况的反映，从根本上说，消费观是受国家经济发展水平制约的。“新三年，旧三年，缝缝补补又三年”是过去传统的消费观念的典型反映，这种基本否定物质享受的生活方式和消费观念是与“物资短缺”的计划经济相适应的。随着社会主义市场经济的发展，国力的增强，物资的丰富，这种传统的节俭型消费观正悄然发生着变化，一种将节俭和合理消费统一起来的新型消费观正在形成，这种消费观提倡“俭而有度”，其着眼点不仅考虑到对“物”的占有和享受，同时还考虑到人的精神层面的需求。2008年，我们通过对首都市民“余钱支配方式”的调查来考察其消费观的变化，调查结果正好印证了这一点。调查显示：在所有选项中，排在前四位的依次为即期消费（占45.2%）、储蓄保值（占42.3%）、接受教育（占35.4%）、证券投资（占34.8%）。这说明对北京的大部分老百姓来说，享受生活已不再是奢望，市民的消费观正在从传统的节俭型向现代的发展和享受型转变。本次调查结果显示，有20.8%的市民选择“家庭中若有余钱，肯定会用来投资”；有66.5%的市民对“理财有助于手中货币的增值”表示认同。由此可以看出首都市民的理财意识有所增强，大部分市民认为理财能够增加财富，使生活水平得到提高。

从宏观上看，休闲水平的高低能够反映出一个社会、一个国家的生产

力发展水平和文明程度；从微观上说，休闲水平的高低能够影响一个人的生活质量和他对幸福的感受。本次调查结果显示，有70.5%的首都市民认为“休闲能够改善生活质量”；有81.1%的首都市民对“休闲不应拘泥于形式，只要自己感到放松就行”表示赞同。这说明作为现代人的首都市民已经充分认识到了休闲的重要性，有着较强的休闲意识。

七　首都市民普遍认同择偶自主和婚姻目的是为了追求个人幸福，向往稳定、平等的婚姻关系

改革开放30多年以来，随着社会主义市场经济在我国的迅速推进，我们的价值观正发生着深刻的变化。自主意识、民主平等观念得到了广泛的认同。无可否认，这些观念也促进了首都市民择偶观和婚育观由传统向现代的转变，表现出平等、开放、宽容等新特点。本次调查结果显示，有78%的市民对“选择配偶是自己的事，应该自己做主”表示认同，仅有6.2%的市民对此表示反对，这说明自主的择偶观已经深入人心。同时，我们选用您对“结婚之后生个小孩比较好”的看法和“一般而言，已婚者比独身者快乐”的说法是否赞同两道题目，对人们的婚姻目的进行测评。结果显示，74.9%的市民认同“结婚之后生个小孩比较好”看法，说明“生育子女”这一传统的婚姻目的已开始弱化。45.9%的市民对“一般而言，已婚者比独身者快乐”的说法表示赞同，说明市民对婚姻能够带给人们幸福感给予了充分的肯定。由此看出，随着社会的现代化进程，现代婚姻的目的已由传统的生儿育女、养老育幼、生活和生产，逐渐向对个人幸福的追求、个人情感需要和精神生活需求的满足转变。夫妻关系是婚姻关系的重要内容。进入现代社会后，随着女性独立经济地位的确立，婚姻家庭中平等意识得到不断地强化，夫妻关系从传统的依附关系转变为平等的夫妻关系。2008年，我们在问卷中设计了这样一道题目——“在家庭生活中，您认为最不能容忍的事是什么”来考察市民对婚姻关系的价值取向，结果显示，“婚外恋”、“家庭暴力”和“不尊敬不赡养老人”被视为影响美满婚姻关系的最主要因素。其中，“婚外恋”和“家庭暴力”均强调夫妻关系中的忠诚与平等，说明现代婚姻更关注的是夫妻双方的理解与尊重，以及在此基础上建立起来的稳定与平等。

总体来看，当前人们的价值取向在总体上是积极健康的。在政治方面，他们对党和政府的关注度、认同度比较高，对社会未来发展充满信

心；在事业上，勤奋进取，具有较强的自主意识，注重个人利益和自我价值的实现；在道德上，不仅注重个人品德、家庭美德的培养，而且具有较强的社会公德意识和社会责任感。所有这些，既继承了我国传统价值观的优良传统，又深刻地反映了社会主义价值观的内在要求，同时又与时俱进，体现了鲜明的时代精神，为进一步建设社会主义核心价值观奠定了良好的契机。

第二节　当前首都市民社会主义价值取向存在的主要问题

在改革开放和社会主义市场经济的迅速发展，竞争日益激烈、经济迅速发展、社会结构急剧变动的大背景下，人们注重物质利益、淡化意识形态，注重个人利益与个人价值、淡化集体观念和社会责任的现象出现上升的趋势，同时，加上法制不健全、腐败现象的存在以及经济和社会发展其他大量的问题等等各种因素的影响，主流价值取向必然一定程度上呈现淡化的倾向，这又为我们建设社会主义核心价值观提出了许多新的挑战。

一　首都市民在政治信念的认知上差异明显，主流意识形态在一定群体内面临的挑战依然严峻，集体主义观念代际差异明显

改革开放以来，随着我国利益格局的不断调整，社会群体日益分化和多元化，人们思想的差异性明显增强。同时，各种社会思潮蜂拥而至，各种思想文化相互激荡，形成了主流意识形态、非主流和反主流意识形态并存的局面，这就使社会成员所奉行的价值取向各异，甚至有些社会成员会表现出无所适从。如当我们问到“您认为哪一种思想学说对当代中国发展的影响最大”时，尽管有54.5%的市民认为马克思主义是当代中国发展影响最大的思想学说，但仍有近半数的市民选择了其他思想学说（儒家思想，个人主义思想，功利主义、实用主义，宗教思想）。值得一提的是，这一比例比2010年上升了3.7个百分点（50.8%），比2008年下降了3.6个百分点（58.1%）。同时，我们还选取了“60后”、“70后”、“80后”三个不同年龄阶段的群体，对他们的政治信仰进行比较分析。调查结果显示，“60后”对马克思主义对当代中国发展影响最大的认同感最高，“80后”对此认同感最低；相反，“80后”对功利主义、实用主义和

个人主义对当代中国发展影响最大的认同感最高，而“60后”对此认同感最低；“70后”对这两个说法的认同感都居中。这说明，人们的政治信仰与年龄呈现出“正向”态势分布，即随着人们的年轻化，政治信仰呈现逐渐降低趋势，而个人主义、功利主义则呈逐渐增长趋势。上述结果表明，马克思主义意识形态在首都市民价值观中仍居于主导地位，但是马克思主义的主导地位正在经受着其他非主流意识形态或反主流意识形态的冲击。

二　首都市民对执法效果的满意度评价不高，个别执法群体的公信力受到一定程度的质疑

法律评价是法律价值观的一个重要方面，一项法律实施效果的好坏，只有通过社会主体对它的评价才能体现出来。法律评价不仅包括对法律规定自身合理性的评价，还包括对法律执行效果的评价。本次调查中，我们通过市民对政府依法行政的评价来测评市民对执法效果的满意程度，结果显示，认为北京市政府“依法行政”很好的市民占13.6%，相较于2008年我们的调查结果（17.7%），下降了4.1个百分点，大部分市民（40.7%）认为北京市政府“依法行政”水平“一般”。除了对政府执法效果的评价，我们还设置了对执法人员的评价。从调查结果来看，市民对“公检法人员”的评价中，表示“信任”的比例是42.3%，“很信任”的比例是9.4%，两者合计51.7%；在对“工商执法人员”的评价中表示“信任”的比例是38.6%，“很信任”的比例是8.9%，两者合计47.5%。需要注意的是，2008年、2010年和2012年三次大规模的调研结果都反映出这一问题的严重性。这说明大多数市民对法律法规的执行状况越来越不满意，这种趋势会影响市民对法律的公正性的信任度。

三　首都市民对幸福感的自我评价呈下降趋势，就业和养老等关乎“安全性需求”的社会保障问题亟待解决

幸福感是个体对自身存在与发展状况的一种积极的心理体验，是人们对生活的肯定评价，是社会和谐的一个重要指标。2008年和2012年，我们分别在问卷中设计了同样的题目——“与周围人相比，您觉得自己的生活处于何种水平”来考察市民对幸福感的自我评价。调查结果显示，2012年，首都市民自我评价的生活水平基本维持在“中等”和“中等偏

下”水平的占76.5%，而2008年这一百分比为72%；2008年，有0.7%的市民选择生活处于“上等水平”，而2012年，这一百分比下降至0.3%。这说明首都市民的整体幸福感并不高，并且呈下降趋势。为了考察影响市民幸福感的主要因素，我们请被调查者就“健康状况”、“家庭关系”、“工作就业”、“子女教育”和“养老问题”分别做出满意度判断，结果显示，他们认为“不满意”的主要是“工作就业问题”和“养老问题”，这也客观反映出了当前首都就业形势的严峻性和养老保障问题的日益突出。在对“市民生活保障观”的调查中，我们发现，市民对“政府提供保障”有着较强的需求，有66.1%的市民选择通过“政府”社会保障制度的推行来获得未来生活的保障。目前，社会保障制度的不够完善，无形中增加了人们抗拒风险的压力，这大概是首都市民整体幸福感不高，并且呈下降趋势的原因所在。

四　首都市民对社会贡献的关注度及对职业行为约束的重视在一定群体内、一定程度上仍需加强

统计结果显示，年轻人受现代观念的影响更大，主体意识较强，他们重视“报酬福利的多少”和“能否施展个人才华”，但与中年人相比，较为忽视个人职业对“社会贡献的大小。关于社会贡献的关注度，“80后”年龄组的比率为66.6%，明显低于“60后”、“70后”两个年龄组对该项因素的关注比重68.5%、68%。另外，年龄较大的市民普遍在对待岗位责任要求的问题上态度更为严谨慎重，而青年人中对此不以为然的比重更高一些。此外，个体从业人员的社会贡献意识显著低于平均水平。在社会贡献问题上，仅有不到60%的个体从业人员表示会在择业时给予关注，远低于总体水平的71.7%这一比重。

第三节　北京培育践行社会主义核心价值观的几点思考

核心价值观既是一面旗帜，也是一条道路、一种理论、一种制度，更是一个国家的文化软实力的根本体现。当前，社会主义核心价值观建设正处在关键阶段，能否直面挑战、抓住机遇，是赢得主动、赢得优势、赢得未来的关键。为此，我们既要有应对挑战的科学认识和坚定信

心，更要有积极应对当前社会主义核心价值观变化和发展中的诸多挑战的创新举措。

一　强化阵地建设，增强主流媒体和新媒体的舆论引导力

习近平同志指出，宣传思想工作就是要巩固马克思主义在意识形态领域的指导地位，巩固全党全国人民团结奋斗的共同思想基础。调查显示，38.4%的市民表示“最常看、最关注的是时政新闻”，38%的市民选择“最常看、最关注的是社会民生新闻”；首都市民文化信息交流的主渠道是报纸杂志、电视、互联网，分别占89.2%、86.4%和58.4%，之后依次为广播（27.4%）、手机短信（24.2%）和书籍（13.9%）；58.4%的市民表示“经常在互联网上发表对时事政治的看法”。因势利导，发挥主流媒体及其延伸新媒体（社交网络、维基百科、数字电视、虚拟社区、博客、微博、微信等）的舆论引导力和正能量凝聚力任务重大。北京市今后需要着力提高宣传思想工作的“五个力”建设：一要强化“主流意识形态”捍卫力。勇于和善于运用马克思主义的立场观点方法分析和判断不同价值取向，分清哪些价值取向应倡导，哪些应该反对和抑制。二要提高“正能量”传播力。在丰富媒体大众娱乐性的同时，自觉抵制“假丑恶”，强化“真善美”的传播。三要增强“主旋律”感染力。坚持文化自觉与文化自信，改进主旋律文艺的创作方式、方法和思路，发掘中华优秀传统文化的精髓，提高文艺作品的创作质量。四要善用“话语领袖”影响力。利用领导干部、社会名人等“焦点群体”和“网络领袖”的“示范效应”，净化社会舆论和网络舆论环境。五要培育“快速反应”应变力。把握好宣传的“时度效”，增强其主动性、机动性和预见性，提高信息过滤和反馈效能，依法从快、从严、从重加大对“政治谣言”的惩处力度。

二　提高政府公信力建设，铲除“四风”滋生土壤

建设社会主义核心价值观一方面是巩固主流意识形态的主导地位的要求，需要政府发挥主导作用；另一方面，政府职能的行使、政府的形象也影响着群众对于社会主义核心价值观建设的认同和信心。因此，加快政府的职能转变，建设服务型政府在首都社会主义核心价值观建设中尤为重要。调查显示，市民在高度肯定党和政府的执政能力的同时，对某些部门

和人员的工作仍持保留态度。一是对政府“廉洁勤政”、“办事效率”和“政务公开”评价较低（分别为46.3%、46%、51.6%）；二是对“公检法人员”、“工商执法人员”的信任度较低，对这两类群体“信任”和“很信任”的调查数据累计达51.7%和47.5%。这说明政府职能机构中的个别部门、个别人员还存在比较严重的“四风”问题，从根本上解决这些问题，一方面要加强对政府公职人员政治素质、法律素质和职业道德素质的培养和考核，用制度机制铲除“四风”滋生土壤；另一方面要继续深化行政管理体制改革，强化制度监管、提升服务效能，真正做到权为民所用、情为民所系、利为民所谋。

三　践行群众路线，增强人文关怀，提高市民整体幸福指数

调查显示，首都市民的整体幸福感指数并不高，并呈下降趋势。市民感到生活压力主要来自收入、就业和养老等问题，这不仅影响着首都市民的日常生活质量，更导致了他们政治认同、政治参与意识的相对降低。这在经济地位较低的外来务工人员、下岗失业者和从未工作过的人员群体尤为明显。因此，北京市今后的工作一定要牢固树立“以民为本”的理念，贯彻落实十六届三中全会精神，深化行政管理体制改革，推行政务公开、完善问政于民、强化制度监管，提高服务群众的“实绩”效能；增强人文关怀，着力解决与群众生产和生活密切相关的难点问题，让他们切实享受到“均等化”高品质服务，提高整体幸福指数；保障流动人口基本权益，推进流动人口的精细化管理和服务，通过利益引导实现价值取向引导；构建和完善运转高效的诉求表达机制、利益协调机制、矛盾调处机制、权益保障机制，推进和谐发展。

四　培育法治文化，弘扬法治精神，完善首都社会主义法制环境

2012年调查显示，在“学法”上，“80后”市民表示“每天都看”法制节目的比例最低；在“用法”上，“80后”选择“到法院起诉”的比例是四代人中最低的；在“守法”上，“80后”市民对“即使在税务机关不知情的情况下，也应该主动纳税”这一观点的认同比例也是最低。如何提高“80后”市民的法律意识，将是今后法制宣传工作的一个重点，也是市民价值观建设中的一个难题。同时，结果显示，市民对法制建设的不满主要体现在“执法”环节。市民对赞同“我国法律法规的执行部门

都能严格按照法律程序办事”这一提法的不足36%。这一方面说明法制建设增强了首都市民的法律意识，另一方面也反映出法制建设“行动”环节仍然存在诸多需要改进的方面。因此，一要重视北京地方法律法规的完善和修订，将法治建设真正落在严格执法、公正司法和依法行政的“行动”上来；二要以“钉钉子”的精神和“抓铁有痕”的决心，强化执法队伍的思想建设、组织建设、作风建设和反腐倡廉建设；三要加大在校学生和北京青年群体法学基础理论和法律常识的教育宣传，引导青少年群体树立正确的社会主义法制意识。

五　开展社会主义职业理想教育，提高青年和个体从业人员的社会责任意识

职业理想是形成职业态度的基础和实现职业目标的精神动力。2008年、2010年和2012年三次调查结果均显示，首都市民选择职业时重点考虑的前两位因素是“报酬福利的高低”和“能否施展个人才华”，均对“能否为社会作贡献”的选择非常少。这不仅反映出当前首都市民在求职就业方面更加珍视个人经济利益和自我价值的实现，也反映出从业人员存在着明显的社会责任意识的淡化问题。通过年龄组对比分析发现，无论是社会责任意识缺失，还是对职业行为约束的关注水平下降方面，均呈现出明显的年轻化趋势。此外，个体从业员在社会贡献意识、敬业精神和进取精神、工作满意度和忠诚度等多个方面的指标均显著低于平均水平。因此，加强职业理想信念教育，培养从业人员树立诚实守信、奉献社会等职业道德意识的任务相当繁重。

六　丰富精神文明创建内涵，加大交往道德和职业道德的培育养成

2012年调查结果显示，57%的市民对“近年来，北京公物损害现象减少了”表示赞同；72.3%的人认同“市民对首都历史文化遗产的保护意识有所增强”。这说明，随着人文、科技、绿色理念在市民中的普及和推广，广大市民的道德意识不断增强，普遍重视社会公德，抵制不文明现象，讲文明、重礼仪的良好氛围逐步形成。然而，通过调查我们也发现，首都市民在自觉遵守和维护公共道德的意志力方面仍有待继续提高。如面对公交车上有小偷行窃时，有12.9%的市民选择“先看周围人怎么做，再决定”，有8.5%的市民选择“装作没看见，尽量躲开”。这说明，市民

的社会公德意志力仍有待提高。建议今后大力培育、弘扬“北京精神”，提高广大市民的归属感、认同感和自豪感；把举办国内外各类文化交流活动、精神文明创建活动同开展“诚信、友善”的社会交往道德，“爱岗敬业、诚实守信、奉献社会”的职业道德，公共场所文明礼仪的教育引导结合起来，提升市民整体文明素养；加强对维护社会公德典型人物、见义勇为英雄事迹的宣传、表彰、奖励和权益维护，树正风、兴正气，培育维护社会正义的公德意志力；将个人梦想与国家梦、民族梦统一起来，内化中国精神，推进青年从业群体社会主义职业理想和职业行为规范的养成。

七　深化市民价值观历时性跟踪调查，健全价值取向活跃群体的核心价值观养育长效机制

通过调查发现，首都市民看似矛盾、复杂的价值观状况有其深刻的内在原因。改革开放以来，随着社会转型和社会结构的变革，特别是市场经济的发展，过去大一统的文化格局开始被文化多样化所取代，价值观呈现出多样化的发展状态。这一方面孕育出开放进取的积极文化，增强了个人的利益意识、责任意识和自主意识，另一方面对人性的影响也有消极的一面，市场经济的效益原则诱发了唯利是图的利己主义、拜金主义观念，造成人们价值观念的淡薄和扭曲，民众对主流意识形态的认同感有所淡化，进而导致了一系列现实问题。

同时，作为国家政治中心、文化中心、国际交往中心和科技创新中心，北京拥有着一大批价值观活跃的群体（如领导干部群体、社会名人群体、知识分子群体、在校学生群体等），他们是当前社会转型时期价值观多元化的主要代表。切实把握活跃群体的价值取向发展动态，通过理想信念教育、北京精神培育、先进文化引导、人文关怀示范等方式，实现对多元价值观的一元化引导任务依然重大。因此，建立健全首都社会主义核心价值观建设的长效机制，强化对首都市民价值观跟踪量化评估研究意义重大而深远。一要分层次、抓重点、有针对、求实效，不断探索和拓展价值取向多元的一元化引导的有效路径；二要改革中小学和高校“政治”、“历史”和“德育”等课程的灌输模式，突出学生价值取向的热点和难点把握、价值评价引导与价值参与实践等内容；三要从发展战略的高度，加大哲学社会科学“理论精品”和“文艺精品”的创作扶持和推广力度，强化核心价值观文化“主心骨”地位，讲好中国故事，传播好中国声音；

四要健全对价值取向活跃群体跟踪调查研究、差异性分析研究、变化预测研究、应用对策研究和政策保障研究机制，这对于及时掌握价值取向的热点、难点和重点，实践首都市民社会主义核心价值观养育的科学决策意义重大。

主要参考文献

一　学术著作类

1.《马克思恩格斯全集》第 19 卷，人民出版社 1963 年版。

2.《马克思恩格斯全集》第 42 卷，人民出版社 1979 年版。

3.《马克思恩格斯全集》第 46 卷（上），人民出版社 1979 年版。

4.《马克思恩格斯选集》第 1 卷，人民出版社 1995 年版。

5.《马克思恩格斯选集》第 3 卷，人民出版社 1995 年版。

6.《列宁全集》第 1 卷，人民出版社中文第 2 版。

7.《马列主义经典著作选编》（党员干部读本），党建读物出版社 2011 年版。

8.《毛泽东选集》第二卷，人民出版社 1991 年版。

9.《邓小平文选》第三卷，人民出版社 1993 年版。

10. 江泽民：《在庆祝中国共产党成立八十周年大会上的讲话》，人民出版社 2001 年版。

11. 江泽民：《十五大以来重要文献选编》（上），人民出版社 2000 年版。

12. 胡锦涛：《坚定不移沿着中国特色社会主义道路前进 为全民建成小康社会而奋斗——在中国共产党第十八次代表大会上的报告》，人民出版社 2012 年版。

13. 红旗大参考编写组：《建设社会主义核心价值体系大参考》，红旗出版社 2007 年版。

14. 袁贵仁：《价值观的理论与实践——价值观若干问题的思考》，北京师范大学出版社 2007 年版。

15. 李德顺：《价值论》（第 2 版），中国人民大学出版社 2007 年版。

16. 陈章龙、周莉：《价值观研究》，南京师范大学出版社 2004 年版。

17. 杜飞进等：《法律价值论》，陕西人民出版社 1992 年版。
18. 黄希庭、张进辅、李红等：《当代中国青年价值观与教育》，四川教育出版社 1994 年版。
19. 马德普：《社会主义基本价值论》，中央编译出版社 1997 年版。
20. 王玉梁：《理想 信念 信仰与价值观》，陕西人民出版社 2001 年版。
21. 王克千、吴宗英：《价值观与中华民族凝聚力》，上海人民出版社 2001 年版。
22. 吴大英等：《政治意识论》，山西教育出版社 2001 年版。
23. 韩震：《我们的“主心骨”：大力建设社会主义核心价值体系》，人民出版社 2008 年版。
24. 王玄武：《政治观概论》，武汉大学出版社 1991 年版。
25. 何锡蓉、曹泳鑫：《核心价值体系构建与价值观研究》，上海社会科学出版社 2008 年版。
26. 徐安琪：《世纪之交中国人的爱情和婚姻》，中国社会科学出版社 1997 年版。
27. 李银河：《性的问题》，内蒙古大学出版社 2009 年版。
28. 黄凯锋：《当代中国价值观研究新取向》，学林出版社 2007 年版。
29. 陈章龙：《论主导价值观》，江苏人民出版社 2006 年版。
30. 潘绥铭等：《当代中国人的性行为与性关系》，社会科学文献出版社 2004 年版。
31. 刘牧雨、李贺林：《社会主义核心价值体系建设与首善之区的实践研究文集》，中央党校出版社 2007 年版。
32. 李贺林、杨奎：《“人文北京”与首都文化发展的理论与路径研究》，中央党校出版社 2010 年版。
33. 李建华：《和谐社会之魂——社会主义核心价值体系》，湖南人民出版社 2007 年版。
34. 黄凯锋、唐志龙：《建设社会主义核心价值体系》，上海人民出版社 2007 年版。
35. 陈亚杰：《建设社会主义核心价值体系》，人民出版社 2007 年版。
36. 韩震：《社会主义核心价值体系研究》，人民出版社 2007 年版。
37. 农华西等：《意识形态与核心价值体系建设》，湖南人民出版社 2007 年版。

38. 杨明等：《1995—2004 北京社会经济发展年度调查数据报告》，北京出版社 2007 年版。
39. 王彦坤、梁跃民：《理想之舟——中国特色社会主义共同理想研究》，河北人民出版社 2008 年版。
40. 梅松：《走进北京——北京 100 讲》，首都师范大学出版社 2008 年版。
41. 倪鹏飞：《中国城市竞争力报告 No. 2—定位：让中国城市共赢》，社会科学文献出版社 2004 年版。
42. 北京市计局：《北京统计年鉴》（2010），中国统计出版社 2010 年版。
43. 喻国明：《解构民意——一个舆论学者的实证研究》，华夏出版社 2001 年版。
44. 张书琛：《体制转轨时期珠江三角洲人的价值观》，人民出版社 2002 年版。
45. 陈新汉、冯溪屏：《现代化与价值冲突》，上海人民出版社 2003 年版。
46. 傅恒德：《政治文化与政治参与》，韦伯文化国际出版有限公司 2003 年版。
47. 李建华：《中国官德》，四川人民出版社 2000 年版。
48. 尹继佐：《新情况、新变化、新思考社会转型期的理论思考》，上海人民出版社 2000 年版。
49. 唐之享：《以德治国论》，湖南人民出版社 2002 年版。
50. 吴奇程、袁元：《社会转型与道德教育》，广东人民出版社 2000 年版。
51. 唐昆雄：《马克思主义与社会主义核心价值体系研究》，中国社会科学出版社 2010 年版。
52. 梅荣政、杨军：《社会主义核心价值体系与社会思潮析评》，中国社会科学出版社 2010 年版。
53. 姜正国：《思想政治工作与建设社会主义核心价值体系研究》，湖南人民出版社 2011 年版。
54. 董朝霞：《社会主义核心价值体系大众化教育研究》，中国社会科学出版社 2011 年版。
55. 杨奎、邱吉等：《社会主义思想道德建设路径研究》，知识产权出版社 2013 年版。
56. 北京市社会科学院“核心价值体系与首都市民价值观调查模型研究”课题组：《社会主义核心价值体系建设与首都市民价值观调查模型研

究》，2008 年研究报告（内部资料）。

57. 王惠岩：《政治学原理》，高等教育出版社 1999 年版。
58. ［美］阿历克斯·英格尔斯等：《人的现代化》，殷陆君译，四川人民出版社 1985 年版。
59. ［德］马克斯·韦伯：《新教伦理与资本主义精神》，黄晓京译，陕西师范大学出版社 2002 年版。
60. ［美］塞缪尔·亨廷顿、劳伦斯·哈里森：《文化的作用：价值观如何影响人类进步》，程克雄译，新华出版社 2010 年版。
61. ［英］查尔斯·汉普登—特纳，阿尔方斯·特龙佩纳斯：《国家竞争力——创造财富的价值体系》，徐联恩译，海南出版社 1997 年版。
62. ［美］丹尼尔·贝尔：《后工业社会的来临》，高铦等译，上海商务印书馆 1984 年版。
63. ［美］帕森斯：《社会行动的结构》，张明德等译，译林出版社 2003 年版。
64. ［美］塞缪尔·亨廷顿、琼·纳尔逊：《难以抉择》，汪晓寿等译，华夏出版社 1989 年版。
65. 宣兆凯：《中国社会价值观现状及演变趋势》，人民出版社 2011 年版。
66. 闫玉：《当代中国婚姻伦理的演变与合理导向研究》，吉林文史出版社 2009 年版。
67. 北京市委宣传部：《北京精神通论》，北京出版社 2012 年版。
68. Dewey，John：*Theory of Valuation*，Chicago，University of Chicago Press，1939.
69. Clarke，Jay：*Beginning Values Clarification*，Pennant Press，1975.
70. Tewart，Johns：*Clarifying Values Clarification*，Phidelta Kappan Press，1975.
71. W. D. Lamont，M. A. Phil：*The Value Judgement*，Philosophical Library，1995，New York.
72. *J. Liard*：*Concept of Value*，Cambridge University Press，1929.
73. Kapoor，Rani：*Encyclopedia of Value and Moral Education*. New Delhi：Cosmo Publication，1998.
74. Milton Rokeach：*The Nature of Human Values*，New York Free Press，1973.

二　学术论文类

1. 王永芹：《改革开放以来我国社会价值观的变化与引领策略》，载《河北师范大学学报》（哲学社会科学版）2009 年第 1 期。
2. 焦国成：《试论社会主义核心价值体系的基本理念》，载《道德与文明》2007 年第 1 期。
3. 谭培文：《从底线伦理到终极价值的转换和实现——兼以社会主义核心价值认同为视角》，载《道德与文明》2010 年第 4 期。
4. 杨学功：略论我国社会转型时期价值观念的基本特征，载《北京理工大学学报》（社会科学版）2001 年第 2 期。
5. 杨奎：《试析“人文北京”在“三个北京”建设中的地位和作用——基于马克思主义发展哲学的视野》，《人文北京、科技北京、绿色北京建设文集》，北京出版社 2010 年版。
6. 刘淇：《建设“人文北京、科技北京、绿色北京”》，载《求是》2008 年第 23 期。
7. 《中共中央关于构建社会主义和谐社会若干重大问题的决定》（中国共产党第十六届六中全会于 2006 年 10 月 11 日审议通过）。
8. 蔡赴朝：《建设人文北京、科技北京、绿色北京，推动首都科学发展》，载《前线》2009 年第 3 期。
9. 《社会主义核心价值体系建设的点睛之笔》，载《光明日报》2012 年 11 月 12 日。
10. 秦红岭：《全球化 · 普遍伦理 · 现代道德教育》，载《社会科学》2001 年第 11 期。
11. 《中共中央关于深化文化体制改革推动社会主义文化大发展大繁荣若干重大问题的决定》，载《人民日报》2011 年 10 月 26 日。
12. 杨奎、孙照红：《建设世界城市视野中的北京文化软实力提升》，《世界城市：北京发展新目标——2010 首都论坛文集》，北京出版社 2011 年版。
13. 方章东、侯惠勤：《文化整合与社会主义核心价值观》，载《安徽大学学报》（哲学社会科学版）2009 年第 5 期。
14. 洪晓楠：《文化软实力：语义分析与要素分析》，载《西安交通大学学报》（社会科学版）2009 年第 3 期。

15. 《北京“十二五”发展软实力》，新加坡《联合早报》2011 年 1 月 11 日。

16. 刘淇：《深入贯彻落实科学发展观加快建设人文北京、科技北京、绿色北京》，载《前线》2009 年第 1 期。

17. 杨宜音：《社会心理领域的价值观研究述要》，载《中国社会科学》1998 年第 2 期。

18. Schwartz. S. H. , Bilsky, W: “Towards a Universal Psychological Structure of Human Value”, *Journal of Personality and Social Psychology*, 53: 550 - 562.

19. 唐文清、张进辅：《中外价值观研究述评》，载《心理科学》2008 年第 3 期。

20. 吴彩霞：《中西方价值观念比较——有中国特色社会主义价值观念与西方资本主义价值观念的比较》，载《湘潭工学院学报》（社会科学版）2002 年第 1 期。

21. 迟若冰：《国内跨文化价值观研究问题综述》，载《学术论坛》2009 年第 1 期。

22. 庞立生、王艳华：《论社会主义价值观的发展历程》，载《东岳论丛》1994 年第 2 期。

23. 李忠杰：《构建社会主义和谐社会：对中国特色社会主义的新认识》，载《求是》2005 年第 13 期。

24. 杨奎：《关于社会主义核心价值观认知的几点思考》，载《理论视野》2012 年第 9 期。

25. 陈洁、包玲莉：《转型期年轻女性价值观探析》，载《法治与社会》2009 年第 11 期。

26. 王丽：《从和谐层面看待婚恋价值观》，载《传承》2010 年第 3 期。

27. 邢利芳、黄辛隐：《性行为价值观浅议》，载《中国性科学》2009 年第 5 期。

28. 陈新汉：《论转型时期中国价值观研究》，载《哲学动态》2002 年第 7 期。

29. 《论全面准确理解社会主义核心价值体系》，载《人民日报》2006 年 12 月 24 日。

30. 刘云山：《深入推进社会主义核心价值体系建设 巩固全党全国人民团

结奋斗的共同思想基础》，载《党建》2008 年第 5 期。

31. 马俊峰：《深化价值观研究与构建当代中国价值观体系》，载《华中科技大学学报》2007 年第 2 期。
32. 孙秀艳：《青年择偶标准的历史演变和现实思考》，载《社会》2002 年第 4 期。
33. 杨奎：《首都市民社会主义价值观建设的一点思考》，载《北京社会科学》2011 年第 5 期。
34. 邱吉等：《当代大学生价值观特征、现状分析及思考》，载《教学与研究》2011 年第 3 期。
35. 孙照红：《“城市精神”热现象的透视和反思》，载《北京社会科学》2013 年第 3 期。
36. 刘蕾：《首都市民婚育观现状调查研究》，载《渤海大学学报》2012 年第 1 期。
37. 尤国珍：《近年来国内外价值观问题研究述评》，载《四川大学学报》（哲社版）2011 年第 6 期。
38. 单光鼎：《中国青年婚恋观的变化趋势》，载《青年研究》1986 年第7 期。
39. 潘绥铭：《当代中国的性存在》，载《社会学研究》1993 年第 2 期。
40. 卢淑华：《婚姻观的统计分析与变迁研究》，载《社会学研究》1997 年第 2 期。
41. 李晓娥、赵红宽、王萌：《论城市化对生育观的影响》，载《法制与经济》2009 年第 10 期。
42. 康恺：《嬗变中的生育观》，载《百姓》2009 年第 3 期。
43. 苏敏：《中国少年儿童素质状况调查报告》，载《中国青年报》2001 年 7 月 7 日。
44. 彭晓辉：《性观念辨析》，载《中国性科学》2002 年第 2 期。
45. 叶立红、高亚兵、骆伯巍：《当代大学生的性观念研究》，载《中国心理卫生杂志》2001 年第 15 卷第 3 期。
46. 杨荣斌、陈超：《世界城市文化发展趋向——以纽约、伦敦、新加坡、香港为例》，《2004 年：中国文化产业发展报告》，社会科学文献出版社 2004 年版。
47. 《当代社会主义价值观的构建理论研究》课题组：《加强北京市民社

会主义价值观建设》，载《前线》2011 年第 6 期。
48. 吴向东：《价值观视域中的社会主义和谐社会》，载《北京师范大学学报》（社会科学版）2006 年第 3 期。
49. 余钟夫：《北京建设世界城市的背景及面临的挑战》，《世界城市：北京发展新目标——2010 首都论坛文集》，北京出版社 2011 年出版。
50. 杜鹃：《中外价值观研究的现状及发展趋势》，载《济宁学院学报》2009 年第 6 期。
51. 北京市社会科学院课题组：《首都市民职业价值观状况研究报告》，载《北京行政学院学报》2009 年第 6 期。
52. 刘蕾：《首都市民择偶观现状调查研究》，载《辽宁行政学院学报》2012 年第 1 期。
53. 韩华、赵静：《改革开放以来社会主义价值观研究综述》，载《思想理论教育导刊》2005 年第 12 期。
54. 袁玉芳：《建国初期中国民众政治认同的困境与重构》，载《柳州师专学报》2012 年第 4 期。
55. 龙兴海、杨高男：《社会主义核心价值体系蕴含的价值理念和目标》，载《道德与文明》2009 年第 6 期。
56. 黄三生：《国内凝练社会主义核心价值观研究述评》，载《理论月刊》2012 年第 9 期。
57. 李中元：《面向世界引导未来凝聚民族精神的兴国之魂——社会主义核心价值观的理论意义、内在逻辑与践行原则》，载《前进》2013 年第 2 期。
58. 范宝祥：《北京地区高校服务首都文化创意产业发展的途径》，载《新视野》2012 年第 3 期。

后　记

2014年2月24日，习近平同志在中央政治局第十三次集体学习会上指出：一个国家的文化软实力，从根本上说，取决于其核心价值观的生命力、凝聚力、感召力。培育和弘扬核心价值观，有效整合社会意识，是社会系统得以正常运转、社会秩序得以有效维护的重要途径，也是国家治理体系和治理能力的重要方面。2011年6月，“北京社会主义核心价值观建设与理论提升研究”申请立项为北京市哲学社会科学规划一般项目。项目负责人为北京社会科学院杨奎研究员。课题以首都市民价值观发展变化为基本线索，以服务“人文北京”建设为着眼点，以社会主义核心价值观建设为突破口，借鉴国内外价值观研究、文化研究等领域取得的成功经验，开展多学科的联合，以期通过社会主义核心价值观的建设的器物层面、行为层面的研究，对完善北京社会主义核心价值观科学引导机制做出有益探索。

该课题的最终成果为学术专著，杨奎担任本书的主编。全书共分为五章，十九节（约16万字）。参与该部著作编写的成员有：杨奎（北京社会科学院）、邱吉（中国人民大学）、王东（首都师范大学）、刘蕾（北京社会科学院）、尤国珍（北京社会科学院）、孙照红（北京社会科学院）。杨奎和王东负责完成模型验证数据的采集、统计分析、图表设计；刘蕾承担项目秘书工作，协助主编完成了全书的文献收集整理、问卷印制和书稿文字校对；杨奎完成了全书的最后统稿和定稿。

今天供广大读者品鉴的成果，是全体成员经过两年半的努力所取得的。需要说明的是，由于以市民价值观调查为着眼点的核心价值观建设阶段性跟踪研究、差异性样本分析研究在全国尚属首例，研究各阶段任务完成的过程是相当艰难的。课题组在研究过程中面临着文献查阅范围广、已有研究成果少、信息处理需求量大、调查取样范围广、比较分析难度高等诸多难题，课题各个研究阶段任务完成的过程是相当艰难的。虽经全体成员的共同努力，书中也肯定会存在着这样或那样的不足，但我们认为，本次研究工作的主要目的不仅在于探索对社会主义核心价值观内涵的常理性研究和北京市社会主义价值观的结构水平、价值取向变化发展的特点的把握是否全面和精确，更在于检验价值观建设的整体架构设计是否科学合理，研究的路径是否切实可行，以及研究的方法是否正确得当……

本书的筹划和编写过程，得到了北京市社会科学院谭维克院长、北京市委组织部党建研究所章建伟所长和檀雪菲处长的大力支持，海淀区委组织部、东城区委组织部、房山区委组织部、密云县委组织部、北京市社会科学院科研处等部门领导和群众的积极配合和帮助。当然，如果没有北京市社会科学院“人文丛书出版基金”的资助，没有中国社会科学出版社刘艳编辑的辛勤劳动，相信该书的付梓出版将会艰难许多。在此，一并表示诚挚的谢意！

杨　奎

2014 年于北京

2013 年 1 月 22 日上午课题组一行与海淀区部分高校、企业代表座谈

2013 年 1 月 22 日下午课题组一行与房山区部分宣教系统代表调研座谈

2013 年 1 月 23 日下午课题组一行与东城区社区、街道代表调研座谈

2013 年 1 月 24 日上午课题组一行与密云县村镇、企业代表调研座谈